LA TURQUIE

ET

L'HELLÉNISME CONTEMPORAIN

DU MÊME AUTEUR

La politique du Sultan. 1 vol. in-18, 1897 (Paris, Calmann Lévy).

LA TURQUIE

ET

L'HELLÉNISME CONTEMPORAIN

PAR

VICTOR BÉRARD

LA MACÉDOINE

HELLÈNES — BULGARES — VALAQUES

ALBANAIS — AUTRICHIENS — SERBES

Ouvrage couronné par l'Académie française

TROISIÈME ÉDITION

PARIS

ANCIENNE LIBRAIRIE GERMER BAILLIÈRE ET Cie

FÉLIX ALCAN, ÉDITEUR

108, BOULEVARD SAINT-GERMAIN, 108

—

1897

Tous droits réservés.

A MON COMPAGNON DE VOYAGE

MON AMI PH.-E. LEGRAND

PRÉFACE

DE LA DEUXIÈME ÉDITION

(1896)

L'accueil fait à ce livre permet d'en donner aujourd'hui une seconde édition.

Durant ces derniers mois, les événements d'Arménie ont un peu détourné l'attention de la Turquie européenne, où pourtant la situation n'est pas moins grave. Tout se tient dans la question d'Orient. Les concessions faites ou promises aux Arméniens rendront plus pressantes les demandes des autres chrétiens de l'Empire. Les Bulgares surtout semblent ouverts à de nouveaux espoirs et disposés à une politique d'action. Déjà, au cours de l'été dernier, des bandes franchissant la frontière avaient pénétré en pleine Turquie; 1 200 volontaires étaient arrivés jusqu'à Sérès : la bonhomie turque les ramena, sans trop de violence, aux premiers postes de Roumélie. On doit prévoir de pareilles incursions pour le printemps prochain. La loterie des SS. Cyrille et Méthode a mis une somme assez forte entre les mains du comité de Sofia. La bonne volonté de certaines puissances et la tolérance de certaines autres ont paru quelquefois acquises, et, si le grand protecteur d'autrefois n'a pas encore rendu son amitié à la Bulgarie repentante, la conversion du prince Boris à l'orthodoxie lui pourrait être une occasion ou un prétexte de clémence. Jamais les rêves de Grande-Bulgarie n'ont hanté plus de cerveaux.

Il semble bien qu'à Constantinople on ait prévu certains événements. Le choix d'Halil-Rifat-Pacha comme grand-vizir ne peut avoir d'autre sens. Ce vieillard, très peu versé dans les choses d'Europe, dont il ne parle aucune langue, n'avait d'autres titres que son expérience des choses de Macédoine et de Roumélie. Vali de Widdin, de Salonique, puis de Monastir, il avait eu à réprimer plus d'une tentative ouverte ou cachée : son dernier gouvernement surtout lui avait fourni l'occasion d'intervenir vigoureusement dans les affaires albanaises. Il semble bien aussi que le recul de la diplomatie anglaise dans les affaires d'Arménie ait eu la même cause : on a senti à Londres que l'agitation ne se bornerait pas à l'Asie Mineure et que, si l'on ne voulait pas la dissolution de la Turquie, il fallait laisser à la Porte toute liberté d'action et de défense.

Depuis trois ans, qu'a paru ce livre, la situation s'est un peu modifiée en Thrace, à l'est du Vardar. Les Bulgares y ont porté toute leur propagande. Une émigration continue, bien qu'à peine visible, a beaucoup affaibli les centres de populations turque et musulmane. Les échecs en Crète, les dissensions politiques du royaume grec, surtout le déplorable état de ses finances, ont entravé et découragé l'action de l'hellénisme. De ce côté, les Bulgares semblent avoir fait des progrès sérieux.

Mais en Macédoine, à l'ouest du Vardar, il ne semble pas que la marche ait été parallèle. Malgré l'obtention de bérats et l'établissement d'évêques bulgares, la propagande a été moins active, et les adversaires se sont mieux défendus. Les positions respectives ont en somme fort peu changé. Seule, l'action serbe, prise d'un renouveau, s'est montrée dans les districts du Nord. L'action italienne aussi, très active en Albanie, a parfois dépassé le Pinde. Mais ce ne sont là qu'agitations souterraines qu'il est difficile de saisir d'ensemble et de juger de loin ; les résultats d'ailleurs n'en ont pas été grands. Depuis trois ans, la Macédoine a peu changé.

L'auteur n'a donc pas cru devoir modifier sa première édition. Les journaux d'Athènes lui ayant violemment reproché son mishellénisme, ceux de Sofia son dévouement à l'idée grecque et ceux de Bucarest son manque de patriotisme latin, il croit avoir tenu la balance à peu près égale entre les divers prétendants. Son livre a été interdit à Constantinople, sans doute à cause de l'idée fondamentale que seul le maintien du Turc en Macédoine peut assurer l'existence et les droits de chacun : malgré cette interdiction, son opinion n'a pas changé.

Janvier 1896.

PRÉFACE

DE LA PREMIÈRE ÉDITION

Durant trois années passées dans le Levant, j'ai visité les pays grecs et la majeure partie des pays turcs. Je voulais étudier la question d'Orient, sur place, sans opinion préconçue, mais dans un but déterminé. Le problème est si complexe en effet que l'on ne saurait avoir l'ambition de le traiter d'abord dans son ensemble : il faut commencer par des monographies.

Parmi les peuples en présence, je me trouvais en relations plus intimes et plus fréquentes avec les Grecs : j'ai tâché de connaître l'hellénisme.

Quelles sont exactement les frontières actuelles de l'hellénisme, ses forces en Europe et en Asie, ses ressources, ses moyens de propagande, son influence et ses ennemis? Sans l'enthousiasme des Philhellènes d'autrefois, sans le mépris des Mishellènes contemporains, je me suis proposé la recherche impartiale de la vérité . Surtout je me suis efforcé, tout en rapportant fidèlement ce que j'ai vu, d'éviter tout réquisitoire contre le Turc.

Il est trop facile d'imaginer l'avenir de toutes pièces, de partager l'empire turc comme un héritage ouvert et d'accorder d'une main libérale Smyrne aux Grecs, Salonique aux Bulgares, Constantinople aux Russes, en n'oubliant qu'une chose, — la survivance du légitime possesseur. Il faut bien admettre cependant que le Turc vit encore, qu'il ne demande et ne cherche qu'à vivre et que la disposition de ses biens lui doit être garantie par ces mêmes principes de droit international, qui garantissent aux autres les leurs.

Ma très réelle sympathie pour les Grecs ne m'a donc pas fait prendre tous leurs rêves pour des réalités. Leur Grande Idée m'est chère comme une noble conception de l'esprit et un bel effort du patriotisme. Mais je n'ai pas à soutenir leurs droits, encore moins à défendre leurs revendications. Je veux calculer seulement leurs chances de succès.

.

La méthode la plus sûre est, je crois, d'exposer les résultats comme ils sont présentés, au jour le jour, au hasard du voyage, dans les conversations du muletier, les plaintes du paysan, les histoires du pope et les grandes théories du consul.

Je commence par la Macédoine. Il convient en effet de diviser la Turquie Européenne en trois régions et comme en trois tranches, de l'Est à l'Ouest. La première, qui s'étendrait de la mer Noire à la trouée du Vardar, à la grande route commerciale Belgrade-Salonique, pourrait s'appeler du nom classique de *Thrace*. A la seconde, comprise entre la trouée du Vardar et la chaîne du Pinde, nous donnerons le nom de *Macédoine*. La troisième, entre le Pinde et l'Adriatique, est l'*Épiro-Albanie*.

En Thrace, deux peuples en présence, les Grecs sur la côte, les Bulgares dans l'intérieur, s'agitent vainement : l'élément turc s'est maintenu en groupes compacts ; le voisinage de Constantinople et la présence effective du pouvoir turc assurent à l'Osmanli une prépondérance indiscutable. Ce pays sera le dernier, sans doute, où les intrigues nationales pourront triompher.

En Albanie de même, deux politiques se disputent le terrain : l'une, toute récente, hésitante encore, tapageuse et inquiète, l'intrigue italienne; l'autre, formée depuis quarante ans, patiente, adroite et tortueuse, l'intrigue hellénique; toutes deux bien munies des meilleures armes pour cette conquête, l'Albanais ne comprenant qu'un argument et qu'un langage, celui des espèces sonnantes.

En Macédoine, au contraire, toutes les intrigues balkaniques et européennes, serbe, grecque, valaque, bulgare, autrichienne, albanaise, se sont donné rendez-vous.

***

Sous le nom de Macédoine, je comprends donc une région naturelle dont les limites sont assez nettes. Vers l'Est, le couloir, que suit le chemin de fer de Salonique à Belgrade, la sépare de la Thrace. Vers l'Ouest, le Pinde se dresse entre elle et l'Albanie. Au Sud et au Nord, elle s'arrête aux frontières de la Grèce, de la Serbie, du Montenegro et de la Bosnie.

L'angle sud-est est occupé par la plaine maritime du Vardar, l'angle nord-ouest par une autre grande plaine mais très haute, un plateau de 4 à 500 mètres d'altitude, cette plaine de Kossovo célèbre dans l'histoire des Serbes sous le nom de Champ des Merles.

Tout le reste du pays, sillonné de montagnes, présente une grande uniformité dans la forme et la disposition de ses vallées. Au sud de la plaine de Kossovo, en effet, le double massif du Schar Dagh étendu de l'ouest à l'est élève à plus de 3 000 mètres ses deux bastions que sépare la trouée de Prizrend. Trois chaînes s'en détachent, presque parallèles, toutes trois dirigées vers le sud. La première, que longe le Vardar, s'en va, sans autres interruptions que des défilés de fleuves, jusqu'au détroit de Trikéri, entre la Thessalie et l'Eubée. La seconde, moins continue, mais jalonnée par les hauts pics du Celovitza, du Péristeri, et de la Néretschka, n'atteint que la frontière thessalienne. La troisième est la ligne épaisse, ardue et compacte double et triple quelquefois, qui sous le nom de Pinde traverse tout le sud de la Péninsule.

Entre ces chaînes, dont les pentes et contreforts se rejoignent et se mêlent et que barrent d'autres chaînes secondaires orientées de l'est à l'ouest, sont comme égrenées des plaines et des vallées fermées, que des lacs sans issue remplissaient autrefois. Sous la pression des eaux, les parois ont cédé et les rivières se sont frayé soit des passages souterrains (katavothres), soit de profonds défilés à ciel ouvert, pour s'écouler au hasard des moindres résistances, vers l'ouest ou vers l'orient. Le Drin, le Scumbi et la Devol, perçant le Pinde, ont gagné le versant de l'Adriatique. Le Vardar et la Vistritza descendent vers l'Archipel, malgré le double obstacle des deux autres chaînes.

Grâce à ce travail des fleuves, quelques-uns des bassins ont été asséchés : au nord la plaine de Kalkandelen; au centre celle de Monastir; au sud la vallée supérieure de la Vistritza. D'autres en sont encore à la période marécageuse, tels les champs de Sarygöl (*lac jaune*) au sud de Florina. Mais il reste en Macédoine un grand nombre de lacs et de grands lacs : Ostrovo, Kastoria, Maliki, Ventrok, Presba, et le plus grand de toute la péninsule, le lac d'Okhrida.

Cette région continentale n'a pas de côtes ni de populations maritimes. Les alluvions du Vardar ont comblé les anses de l'ancien rivage : Salonique attire à elle commerce et marins. La Macédoine est avant tout un pays agricole. La fertilité de ses plaines, la beauté de ses chevaux étaient célèbres dès l'antiquité.

L'Hellénisme, possesseur de la Macédoine, aurait en elle son grenier de céréales, et, dans la future société grecque, ces populations agricoles feraient le contrepoids nécessaire des mobiles marins de l'Archipel.

Pour les Serbes et les Bulgares, la Macédoine annexée serait la porte ouverte vers la Méditerranée, vers l'Europe. Sans la Macédoine, la Serbie et la Bulgarie ne seront jamais que des morceaux d'États, sous la dépendance de leurs voisins maritimes.

Mais plus encore que les intérêts matériels, les souvenirs historiques et les traditions de race poussent vers le Vardar tous les peuples des Balkans. Pella, la vieille capitale de Philippe et d'Alexandre, apparaît aux Grecs comme la première étape entre la ville de Thémistocle et celle de Constantin. Dans Okhrida, les Bulgares révèrent la métropole de leur apôtre saint Clément, la vaillante forteresse de leurs tzars Samuel et Siméon, le siège de cet Exarchat bulgare qui jusqu'au xviii® siècle subsista indépendant du Patriarche. Uskub montre aux Serbes les murailles de Stéphane Douchan, la plaine où le héros fut couronné, il y a cinq siècles, Kral des Serbes, des Grecs, des Bulgares et des Albanais.

Quand nous fimes le voyage que nous racontons aujourd'hui, l'Europe n'était occupée que des évêchés macédoniens et des fameux bérats bulgares. Il ne faudrait point croire cette question réglée pour toujours, et bien d'autres problèmes, dont l'Europe soupçonne à peine l'existence — la question valaque, par exemple — pourraient fournir avant peu la cause ou le prétexte d'une crise nouvelle.

Juillet 1892.

LA TURQUIE
ET
L'HELLÉNISME CONTEMPORAIN

PREMIÈRE PARTIE
VERS LA MACÉDOINE

I

L'ADRIATIQUE — DURAZZO — KAWAJA

Une ville italienne. — Intrigues italiennes. — Une ville musulmane. — La foire aux tombeaux. — Justice turque. — Un explorateur.

Août 1890.

Les salves et les carillons du quinze Août ont à grand'peine réveillé notre équipage, qui toute la nuit a fêté la Madone. Nous sortons des bouches de Cattaro. L'*Iris*, vapeur du Lloyd autrichien, s'en va très lentement, comme il convient en ce jour d'Assomption, contournant toutes les pointes de cette côte abrupte, s'arrêtant des heures pour dormir au soleil, au bord des anses bleues et reprenant à regret son paresseux voyage de Cattaro à Boudoua, de Boudoua à Lastoua. Tout le jour, sur la terre autrichienne ou sur les barques pavoisées, des bandes endimanchées et de petits soldats tirant le canon pour la Madone nous saluent de leurs chants de fête. Vers le soir seulement, nous retombons dans le silence et la solitude : nous touchons aux rivages orthodoxes du Monténégro ; nous entrons dans le monde oriental.

Sur un petit golfe bordé de montagnes, à l'abri d'une haute falaise, quelques maisons blanches aux tuiles rouges, aux volets verts, font un village qui semble à l'uniforme construit par ordre et sur modèle, toutes maisons, toutes fenêtres, toutes grilles pareilles. C'est Dulcigno, qui sort monténégrine de ses ruines turques et abandonne au bout de son promontoire sa vieille forteresse et sa mosquée croulante.

Dans une plaine obscurcie de la fumée des herbes sèches, un fleuve se traîne à la mer chargé de buées et encombré de joncs : la Boïana. Un autre promontoire ; et dans un autre golfe en demi-cercle, le premier drapeau turc flotte au-dessus d'une caserne solitaire : Saint-Jean de Medoua, l'échelle de Scutari d'Albanie. Toute la nuit, l'*Iris* s'est reposée de son court voyage sur les eaux noires de vase et empestées de miasmes, que le Drin et la Boïana jettent dans ce cirque de rochers.

Au matin, nous longeons la côte albanaise. La mer dalmate, aux profondes transparences, et les falaises monténégrines s'éloignent derrière nous. La rive basse, incertaine, semble se diluer en boues et en écumes flottantes. Une grande plaine d'alluvions s'étend de la mer aux montagnes lointaines : cent kilomètres de côte droite se déroulent du nord au sud. Seules, quelques îles rocheuses, mal rattachées au continent par des isthmes de marais, rompent la monotonie de ce ruban. Elles s'échelonnent, perpendiculaires à la rive, en bornes de plus en plus hautes, jusqu'à l'infranchissable barrière de l'Acrocéraunien qui, tout là-bas vers le sud, ferme l'Adriatique.

La première, le cap Rodoni, n'est que le court sommet d'une colline émergée. Le cap Pali, qui vient après, long de 7 kilomètres, haut de 200 mètres environ, paraît une montagne. Deux cordons de sable, enfermant une lagune, lui servent d'amarres :

Exiguo debet quod non est insula colli,

dit un doux Allemand à lunettes, qui voyage vers Athènes son Lucain en poche et salue de ce vers l'antique Dyrrachium. Au sud, en effet, derrière la pointe du rocher, parmi les arbres et les ruines, un dôme et deux minarets, une enceinte crénelée et un drapeau turc annoncent Durazzo.

Notre Allemand s'étonne que deux Européens, deux Français presque lettrés, s'en viennent débarquer ici et pensent à gagner la lointaine Macédoine, — les terres des Barbares, — au lieu de poursuivre vers Corfou et l'Hellade divine : « Et pour chercher des Bulgares, des Albanais des Serbes! La

Macédoine fut le royaume d'Alexandre : tout le reste est sans grand intérêt. » La Macédoine n'est pour l'Europe qu'une vague contrée, un coin perdu quelque part entre le Danube et Salonique, un pays de montagnes et de forêts où jadis régnait Alexandre le Grand. Nous-mêmes, en débarquant aujourd'hui, nous ne savons rien de plus, et nous pourrons juger de tout en pleine liberté d'esprit.

Nous espérons seulement que sur la plage, tout à l'heure, nous trouverons deux Albanais et quatre chevaux. Les Albanais sont d'anciens amis. L'un, Abeddin, musulman, est zaptieh (gendarme) de Sa Hautesse. L'autre, Kostas, chrétien, ancien berger, ancien cawas de consul, est plus Grec qu'Albanais. Il se vantait, sans raison, d'avoir consacré quelques mois de sa belle jeunesse au brigandage, et c'est pourquoi nous l'avions pris à notre service. Pour voyager en Turquie, il vaut mieux s'appuyer à droite sur un gendarme, à gauche sur un brave : l'un et l'autre sont utiles à leurs heures.

Tous deux nous ont accompagnés à travers l'Epire et l'Albanie du Sud. Il y a quinze jours, en prenant le bateau d'Avlona pour Scutari, nous les avons envoyés par terre avec nos bêtes et nos bagages. Sur la carte, nous leur expliquions le chemin : « Effendi, ne crains rien, a dit Abeddin. Nous traverserons les fleuves, nous arriverons dans la ville et nous irons nous asseoir au bord de la mer, jusqu'à ce que tu viennes... »

⁂

Loin de la côte, à cause des sables et des écueils, l'*Iris* contourne la presqu'île et va chercher le goulet du port tout près du continent. Ce port, où manœuvra la flotte de Pompée, où débarqua Robert Guiscard, et qui durant un siècle fut un sujet de guerres entre les Angevins de Naples et les Comnènes de Byzance, ce pauvre port n'est qu'un marais sans profondeur ; quelques voiles dalmates, deux caïques turcs et un vapeur italien suffisent à le remplir.

Sur la rive, les fez de nos deux Albanais font deux taches écarlates. Kostas s'agite tout blanc dans sa fustanelle et ses cnémides bien lavées. Abeddin, encore plus beau, porte dignement son uniforme bleu aux tresses orangées... Ils nous accueillent de leurs baisemains... Ils nous attendent depuis huit jours !... Chaque matin, suivant leurs promesses, ils venaient s'asseoir au bord de la mer retentissante et, le soleil couché, ils retournaient à l'auberge auprès de leurs chevaux... Ils ont fait un voyage extraordinaire par là-bas,... des fleuves comme jamais on n'en put voir, qu'ils ont traversés à la nage, en bac, dans la boue... Et depuis huit jours, s'étant baignés, ayant pansé leurs bêtes, recousu leurs selles et fourbi leurs armes, ils commençaient à désespérer...Durazzo est d'un séjour intenable : des moustiques,... des fièvres,... de l'eau de puits que les chevaux refusent de boire, et un *moutessarif* (préfet turc)! un moutessarif qui voulait réquisitionner nos bêtes et nos gens, pour une battue contre des brigands de l'intérieur !... Quels gens tous ceux de Durazzo ! ni chrétiens, ni turcs, presque tous papistes et « macaronadais » (c'est le terme dont nos Albanais désignent l'Italien). Il nous faut partir d'ici, concluent nos deux maisons civile et militaire...

La plage de débarquement est entourée de murailles crénelées. Une seule porte, la Porte du quai, — Porta Yali, — mène dans la ville, à travers la douane et la police. Nos passeports longuement examinés et nos pourboires (nos passeports n'étant pas en règle) ont paru de bon aloi; nous pouvons entrer.

Durazzo présente un bizarre mélange de bâtisses turques et de boutiques italiennes, entre des créneaux francs et byzantins. Il semble que le Turc soit installé d'hier dans cette ville vénitienne. En haut, près de la mosquée en coupole, le moutessarif vient de construire un immense palais, un *Konak* tout en terre et en bois. Les escaliers et les galeries sont encombrés de solliciteurs, imans en haut turban, femmes voilées, gendarmes en guenilles. Des soldats font la cuisine ou préparent le café, au milieu de la cour. Des prisonniers passent à travers les grilles de bois leurs mains chargées d'énormes chaînes, en demandant une cigarette. Des popes se disputent en grec. Des artilleurs manœuvrent un vieux canon de bronze. Tout le monde est ici chez soi. C'est bien ainsi que doit être une préfecture, en ce pays de paternelle tyrannie.

Dans les ruelles dallées, étroites et tortueuses de

la basse ville, les enseignes italiennes et les marchandises italiennes s'étalent devant toutes les boutiques : poteries des Calabres, macaroni, faïences, liqueurs de Milan, vins de Chianti. Les enfants sortent de l'école italienne, en chantant un de ces airs napolitains qui poursuivent le voyageur de Gênes à Brindisi, une de ces éternelles barcarolles où les belles filles partent vers la bella Venezia. Le consul de Sa Majesté Humbert a plaqué d'énormes écussons à sa porte, à son balcon, à la fenêtre de son école.

Les vieilles murailles enferment la ville dans une étroite enceinte. Réduite à ce rectangle de 600 mètres sur 300 à peine, Durazzo n'était, il y a vingt ans, qu'un village. Le préfet turc ne résidait point ici, mais de l'autre côté du golfe, dans les terres, à Kawaja. Les bateaux italiens et les intrigues italiennes ont ressuscité cette ville morte. Les bateaux arrivent de Brindisi deux fois par semaine. Les intrigues ne sont un secret pour personne. On nomme, dans les rues, ceux qui reçoivent une pension : le chiffre mensuel varie de 4 à 6 livres turques (92 à 138 francs).

L'argent italien a sans peine trouvé de nombreux placements parmi les Albanais chrétiens de la basse ville, parmi les fonctionnaires turcs aussi, et chez quelques beys musulmans. Car les Chrétiens de la tribu des Guègues (Albanais du Nord) étaient demeurés catholiques. Depuis les jours lointains de Venise ou des rois de Naples, les missionnaires jésuites de Tiranna et de Scutari et les évêques indigènes, élevés dans les séminaires de Rome et de

Padoue, avaient maintenu comme une tradition italienne... La langue italienne tombe en terrain bien préparé : le consul italien de Scutari paie chaque mois près de deux cents napoléons. Mais ces Guègues catholiques ne s'attachent qu'à demi aux ennemis de la papauté. Tant que le Vatican et le Quirinal seront en lutte, la propagande italienne restera inféconde, et plus inféconde encore tant que l'Italie se posera en ennemie de la France. Le plus noble clan des Guègues, les Mirdites, avec leur famille princière des Bib-Doda, se sont toujours considérés comme des protégés français.

Les Grecs semblent ici avoir perdu pied. L'Adriatique n'a jamais attiré leurs marins. Déjà pour leurs ancêtres, Epidamne, que remplace Durazzo, était la lointaine Epidamne. Ce promontoire perfide abrite mal contre les vents, et l'Adriatique est fertile en tempêtes. Le Grec ne trouve point ici ses golfes sûrs et ses mers clémentes : le pavillon grec ne passe guère le canal d'Otrante. L'hellénisme garde pourtant ses prétentions sur la corinthienne Dyrrachium. Une école grecque subsiste, mais en dehors de la ville, dans le faubourg d'Exo Bazari (Marché du Dehors).

*
* *

Ce faubourg n'est, comme son nom promet, qu'un champ de foire aux baraques mouvantes, toiles volantes, abris provisoires, qui se peuple chaque matin des caravanes de l'intérieur. Les Albanais catholiques de Tiranna s'y rencontrent avec les Albanais orthodoxes et musulmans de Kawaja, les beys d'Elbassan ou de Bérat avec les Koutzo-Vlaques du Pinde et de Gortcha.

Parmi ces Albanais orthodoxes et ces Koutzo-Vlaques, l'hellénisme recrute ses partisans. Si la ville est italienne, le faubourg est grec. On parle grec dans tous les cafés en plein vent. Le portrait de Georges Ier et celui de son ministre, M. Tricoupis, tapissent les comptoirs. Sous les platanes, une bande de buveurs en fustanelles chante sur la guitare une complainte de l'Archipel.

C'est dans l'Exo Bazari, loin des « macaronadais », que nos Albanais ont trouvé pour nos Noblesses un khani (auberge) moins confortable mais plus chrétien — traduisez : orthodoxe; pour un Grec, *christianos* veut toujours dire *orthodoxe grec* — que les auberges italiennes. Ce khani est, avec l'école grecque, la seule maison permanente du faubourg. Ses murs de terre et de bois passeraient en Europe pour une œuvre provisoire; mais ici! L'eau, les moustiques et les fièvres de Durazzo méritent la description que nos Albanais nous en avaient faite. Il serait difficile d'imaginer un endroit plus malsain. Les 2 ou 3 000 habitants désertent même la ville en juillet : bien des boutiques sont encore abandonnées...

Quelle force ont les traditions dans cette Turquie! Une caravane koutzo-vlaque arrive de Monastir, après sept jours de route! Ces Koutzo-Vlaques (Valaques boiteux) sont un peuple de race latine que Pouqueville[1], vers la fin du siècle dernier, trouva sur les deux versants du Pinde, entre Larissa et Jannina. Toutes les affaires de l'Albanie méridionale passaient alors entre leurs mains. De Moschopolis (près de Gortcha), Syrrakou, Kalarrytais, Mezzovo et Larissa, centres de l'Anovlachie, ils rayonnaient dans la contrée, distribuant les produits de leur travail, — peaux, cuirs, orfèvreries, capes, feutres et tapis, — ou les marchandises d'Europe qu'ils recevaient par leurs maisons de Livourne, de Vienne et d'Amsterdam. Durazzo était leur port naturel pour les relations avec Ancône, Raguse ou Venise. A la suite de la révolution grecque, ces Valaques, qui se disaient Hellènes et qui, de leur bourse et de leur sang, avaient combattu pour la liberté, émigrèrent en grand nombre vers le nouveau royaume hellénique. Le peuple se dispersa. Les villes du Pinde perdirent leur rôle et leur importance. Les marchands de Moschopolis allèrent se fixer dans les grandes villes musulmanes, Salonique et Monastir. Néanmoins, à un siècle de distance, et toutes les raisons de ce choix ayant disparu, Durazzo reste le port koutzo-vlaque : les caravanes de Monastir y descendent chaque samedi.

Dans l'Exo Bazari, les nouvelles, apportées d'Europe par le vapeur autrichien, soulèvent de grandes discussions. Les journaux et le bruit public annoncent que le Sultan va concéder à des prélats bul-

---

[1]. Pouqueville, consul général de France à Jannina (*Voyage de la Grèce*).

gares les évêchés macédoniens de Velès, d'Uskub et d'Okhrida : les lettres d'investiture (bérats) sont déjà signées. Cette nouvelle ne laisse indifférent personne. Les Musulmans ne peuvent admettre que le Sultan fasse jamais une pareille concession aux « voleurs de la Roumélie »; parmi eux, la haine est plus forte contre le Bulgare que contre le « Moscoff » lui-même. Les Chrétiens sourient, incrédules :... « Il est impossible que ces Bulgares schismatiques l'emportent sur le Patriarche,... d'ailleurs les Macédoniens sont Hellènes et non Bulgares, ils veulent un clergé grec, des écoles grecques ». Dans un petit café, devant les portraits de Georges Ier et de M. Tricoupis, le maître d'école invoque Aristote, Philippe et Alexandre.

Abeddin et Kostas, familiers de nos Noblesses, sont entourés et consultés; leur avis, à eux, c'est que le Sultan n'a rien décidé encore, puisque nous partons vers la Macédoine... Si les bérats étaient accordés, nous le saurions... : « Sont-*Ils* chrétiens ? » demande le magister. — « Non, répond Kostas, ils sont catholiques; mais ils n'aiment pas tant les Bulgares... »

*
* *

Durazzo ne communique avec la terre ferme que par un cordon de sables. L'étroite chaussée, entre la mer et une lagune saumâtre, est même coupée en son milieu par un déversoir de la lagune. Un pont de bois qui vient d'être construit commence à céder.

Une grande route doit réunir quelque jour Durazzo à Monastir; elle est en construction depuis 1867. Après vingt années de travail, trois kilomètres de macadam, à peu près achevés, témoignent des bonnes intentions de l'autorité. Trois kilomètres en vingt ans ne contenteraient point nos impatiences européennes; mais chez les Turcs, voici comment une route se construit. Un consul ou un voyageur *franc* se plaint un jour qu'entre Durazzo et Monastir le voyage est impossible, et les journaux de Londres et de Paris déclarent que la Turquie est la dernière des nations. La Porte décide en grand conseil qu'une route carrossable sera ouverte. Les gouverneurs de l'Albanie et de la Macédoine montrent aux consuls européens, résidant près d'eux, de grandes lettres où le Ministre ordonne de convoquer les chefs des villages, et l'on répartit la corvée, suivant la plus stricte justice. L'Europe est satisfaite, la Porte l'est aussi, et les gouverneurs le sont bien davantage.

Car une route à construire est le plus beau cadeau qu'un ministre puisse faire à ses amis.

Le gouverneur convoque les corvéables, envoie ceux de Durazzo dans la montagne, à deux jours de leur ville, et installe les montagnards aux portes de Durazzo. Les corvéables se plaignent de cet échange; mais le gouverneur tient à son idée. Comme il a des gendarmes, les corvéables seront forcés d'obéir. Ils envoient alors leurs chefs négocier une entente : « Effendi puissant et bon, nous ne pouvons travailler si loin de chez nous. Nous sommes d'ailleurs ignorants et paresseux. Toi, qui sais et qui veux, charge-toi de faire la route : nous paierons tes ouvriers. » Le gouverneur, qui a bon cœur au fond, accepte l'argent. Il en donne un quart à ses préfets, une moitié à son ministre et garde le reste pour son harem... La route est ajournée jusqu'au printemps qui vient. Chaque année, la même scène recommence. En vingt ans, les villages ont payé quelques millions et les gouverneurs ont construit trois kilomètres de route. « A quoi bon d'ailleurs ce macadam? me disait un préfet d'Asie. Si on suivait l'Europe dans tous ses caprices, la vie se passerait à faire des routes, puis à les transformer en chemins de fer, et ces chemins de fer à leur tour en voitures électriques. Mieux vaut attendre et ne se décider que quand on connaîtra le dernier mot du progrès. »

*
* *

Après ces trois kilomètres, le chemin n'est plus qu'une piste dans les sables, large d'un mètre aux passages marécageux et de deux cents aux endroits faciles. Nous longeons la baie de Durazzo dont nous faisons tout le tour. Pas un village, pas une hutte. Le pays est désert. De distance en distance, sous un abri de roseaux, deux gendarmes turcs veillent à la sécurité du passant. Ils tiennent un petit café et revendent de l'eau, des pastèques, des melons que d'autres passants leur avaient donnés, librement, je veux bien croire : tout au moins, ces gendarmes n'exigent rien de nous, ils se contentent de nos aumônes.

Au penchant d'un coteau, Kawaja apparaît, blanche dans les jardins et dans les arbres. De loin, on devine, à la situation, à l'aspect, à la couleur, une ville mahométane. Le giaour fonde Durazzo ; le croyant s'établit à Kawaja. L'Islam fuit la mer chère aux giaours. A la côte, où l'eau n'est jamais bonne, la sécurité jamais parfaite, il préfère les terres verdoyantes, le bas des collines où les sources jaillissent pour les ablutions rituelles, où les grands arbres prêtent leur ombre aux longues siestes et aux paisibles causeries.

Passent des files de petits ânes, chargés de nattes et de cruches. De grands diables d'Albanais les activent de la voix et de la pointe de leurs couteaux. Ils portent sur l'épaule des fusils de tous systèmes ou de ces longues stèles funéraires, sortes de pieux en marbre à peine dégrossis, qu'ils plantent dans leurs cimetières à la tête et aux pieds de leurs morts. On rentre du marché de Kawaja, et c'était aujourd'hui la foire aux tombeaux. Chacun a fait sa provision annuelle suivant des calculs de probabilités qu'Osman-Aga, un ami de rencontre, nous expose simplement, entre deux sourires. Il rapporte sur son âne trois belles stèles coiffées d'un turban et couvertes d'écritures vertes et jaunes : c'est qu'il a son père très vieux, un enfant malade et plusieurs meurtres dans son passé. En ce pays de vendettas sans oubli et sans trêves, le bon Osman-Aga est bien obligé de songer un peu à son propre avenir.

Ces Albanais comprennent fort mal le grec. Une infime minorité le parle. Quant au turc, personne en dehors des fonctionnaires n'en sait un mot. L'albanais est la langue courante, un albanais très différent des dialectes du sud. Kostas et Abèddin s'en étonnent : « Ces gens d'ici parlent profond », de la gorge comme les Turcs et non du nez à la façon grecque.

Ce canton d'ailleurs est musulman. Tout indique à l'œil une terre du prophète : les stèles qui bordent le chemin ; les fontaines à robinets de cuivre et, sous l'ombre isolée d'un platane, les petites terrasses de gazon où, quand tombera le soleil, le passant s'accroupira pour la prière ; les femmes voilées, en culottes rouges ; les cinq ou six nègres venus on ne sait d'où mais que possède toute ville de l'Islam et que, sans préjugé de couleur, les Musulmans traitent en frères ; les cigognes enfin, qui, sans crainte, promènent dans les champs musulmans leur grave ennui. Sur 16 000 habitants de ce caza (sous-préfecture), 2 000 à peine sont chrétiens.

Mais, Chrétiens ou Musulmans, tous sont de race albanaise. Le Turc asiatique ne s'est jamais fixé dans cette région. Il n'a fait qu'une apparition très courte au jour de la conquête, et les indigènes conservèrent longtemps leur christianisme. Ce ne fut qu'à la fin du siècle dernier et au début du nôtre, au temps d'Ali de Tébelen, que, de gré ou de force, la conversion en masse fut accomplie. Ces nouveaux convertis ont peu de fanatisme. Les Mahométans de Kawaja fréquentent assidûment la mosquée, une belle et grande mosquée à coupole, entourée de portiques. Les façades de marbre dressent sous les cyprès leurs colonnes byzantines et leurs ogives arabes; mais les dômes éventrés attendent en vain la pieuse restauration de quelque bienfaiteur. Comme leur mosquée, la religion de ces Albanais est toute en façade. Ils ont un couvent de très saints derviches où, tous les vendredis, ils se grisent de danses et de hurlements, et beaucoup de buvettes où chaque jour le raki et les alcools allemands leur procurent une ivresse moins religieuse. Ils n'oublient aucune des ablutions et purifications de la loi; mais nos conserves de porc ne leur inspirent aucune répugnance : ils les ont baptisées une fois pour toutes « mouton d'Algérie ». Au reste, sauf les imans et les gens des mosquées, qui portent le turban, la robe longue et le cafetan de fourrures, tous ont gardé le costume national, les uns la fustanelle du sud, les cnémides et la veste soutachée, les autres les vêtements du nord, la barrette et la pèlerine noires, la veste et la longue culotte blanches, décorées de tresses noires en arabesques. Presque tous s'appellent Osman fils de Vasili, Méhémet fils de Georgi, accouplant ainsi à leur prénom musulman un nom de père ou d'ancêtre chrétien.

De leur côté, les Chrétiens ne croient pas acheter trop cher l'impartialité ou la faveur du préfet par quelques révérences du côté de la Mecque. Ils observent Carêmes et Ramazan, baptisent et circoncisent leurs fils et pratiquent également mal la religion de Mahomet en public et celle de Jésus-Christ à domicile. Et tout le monde vit en paix sur cette indifférence.

En politique, un pareil sentiment les unit : pourvu

que le gouvernement n'intervienne pas dans leurs querelles de familles, ils sont satisfaits. Ils vivent pauvrement de leurs cultures et de leurs troupeaux; ils ne se nourrissent guère que de maïs et de laitage; leurs vêtements de feutre sont inusables; une pièce de cotonnade habille leurs femmes, et leurs enfants courent tout nus.

Il faut ajouter que tous ces Albanais, Chrétiens et Musulmans, sont très dévoués au sultan Abd-ul-Hamid II. Nous n'entendons que des louanges du Padischah, et dans des bouches peu courtisanes : il est savant, il est saint, il aime le peuple et surtout il protège l'Albanie.

Ce dernier éloge est mérité. Les Albanais ont aujourd'hui toutes les faveurs. Ils jouissent chez eux d'une liberté sans bornes (les vendettas s'exercent sans contrainte sous l'œil impartial du Turc), et, dans l'Empire, ils ont des places, des honneurs, des gouvernements, tant et dès qu'ils en veulent. C'est d'Albanais que le Sultan compose sa garde et la Régie ses cadres; Constantinople et l'Asie Mineure sont gouvernées par des Albanais fonctionnaires, préfets, cadis, gardes-douane ou zaptiehs. J'en ai rencontré jusqu'au fond de la Caramanie.

Le Turc trouve un double avantage à cette politique. Le vieux système féodal s'étant conservé dans ce pays, une aristocratie de pachas et de beys détient les terres et dispose à son gré des tenanciers. En comblant d'honneurs ces beys, mais loin de leur pays, en les nommant, bon gré mal gré, gouverneurs de Brousse ou de Koniah, moutessarifs de Kiutahia (Vessel-Pacha), de Diarbekir (Issouf-Bey) ou de Chio (Kiemal-Bey), ambassadeurs à Belgrade (Féridoun-Bey), et à Madrid (Turkan-Bey), la Porte s'est assuré d'abord leur absence des lieux où quelque rêve de grandeur, quelque souvenir d'Ali Tebelenli pourraient troubler leur loyalisme — et du même coup leur présence à des postes où leur très fine intelligence, leur facile adaptation à tous les milieux, leur souple brutalité ont toujours rendu de très grands services. En cet état de choses, les intrigues italiennes n'ont ici qu'un médiocre succès. Elles n'ont réussi qu'à compromettre quelques malheureux ruinés par l'incurie et la paresse, des beys ou des agas que les poursuites de leurs créanciers mettaient à la solde du premier acheteur. En général, les gens de Kawaja regardent fort peu vers l'autre rive de l'Adriatique. Autrefois, ils passaient volontiers la mer pour servir dans la garde albanaise des rois de Naples, ou pour chercher fortune sur les routes de Calabre. C'était le beau temps du brigandage et des troupes soldées. L'Italie d'aujourd'hui est presque européenne. Les braves n'y sont plus estimés. Le Piémontais accapare les places. La moindre fantaisie sur une grande route se paie cher, — mauvais terrain pour l'Albanais.

Quant à l'hellénisme, c'est un mot tout à fait insolite et incompris, même sous les treilles, les toits de planches et les vieux sacs qui couvrent les ruelles du bazar. Sauf deux cabaretiers venus de Corfou, d'Ithaque ou de Patras, ce bazar est tout musulman : cruches en terre, nattes, fusils à pierre, pistolets de cuivre et d'argent, stèles funéraires, pâtisseries au miel, quelques cotonnades européennes, d'autres fusils encore et d'autres pistolets, et ces amas de bonbons rouges, violets, bleus, verts, aussi crus au goût qu'à l'œil, dont toute population musulmane est si friande en temps de Ramazan.

*
* *

L'auberge de Kawaja est pleine de zaptiehs (gendarmes). La voûte d'entrée et la cour sont encombrées de chevaux. Dans les escaliers, sur les balcons de bois et jusque sur les terrasses en terre battue, c'est une jonchée de corps, d'armes, de harnais et de lits militaires, — sans paillasses ni ressorts perfectionnés, la terre ou le plancher servant de matelas et les selles de traversins.

C'est qu'avant-hier les muletiers qui vont à Monastir furent arrêtés à deux étapes d'ici. Après un été trop sec, la récolte de maïs s'annonçait mauvaise ; une bande de pères de famille voulut prendre à la caravane quelques provisions pour l'hiver, et deux mulets, avec un homme, sont restés en travers de la route. Le Préfet de Durazzo, le Chef des Cent, le Chef des Mille et le Chef des Dix Mille, toute la préfecture et toute la gendarmerie rentrent aujourd'hui des villages voisins. A défaut des coupables, difficiles à discerner ou réfugiés dans la montagne, pauvres d'ailleurs, ils ont ramené une douzaine de propriétaires plus riches qui ne désintéresseront peut-être pas les muletiers ni leurs armateurs, mais qui paieront les frais de la justice et de l'autorité.

Dans ce chaos d'hommes et de bagages étendus, le maître du Khani cherchait pour nos Noblesses un coin inoccupé de cour ou de terrasse, et nous allions dormir sous les étoiles sans la charité d'un Bédouin. Un vrai Bédouin du désert, grand, maigre, osseux, nerveux, plus brun que le café qu'il vient de nous griller dans son poêlon de cuivre, et vêtu d'une robe de soie cerise, d'un long manteau de feutre lie de vin, a tête encapuchonnée dans un keffieh de soie multicolore. Il se nomme Abd-er-Rhamne.

Il nous a donné sa cellule et sa natte, son tabac, deux pastèques, et, tout en préparant le café, il commence son autobiographie. Abd-er-Rhamne connaît bien des pays et bien des peuples. Ulysse et Stanley ne sont, auprès de lui, que de pauvres voyageurs. Car il a roulé plusieurs fois de Médine et de Kartoum à Fez, au temps où il vendait des chevaux et des hommes. Et pourtant, cet explorateur modeste — nous sommes en Turquie — ignore la réclame. Parlant turc, arabe, grec et trois ou quatre mots de sabir, il n'a jamais fait de conférence que par politesse, comme ce soir, pour désennuyer des amis ou des hôtes. Il se souvient surtout de l'Afrique française, de Tunis et d'Alger qui l'ont ébloui, des dix mille soldats français et des canons, et des bateaux, et des jardins où le soir quarante et cinquante musiciens jouent pour le peuple, tous ensemble. C'est pourquoi son cœur a été pitoyable à deux pauvres Français... Aujourd'hui les Anglais d'Égypte ont troublé ses affaires et l'ont réduit au seul métier de maquignon. Il part de Damas ou d'Alep avec un troupeau d'étalons ou de juments, traverse l'Asie Mineure de Marash à Ismid, puis Constantinople, la Roumélie, et marche vers l'Occident tant qu'il lui reste des chevaux à vendre et tant que la terre musulmane ne lui manque pas sous les pieds. Il est trop religieux pour sortir de l'Islam. Il allait en Algérie, mais sans dépasser, croyait-il, les frontières du khalifat. Aussi ne ressent-il pour nous, Français, ni le beau mépris qu'il a pour le Grec, ni la sainte haine qu'il nourrit contre le Bulgare et le Moscoff... Nous sommes pour lui un peuple turc, musulman tout au moins, et ses voyages chez nous ont développé la haute idée qu'il avait de sa religion.

Il faut admirer l'attachement du vieil Islam à son Khalife et à ses rêves de domination universelle. Ni les malheurs de l'empire, ni les misères personnelles, quotidiennes, ne peuvent détruire ou entamer cette foi têtue. Mais de tous les Musulmans, Abd-er-Rhamne, à ma connaissance, est encore le plus obstiné. On l'a pris neuf ans comme soldat et de Palmyre, sa patrie, envoyé en Tripolitaine : il put assister à l'annexion française de la Tunisie. Puis, libéré du service, on l'a volé sur les grands chemins, rançonné aux Konaks de l'autorité, pillé aux douanes. Il échange plus de coups de fusil avec les gabelous et les gendarmes, que de cafés ou de cigarettes dont il est pourtant prodigue; il porte encore une belle balafre en travers du front ; plainte suprême : malgré la contrebande, son tabac lui coûte deux fois plus cher qu'en Algérie... Mais il sait bien que le Khalife ignore tout cela... Si le Khalife connaissait les hommes méchants qui traitent inhumainement ses peuples, il les mettrait de suite au pal ou à la mer... L'empire du Khalife est si grand, comment pourrait-Il tout savoir?... Du pouce et de l'index en compas, Abd-er-Rhamne a tracé dans la cendre du foyer, pour l'auditoire compact qui maintenant nous entoure, trois cercles : l'un énorme, c'est le khalifat; un autre à peu près égal, par déférence pour nous, c'est le pays des Français; un troisième, plus petit, mais encore grand, le Moscoff; auprès, il troue des points pour l'Italien et l'Anglais; les autres peuples lui sont inconnus. Et notre science européenne est prise à témoin que le monde est bien partagé de la sorte.

La conclusion, c'est qu'il faut avoir un peu de patience, *iavas, iavas* : le Sultan, un jour averti, remettra tout en ordre. Et cet homme, qui nous plaint dans sa bonté de n'être pas les sujets de son Khalife, s'en va dormir auprès de sa jument : « Le Khani, ce soir, n'est pas très sûr pour elle; trop de gendarmes! »

II

PEKINI — UN FIEF ALBANAIS

L'Albanie déserte. — Une résidence de grand seigneur. — Fresques albanaises. — De la sécurité des routes dans l'Empire ottoman.

Pour traverser le « pays des brigands », le Chef des Cent a doublé notre maison militaire. Nous avions déjà le zaptieh Abeddin; on nous donne avec lui un nizzam (fantassin de l'armée régulière), Mehemet, monté sur un mulet d'emprunt. Le Chef des Mille eût encore volontiers triplé cette escorte. Quant au Chef des Dix Mille, il ne parlait que de douze ou quinze zaptiehs. Le Chef des Mille et le Chef des Dix Mille nous aiment; ils savent aussi que nous donnerons un pourboire à nos zaptiehs, et qu'une part de cet argent leur reviendra... Douze gendarmes seraient donc fort utiles pour eux et peut-être pour nous.

A l'aube, nous quittons Kawaja endormie. Les rues du bazar fermé étalent la misère de leurs planches disjointes, sous leurs tentes de haillons. Sur des tas de paille et d'ordures, les pauvres chiens s'étirent, perclus par la rosée du matin. Les cigognes s'ennuient sur le bord des pignons. Devant la maison des derviches, une case blanche presque au ras du sol avec des masses d'armes, de doubles haches en croissant, des instruments de torture peints en rouge ou en vert sur la muraille, le muezzin guette le premier rayon du soleil.

La route est, comme hier, une piste immense où chaque bande de mulets trace un nouveau sentier, et la plaine toujours pareille : la mer la plus tranquille est moins horizontale. A gauche, seulement, des hauteurs rondes et nues, toutes blanches, s'allongent de l'est à l'ouest, sans coupures, et forment ligne de partage entre les affluents du Skumbi et les rivières de Tiranna. A droite, très loin dans la brume bleue, surgissent des îlots rocheux, d'anciennes îles comme la montagne de Durazzo, que le travail des fleuves a noyées dans les alluvions. Ces collines isolées, mais effilées en échine, sont toutes parallèles dans une même direction sud-est nord-ouest. Imbriquées à de grandes distances l'une derrière l'autre, elles semblent former une ligne continue. Parfois, au pied de ces îlots, un village ou une ferme (tchiflick) mettent la tache verte de leurs jardins ou de leurs cultures. Partout ailleurs la plaine est rase.

Nous galopons dans un nuage de poussière. Une aubépine. Une touffe d'herbes sèches. Quelques chardons hauts, d'un bleu profond, si raides dans leurs élancements et leurs coudes, que l'on dirait plutôt de merveilleux ouvrages en fer forgé, des plantes de guerre, de vraies fleurs d'Albanie. De loin en loin, un bouquet de platanes ombrage un tombeau. Les arbres sont très vieux. Les feux du passant surpris par l'orage les ont creusés jusqu'à l'écorce de l'autre face. Les tombeaux, plus misérables encore, ont perdu leurs coupoles et ne conservent plus que les quatre ogives de leur façade carrée. Ceux qui dorment là furent de pieux derviches Bektadjis, une espèce, hélas! disparue. Ces saints hommes erraient dans les bazars, tout nus, la peau tannée mal tendue sur leurs os grêles, les seins et les joues transpercés de flèches et de fils de laitons; ou bien ils s'asseyaient aux portes des mosquées, rongés d'ulcères, épileptiques et fous. J'ai pu voir les derniers dans les bazars d'Alep. Quelques-uns, gens de savoir, guérissaient merveilleusement les hommes et les chevaux, en leur cassant sur le front un œuf et en leur traçant aux pieds des stigmates cabalistiques. Bienvenus des janissaires et des gens d'épée, ceux-là vivaient en chanoines, dans leur robe trouée, à la cour des pachas et des beys. L'Albanie d'Ali Tebelenli en fut pleine. L'Albanie d'aujourd'hui est trop pauvre pour entretenir même leurs tombes.

Au siècle dernier, la population, dans ce pays, dut être fort dense : la route est bordée de cimetières musulmans aux stèles innombrables, vrais champs de pierres levées; autre indice : sur tous les cours d'eau, sur tous les fossés, nous passons de vieux ponts solides, en pierre ou en briques, qui, faute d'entretien, commencent à s'user et ne cèdent pas.

Mais de 1790 à 1820, au temps d'Ali-Pacha, ces bords du Skumbi servirent de confins militaires entre le pacha de Jannina et les beys musulmans ou catho-

liques de la haute Albanie. Ils virent alors plus de
tueries et de chasses à l'homme que les lacs africains
de nos jours. Ali-Pacha fut un grand remueur de peuples et un terrible fantaisiste. Il aimait à ramasser des
villages entiers et les poussait à coups de sabre vers
l'autre extrémité de son gouvernement, les Chrétiens
de Souli jusqu'à Durazzo et les Musulmans d'ici jusqu'à
Preveza. Ce novateur, qui se disait jacobin, était en
avance sur son siècle : il faisait sur les races humaines
des expériences de croisement et de vivisection. Lui
mort, ce fut encore de ce pays que durant toute la
révolution grecque on tira les armées de Kourchid,
d'Omer Vrionis, de Rouschid et de Moustai-Pacha, ces
fleuves de Barbares, semblables de tous points aux
invasions médiques, et qui allèrent se briser autour de
Souli, de Missolonghi et de Patras. Les Albanais fournirent à toutes les déroutes ottomanes, et aux blocus,
aux famines, aux épidémies, plus meurtrières cent fois
que le fusil à pierre du Pallikare.

Trente ans de guerre et de razzias avaient rendu ce
pays désert. Les survivants et leurs fils avaient désap-
pris la culture. Prenant, comme dans la chanson, leur
fusil pour pacha et leur sabre pour vizir, ils devinrent brigands ou mercenaires. Autrefois ils servaient
le dey d'Alger, le bey de Tunis ou les boyards mol-
daves et valaques. Ils sont maintenant au service de la
Porte; et demain ils iront à qui saura les payer. Ils
sont très dévoués à la personne d'Abd-ul-Hamid II,
dont toujours nous entendons l'éloge; mais le khalifat et les rêveries d'Abd-er-Rhamne leur sont bien

indifférents. Leurs lames damasquinées porteraient encore les vers du Klephte :

> Quand on ne craint pas les tyrans,
> Et que par le monde on veut être libre,
> Gloire, honneur et vie,
> Tout est dans le sabre.

De la population d'autrefois, il ne reste que les cimetières. Les villages n'ont pas laissé plus de traces que n'en laisseront, dans quelques années, les huttes actuelles. Du bois et de la terre délayée, moulée en cubes et desséchée, en étaient, comme aujourd'hui, tous les matériaux. Sur quatre murs de ces cubes empilés, quatre poutres en croix soutiennent un plafonnage de roseaux que recouvre une boue d'argile. Dans cette plaine délaissée vivaient des centaines de hameaux.

Les rivières que nous coupons sont peu abondantes mais très nombreuses. Au gré de leurs caprices, elles se sont taillé un lit étroit et profond, rempli jusqu'aux bords de roseaux, de ronces et de joncs. Elles courent, serpents de verdure, dans la nudité de ce désert. Leurs berges de deux ou trois mètres, à pic, content en raccourci toute l'histoire de ce peuple. Sur le fonds primitif de sables et de cailloux, des couches d'alluvions fines, meubles, presque sans une pierre, se sont accumulées, les couches noires de terre cultivée et de détritus végétaux alternant avec les couches plus jaunes de sol vierge, comme les générations agricoles et pacifiques ont alterné avec les siècles de violences et d'abandon. Il en est ainsi depuis Gentius et les

Romains, chaque demi-siècle ramenant une phase nouvelle. Quels nouveaux maîtres l'Europe réserve-t-elle à ces champs déserts? Sur la poussière jaune que soulèvent nos chevaux, les Italiens étendront-ils quelque jour la couche de terres noires, l'humus des laborieuses cultures et des générations fécondantes? Une minorité dans le pays croit à cet avenir, ou du moins est payée, et bien payée, pour sembler y croire...

*
* *

Après quatre heures de plaine et de poussière, nous devons atteindre le fleuve Skumbi et le village de Pekini.

Le fleuve Skumbi, comme tous les cours d'eau de cette plaine, est trop enterré dans son lit pour être vu de loin. Mais quelques champs de maïs, une masse lointaine d'arbres et de verdures, puis l'encaissement du chemin que le passage fréquent d'hommes et de troupeaux enfonce chaque jour davantage, enfin des clôtures d'épines et la chaussée pavée nous annoncent l'approche du village. Ce pavé se retrouve, hélas! à l'entrée de tous les bourgs turcs. Personne n'oserait s'y aventurer, piétons ni cavaliers, ni femmes allant à la fontaine, ni buffles revenant du labour. Tous, indigènes et étrangers, même les chèvres, évitent cette bande étroite de cailloux glissants, mal sertis en dos d'âne. Pour ne point se rompre le cou, il faut prendre soigneusement la piste tracée de chaque côté de cette voie. Pourquoi d'Alep à Scodra, dans toutes les villes et tous les villages, ces chaussées dignes de Seldjouck?... Soyons modestes. Ces pavés turcs firent au xviie siècle l'envie de notre Europe. Lady Montague n'avait nulle part, en Angleterre, en France ni en Allemagne, vu pareille œuvre de civilisation.

Pekini n'est qu'un bazar, une rue bordée d'échoppes provisoires, éternellement provisoires, où la vie n'apparaît qu'un jour par semaine, quand les paysans voisins s'en viennent au marché. Aujourd'hui tout dort, les marchands accroupis à l'entrée de leurs boutiques, sous l'ombre de leurs auvents relevés, les chiens et les enfants tout nus au grand soleil. Des Albanais; quelques Chrétiens valaques; un Grec d'Avlona parlant italien et français; et, pour la première fois, des Turcs.

Ces Osmanlis ont conservé leur type physique, pommettes hautes et saillantes, gros nez tombant, ventre bedonnant sur de courtes jambes cagneuses; leur costume, la petite veste, la petite culotte et la large ceinture; leur turban et leurs mœurs. Le Musulman albanais, à moustaches et longs cheveux, dédaigne ces grandes barbes et ces crânes rasés. Son mépris de leur pilaf au riz, à lui mangeur de bobota (farine de maïs délayée dans l'eau et chauffée en galette), lui fait appeler tschorbadjis, *soupiers*, ces mangeurs de soupe, — et ce terme de tschorbadji, titre d'honneur dans la Turquie slave, n'est ici qu'une violente insulte.

Une grande mosquée, coupolée comme celle de Kawaja, avec les mêmes portiques, est en même état de ruine. Encore la tour carrée de son minaret ressemble-t-elle plutôt, avec son horloge, à un clocher chrétien. Le caza de Pekini, tout entier musulman, compte 3 000 habitants environ, dont à peine deux cents Chrétiens valaques. Mais en dehors des 60 ou 80 familles d'Osmanlis, ces Musulmans ont une foi pleine de tolérance.

Auprès du bazar où s'étalent des tissus, des cotonnades européennes, des sacs de légumes, des fers à cheval et quelque menue quincaillerie, une cinquantaine de huttes en terre sont dispersées sous les cyprès et les noyers, autour de la résidence, ou, pour mieux dire, du château fort de Demir-Bey. Les fossés et les glacis de cette forteresse ont été bouleversés et détruits sur un ordre récent de Constantinople. Mais un haut mur d'enceinte, en bonne pierre, est encore debout, formant un grand carré de 100 mètres de face, et soutenu à chaque angle par un bastion décagonal : les embrasures béantes regrettent leurs canons absents.

Le bey étant parti pour l'une de ses fermes, sa porte nous reste close. Par-dessus la muraille débordant de clématites et de lierres, dans de vieux platanes et de vieux peupliers, nous pouvons apercevoir des palais de bois, des kiosques aux toits relevés, des pavillons et des hangars. Les galeries, les balcons et les fenêtres laissent pendre leurs balustrades éventrées et leurs volets pourris. Le regard pénètre dans des intérieurs lambrissés de bois et cerclés de divans. Les murs extérieurs étaient autrefois couverts de fresques. Le dessin en était sobre et les couleurs plus simples encore.

Avec du jaune, du bleu, du vert et du rouge en teintes plates, l'artiste avait représenté toute la nature albanaise, des chevaux, des cyprès, des minarets, des fusils, des sabres, des roses, des guerriers coupant des têtes, des cadavres d'où jaillissent des sources de sang, Constantinople, la Mecque, des bateaux sur la mer et des canons rouges crachant des bombes vertes. L'œuvre est aujourd'hui presque effacée. Les pluies l'ont fait couler et le bois entamé s'est noirci. De ces branches et de ces planches noires, un vol de corneilles se lève avec un cri. Un seul corps de logis, dans un coin, paraît encore habitable.

Demir-Bey est pourtant l'un des gros seigneurs d'Albanie. Tous les villages de ce canton lui appartiennent. Son revenu, bon an mal an, pourrait dépasser 2 000 livres turques (46 000 francs) et son beau-père, Omer-Bey, le chef des Vrionis de Bérat, est, après Malik-Pacha de Libochowo et Fesoul-Aga de Delvino, le plus riche des Albanais. Mais les revenus de Demir-Bey lui arrivent en nature. A la moisson, les paysans lui apportent le tiers ou la moitié de la récolte, — le tiers quand le paysan acquitte la dîme et les droits au gouvernement, la moitié quand les impôts sont à la charge du bey; c'est le contrat d'usage dans toute l'Albanie. Et la récolte à peu près unique dans cette contrée est le maïs : l'Albanais ne consomme et ne cultive rien d'autre. Aussi Demir a, dans sa forteresse, d'immenses hangars de bois. Entre les planches déclouées par la poussée, les épis de maïs passent leurs têtes que moisissent les pluies. Les récoltes des trois dernières années pourrissent là sans que Demir puisse ou veuille les vendre.

Autrefois, quelques négociants d'Avlona venaient aux foires de Pekini. Quand les Anglais avaient Corfou, Avlona les approvisionnait de bœufs et de céréales. Quand les Anglais avaient Corfou..., dans un siècle tous les contes de fées albanais commenceront ainsi. Les récoltes se vendaient. Les bœufs se vendaient. Les vieux fusils se vendaient aux seigneurs qui venaient chasser le sanglier en octobre, et les vieilles broderies, et les vieux bijoux! Les beaux hommes trouvaient là-bas du service, les belles femmes aussi! Ah! vieux frère, quel beau temps c'était là! Mais depuis...! Les beys Vilioris d'Avlona avaient attiré sur leurs terres de nombreux paysans et commencé la grande culture; à qui vendre maintenant? toute la Grécaille de Corfou ne mange pas en un mois ce que les Habits Rouges mangeaient en un jour. Une sardine, un ail, deux olives, et le Grec est rassasié! Et ces fripons ne cherchent qu'à voler le pauvre monde! Leurs marchands n'offrent plus que des prix très bas. Demir qui ne veut pas être volé par ces chiens de giaours garde sa marchandise.

Il est à noter qu'aucune nation européenne n'a encore découvert ce marché de céréales. Le Lloyd autrichien, qui touche à Durazzo, n'y cherche pas ce fret; les bateaux grecs, qui chargeaient autrefois des grains pour Corfou et Patras, ne paraissent plus dans ces eaux; et les compagnies françaises, Fraissinet, Paquet et autres, ne montrent jamais leur pavillon dans l'Adriatique. Le commerce a de ces routines : dans la mer de Venise, les Marseillais croient encore n'avoir rien à faire.

Mais la vraie cause de ruine pour Demir-Bey est la politique. Demir-Bey a des ennemis intimes dans le Divan, des Albanais de familles rivales qui depuis quelques siècles échangent avec sa famille les présents des vendettas héréditaires, vols, viols, délations, incendies et coups de sabre. Et Demir a donné prise à la calomnie en refusant un poste de gouverneur général (vali) en Asie Mineure. La Porte, craignant son influence, lui proposait cet exil déguisé. Demir, qui a mauvaise tête et mauvaise santé, refusa. Aussi, quelques jours après son mariage, fut-il accusé, lui et son beau-père, d'usurpations de terres publiques et sacrées. Les mosquées de Constantinople et la Sultane Validé possèdent dans cette région une assez grande étendue de *vacoufs* (biens de mainmorte); les fermes de Demir-Bey iront bientôt les enrichir encore, à moins qu'il ne consente à devenir pacha de Koniah ou de Siwas, qu'il n'accepte à Constantinople, dans les ambassades, loin d'ici, quelque autre fonction très honorable et très mal payée.

*
* *

Le Caïmacan (sous-préfet) de Pekini ne veut pas lire nos passeports ni reconnaître nos gendarmes, parce que tout le monde peut avoir des passeports, un uniforme et des armes de zaptieh,... il faut écrire à

Bérat,... le télégraphe existe, mais le Caïmacan n'a pas de télégraphiste sous la main...

Nous avons répondu à M. le Sous-Préfet qu'ayant l'habitude du monde et de la Turquie, nous emportions toujours dans notre bourse des arguments sonores, mais que, Français et amis de Dervich-Pacha, nous respections beaucoup trop le Sultan pour acheter ses fonctionnaires. Le Sous-Préfet s'est récrié ! Il nous avait pris pour des Grecs.

Dervich-Pacha, l'ancien vali de Scutari lors de la démonstration de Dulcigno, est ici l'autorité suprême. La confiance du Sultan a fait de lui le grand ministre des affaires albanaises. Il distribue places, procès et gouvernements. Il a partout une oreille aux aguets, ou quelque bonne affaire en cours. Au reste, il faut avouer qu'il soigne les intérêts de son maître presque aussi bien que ses intérêts personnels. « C'est un diable » ou « c'est un chien cornu », disent toujours les Chrétiens, avec un admiratif mépris, et le Pacha de L.. ne jurait que par ce « fin renard ».

Le Sous-Préfet, devenu notre ami, nous prie de rapporter à Dervich-Pacha tous les progrès réalisés dans le caza de Pekini : les routes entretenues et bien pavées ; l'école musulmane ouverte (sous le porche de la mosquée, douze bambins, accroupis autour d'un vieil iman, à lunettes et à baguette, chantent du nez le Coran et se balancent du buste en avant et en arrière); surtout le brigandage réprimé ! Quel dommage que nous ne soyons pas venus lors du dernier Baïram ! La belle gendarmerie que M. le Caïmacan nous aurait montrée! Ah! les voleurs ne font pas ici tout ce qui leur plaît comme à Jannina ou Scutari!...

Pourtant le Caïmacan nous conseille de ne pas coucher dans sa ville où nous serions trop mal, ses gendarmes étant auprès de Demir-Bey. Il nous presse même de partir, en plein midi, sous la grosse chaleur, afin de voyager en plein jour. Surtout, responsable de nos précieuses Noblesses, il nous supplie de ne pas nous arrêter — sous quelque prétexte que ce puisse être — avant Elbassan, une grande ville, où nous trouverons beaucoup de khanis et beaucoup de zaptiehs.

*
* *

En sortant de Pekini, la chaussée pavée dure quelques cents mètres encore, entre des murs de terre séchée, sous les noyers, les platanes et les cyprès. Dans l'ombre humide et profonde, parmi les fougères, les cimetières musulmans peuplent le silence de leurs pierres debout ou renversées. Tout à coup, on émerge à nouveau dans le soleil éblouissant et la grande plaine nue. Mais la piste, qui, depuis Durazzo, biaisait du nord-ouest au sud-est, tourne et nous conduit presque tout droit vers l'orient. Devant nous, à l'horizon lointain, la plaine commence à se limiter de montagnes très hautes. Nous buttons, sans le prévoir, au fossé taillé à pic, boueux, très large, où le Skumbi traîne ses eaux brunes et son limon. Sa nappe de vase, sans un caillou, s'en va, paresseuse, continuer le gigantesque travail d'alluvions qui, dans la mer ancienne, a construit déjà le sol d'aujourd'hui.

Le long du fleuve, des champs de maïs sont jetés au hasard, sans raison intelligible, simplement parce qu'il a plu au capricieux Albanais d'arrêter un matin ses buffles et de labourer ici plutôt que là. Là, le fleuve était aussi proche, le village aussi lointain, la terre aussi meuble, les droits à payer au bey propriétaire tout pareils. Un beau jour, l'Albanais est venu défricher, sans même donner à son champ de limites précises ni de forme. Le lendemain, il a lâché sa charrue, laissant à demi fait le sillon entamé, et comptant sur la pluie du ciel pour arroser la semence. Cette année, la pluie n'est pas venue et le gouverneur défend de piller les caravanes; l'Albanais en sera quitte pour abandonner sa femme et ses enfants qu'il aime beaucoup, qu'il n'oubliera jamais, et qu'il retrouvera, eux toujours soumis, elle toujours fidèle, si après dix, quinze ou vingt ans, ayant roulé dans tout l'Islam, il rentre fatigué d'aventures ou sa fortune faite.

Dans la plaine desséchée, au bord de cette eau pâteuse d'où ne monte ni brise ni fraîcheur, des pans de maïs sont taillés au milieu des chardons; les carcasses, écorchées par les fauves, des deux mulets tués l'autre jour, pourrissent sous l'arcade d'un tombeau de derviche. Les monts en face de nous se rapprochent, grosses masses arrondies, sans profil, mais variées de couleur, tachées de forêts, de clairières, de moissons et de chaumes, nuancées dans le vert des grands arbres du bleu gris des oliviers, —

de belles montagnes, abordables, habitables, civilisées, humaines, où les nuages du ciel promènent leurs vivantes ombres. Elbassan est là derrière et quelle ville doit être Elbassan ! Le nom seul éveille des sonorités de cuivrerie orientale, — nom effilé du bout et pansu de la base comme ces fioles de vieil argent qu'ont les derviches aux portes des mosquées! nom d'une capitale de Sa Hautesse le Grand Sofi persan! nom tout fumant d'encens et de résines précieuses! Depuis la mer, nous chantons la gloire d'Elbassan en litanies alternées...

La chaleur et la monotonie de cette plaine n'en pèsent que plus lourd.

Au village musulman de Kerno, nous atteignons le pied des premières collines. Depuis Kavaja, nous avons déjà huit heures de route. Nos chevaux et même nos Noblesses apprécieraient le repos. Mais une halte ici, pour la nuit surtout, est impossible. Car le Préfet de Durazzo n'a enlevé de ce village que les honnêtes gens. Il est vrai qu'il les a enlevés tous : il leur apprendra, en quelques leçons et par son exemple, à ne se point vouloir toujours distinguer du commun. Les Albanais que nous rencontrons sont de plus en plus armés : le Sous-Préfet de Pekini nous avait prévenus que dans toute cette région la défense du port d'armes est très stricte et que, seulement à nous, par faveur spéciale, il tolérerait un petit revolver.

Nous entrons dans la montagne par un défilé que le fleuve remplit. Le Skumbi, resserré, vit enfin et court dans son lit tout couvert de vieux platanes. La rive droite que nous remontons est bordée d'une falaise abrupte, ravinée, toute nue, sans une herbe, vêtue seulement des mille teintes de ses marnes. Les caresses du fleuve font crouler ce mur de terre. Au pied, la route n'est qu'un étroit rebord entre la pente et l'eau. Des merles; des geais; des traces de sanglier; un renard qui fuit dans les fourrés de l'autre rive; et, sur cette fraîcheur ombreuse et peuplée, un ciel de France étend ses gros nuages blancs aux retroussis d'argent et ses crevées d'azur profond. Notre nizzam s'est mis à la tête, notre gendarme à la queue de notre file indienne. Voici le passage dangereux. Les platanes prêtent leurs branches fourchues aux longs fusils qu'il faut appuyer pour tirer juste (la poudre a beaucoup renchéri depuis que l'Europe, pour le service de la Dette ottomane, a mis la main sur les Six Contributions de l'empire) et le fleuve, complice, ne refuse jamais les passants qu'on lui offre. Kostas le Grec gémit, comme Ulysse durant la tempête : Hélas! hélas! nous sommes en Albanie! Abeddin se remonte le cœur en chantant du nez la gloire d'Ali-Pacha et des trois corbeaux de Souli. Mehemet le Turc ne chante, ne dit, ne pense rien.

Le défilé devient plus étroit et le fleuve plus bruyant entre ses rives escarpées. Le sentier ne subsiste que par tronçons sur les restes de levées et les travaux de défense qu'avaient contruits les Anciens pour leur voie Egnatienne. Soudain les beaux nuages blancs crèvent en orage. Une pluie d'été toute droite et drue, aux larges gouttes. nous glace après cette journée de feu. La falaise se fond en ruisseaux de boue; sur la marne gluante, nos chevaux patinent, et le fleuve hurle entre ses roches.

*
* *

Le jour s'éteint en un lent crépuscule, tout sali de pluie et de nuées, quand, au sortir du défilé, nous atteignons la plaine d'Elbassan. Une cuve circulaire. De hautes montagnes boisées entourent un plan nu. Une ligne tortueuse de saules et de peupliers dessine le cours d'un fleuve. Des arbres et des verdures indiquent quelques villages. En face de nous, à l'extrémité opposée du cirque, les minarets d'Elbassan pointent dans les cyprès.

C'est le dernier calvaire pour nos chevaux que la traversée de cette plaine mouillée, boueuse, coupée de ruisseaux sans ponts, de mares et de rigoles, dans la demi-obscurité. Eaux, ciel et sol, tout est gris. Seules les glissades de nos bêtes tracent dans la marne des rubans luisants de soie blanche. La nuit tombe et la route se perd... Voici la chaussée pavée, l'éternelle chaussée pavée, pour achever ce qui reste de courage à nos montures. Des murs en terre la bornent. Autour d'un puits, les haillons rouges des femmes s'agitent à la lueur des lanternes. Deux cyprès semblent énormes de taille et de noirceur. Auprès d'une mosquée en coupole, une lampe brûle à la grille d'un tombeau de saint parmi des chiffons suspendus. Un cimetière s'enfonce sous les arbres et borde les rues du bazar. Les boutiques sont closes et les rues sans lumière : une troupe de chiens se dispute une brebis morte. Enfin apparaissent devant nous la grande porte, les galeries et les escaliers de bois du khani... Dans la cour, auprès d'un grand feu où rôtit un agneau, des zaptiehs pacifient à coups de crosses une bande de prisonniers entravés.

III

ELBASSAN

Une triple ville : Hellènes, Musulmans et Valaques. — Le castro, le bazar et les konaks. — Un préfet turc : « Ne musèle pas le bœuf quand il foule le grain ».

Nous avons dû séjourner à Elbassan. Nos bêtes et nos gens demandaient un répit; les pluies avaient rendu la piste impraticable et, pour parfaire, le passage vers Monastir était obstrué, disait-on, par une révolte des montagnards de Dibra. Mais Elbassan fournit à deux ou trois jours de visite.

La situation de cette ville explique suffisamment son existence. Assise sur la rive droite du Skumbi, elle barre la vallée supérieure du fleuve, comme Bérat celle du Ljumi et Tebelen celle de la Voioussa. Mais bien mieux que ces deux villes, Elbassan pourrait devenir un grand centre. Car la trouée de son fleuve a toujours été et reste encore la grande route vers la Macédoine, la voie romaine et éternelle de l'Adriatique à l'Archipel. En outre, c'est en ce point que le chemin de la Macédoine est coupé par l'autre grand'route albanaise qui, du nord au sud, va de Scutari à Jannina par Kroia, Bérat et Premeti. Enfin, à 150 mètres au-dessus de la mer, au milieu de forêts variées, avec d'abondantes eaux et de grasses terres d'alluvions, sous un climat très doux, cette plaine paraît aménagée pour la vie et l'agrément d'une population nombreuse.

La ville et la population actuelles se composent de trois bourgs, de trois peuples juxtaposés et comme de trois couches concentriques : au cœur, dans les murs d'une ancienne forteresse, dans le « castro », les Albanais chrétiens, — 150 à 200 familles, 750 à 800 individus —; autour du castro, une épaisseur d'Albanais musulmans, — 500 à 600 maisons, 2 000 à 3 000 individus —; en dehors, un revêtement de 160 à 180 maisons (environ 800 autres Chrétiens) valaques. A Bérat, déjà, nous avions trouvé la communauté chrétienne juchée dans un castro sur la montagne et la population musulmane semblant l'assiéger dans la plaine du bas.

Cette disposition des villes albanaises ne doit pas surprendre. Après la conquête turque, les Albanais en grande majorité restèrent chrétiens fort longtemps encore. Dans les villes surtout, groupés autour de leurs églises et de leurs évêques, ils étaient soutenus par l'exemple; pouvant d'ailleurs s'administrer eux-mêmes et possédant des biens meubles plus faciles à conserver, ils sentaient moins la tentation ou la contrainte d'abjurer : les citadins, dans leurs castros, gardèrent toujours leur religion. Mais dans la campagne et dans les bourgs, et surtout après la révolte de Scanderbeg, quand le Turc plus défiant et plus assuré de sa conquête devint plus intolérant, les grands seigneurs, comtes et ducs de l'Albanie, et les riches propriétaires ne purent sauver leurs biens fonciers qu'aux dépens de leur foi. Le sacrifice ne fut ni hésitant ni pénible. L'Albanais n'a pas le sens religieux très surexcité. Et la conversion assurait tant de choses nécessaires à la vie! les selles brodées, les glands d'or, les galons d'argent, les soies, les velours et les aventures lointaines dans tout l'Islam ouvert, ou, dans le pays, les tchiflicks (fermes) enlevés aux Chrétiens, et le droit au sabre, la liberté des vendettas, toutes choses que le Turc interdisait au giaour. Après l'apostasie, pour étaler leur zèle de nouveaux convertis et leur dévouement de nouveaux Turcs, — fuyant aussi le souvenir et la haine de leurs anciens coreligionnaires, — les Albanais musulmans quittèrent leurs domaines. Ils vinrent se fixer dans les villes, auprès de l'autorité que le Sultan avait établie et de la mosquée qu'il avait fait construire. Ils ne pénétraient pas dans les castros : le Chrétien, déjà trop à l'étroit, n'y laissait pas une assez grande place pour leurs doubles et triples maisons, leurs appartements des hommes, des femmes et des hôtes, leurs arbres, leurs fontaines et leurs tombeaux de saints. Mais tout alentour, ils semèrent leurs konaks, leurs jardins et leurs cimetières.

*
* *

Le castro d'Elbassan est ceint de beaux murs de l'époque romaine ou byzantine, en briques et en pierres. Éventrés et ruinés après la révolte de 1830, ils servent aujourd'hui de carrières. Les autorités turques les exploitent pour leurs constructions gouvernementales, le pavage de leurs routes et leurs bâtisses privées.

La ville antique, dans cette étroite enceinte du castro, ne pouvait être qu'une station au bord de la voie romaine. Les maisons d'aujourd'hui, toutes séparées par des ruelles ou des impasses obscures, sont bâties sur le modèle de toutes les maisons chrétiennes, dans toutes les petites villes de Turquie. Au flanc d'une cour bordée de hangars sordides, un rez-de-chaussée de pierre ou de terre séchée porte un étage de bois en encorbellement. Le bois non peint a des airs de vétusté et des odeurs de moisi. Les galeries avançantes et les larmiers des toits tiennent moins par la rouille de leurs clous que par l'adhésion acquise, l'habitude de leurs planches. Il ne faut point ici étaler sa richesse, mais écarter par un air misérable la convoitise du Musulman. Personne dans les rues. Seuls, les aboiements des chiens, qui passent leurs crocs furieux sous les portes des cours, nous accompagnent jusqu'à l'église, où toute la communauté réunie célèbre la fête de ce jour, la Transfiguration du Christ.

L'église date de soixante ou quatre-vingts ans. C'est un long vaisseau de pierre, avec un chevet en triple rotonde. Les deux pentes du toit en pierres plates débordent les murs et viennent s'appuyer à un mètre du sol sur des cintres très bas : l'église est ainsi flanquée de deux petits cloîtres. Ces cloîtres et les trois nefs dégorgent une épaisse fumée d'encens, d'où sortent le nasillement des prêtres et le miroitement des croix, des ostensoirs et des icônes d'or.

En cohue, des femmes conduisent des petites filles à la communion, de jolies et toutes petites filles, au visage très blanc, avec des roses et des œillets piqués dans le fouillis et la vermine de leurs cheveux blonds : les plus grandes, dans leur pauvre chevelure divisée, huilée et nattée très serré en innombrables queues de rats, portent tout un trésor d'épingles dorées, de boules argentées et niellées, de chaînes, d'amulettes et de peignes de nacre. Elles se traînent et trébuchent dans leurs robes trop longues, leurs belles cotonnades européennes aux énormes fleurs bleues.

Les mères ont encore, à la mode d'autrefois, le vêtement de toutes les femmes chrétiennes et juives dans l'intérieur de la Turquie, le long cafetan en drap foncé, doublé de fourrures. Ce manteau sans taille et tombant jusqu'aux jambes ne laisse voir que le bas de leurs culottes rouges serrées à la cheville. Leurs pieds chaussés de bottes jaunes sans talon les font ressembler à de lourds palmipèdes. Le visage de ces femmes — même des plus jeunes — est osseux et flétri, leurs yeux fiévreux, leurs joues creuses, leur profil aquilin, très dur. La plus pauvre en enfants porte ou mène trois et quatre bambins. C'est, à presque toutes, le plus clair de leur avoir. Le reste de leur fortune, pièces d'or, chaînes et plaques d'argent, pend à leurs cheveux teints au henné.

Le pourtour de l'église est pavé de dalles funéraires. Au côté droit de la tête, près de l'oreille du mort, toutes ont un soupirail « par où les hirondelles viendront m'annoncer le printemps et les rossignols m'apprendre le beau mai ». Sur les tombes nouvelles, les parents ont servi les offrandes consacrées : une corbeille de pains, une assiette de petits poissons et un plat mêlé d'amandes, de raisins, de riz bouilli et de blé. Des sentiers de confitures, des bosquets de fleurs et de feuilles odorantes dessinent sur chaque plat un labyrinthe. Un cierge brûle, planté au sommet.

Les mères et les veuves voilées de blanc, empaquetées depuis le cou jusqu'aux bottes jaunes dans leurs feredgés noirs, sont venues visiter leurs morts et leur content les nouvelles d'Elbassan. Une vieille pleurait, accroupie à la tête de son petit-fils. Ses filles et ses brus l'entouraient, debout derrière elle. Promenant ses mains ridées sur la dalle, elle y recherchait le souvenir et les traits de l'aimé. Elle resta longtemps sans rien dire, palpant et pleurant, puis elle commença le *myriologue* : « Pourquoi nous as-tu quittés, ô mon œillet... Reviens... Viens t'asseoir à notre table,... nous pleurons des larmes noires et tu ne reviens pas;... reviens, mes yeux, mon cœur... » Ses mains allaient et venaient sur la pierre. Nous étions arrêtés près d'elle Elle me vit et me fit asseoir. Il était grand comme moi... et de mon âge... Je n'ai donc ni mère ni sœurs pour voyager si loin de ma maison !... Elle prit dans le plat du mort deux poissons avec un pain et une poignée de fleurs, qu'elle me donna, afin que sur la route j'évite les mauvaises rencontres, que les méchantes fées m'épargnent dans la nuit et que ma mère un jour me revoie...

Elle nous conduit ensuite vers les hommes qui,

parmi ces pleureuses, agitent leurs fustanelles, discutent de leurs affaires, « d'oques et de livres » et nous regardent sans bienveillance. Mais à nos premiers mots de grec, ils se sont radoucis.

Chez un des chefs de leur communauté, un de leurs Kekayas, dans une assemblée de fustanelles, nous trouvons deux Européens, deux étudiants de l'université d'Athènes. On nous fête de sucreries, d'eau-de-vie et de cigarettes. Dès qu'on nous sait Français, on se hâte de décrocher un Alexandre de Battemberg que l'encombrement des murs avait fait pendre devant un Gambetta. La chambre est toute tapissée des souverains de l'Europe, en chromolithographies : Guillaumes et Bismarcks allemands, Elisabeths d'Autriche, un Carnot, un Boulanger, et dix ou vingt de ces images russes qu'une main inconnue sème par milliers et gratis, depuis le Danube jusqu'au Matapan et de Jérusalem à Cattaro. Comme leurs vermillons et leurs jaunes serin me sont familiers! et que de fois, durant les nuits d'insomnie, sous la lampe qui brûlait devant les Saintes Images, j'ai étudié les czars géants, leurs czarines plus gigantesques, leurs voitures à cinq panaches, leurs couronnements et leurs funérailles. Ici la Grèce tient le Russe en échec et couvre un plus grand panneau de ses rois Georges, Othon, Olga et Amélie fraternellement confondus; deux Tricoupis, sans compter celui de l'almanach; et le brave Iataganas, qui sabra tant de Turcs en 1885, au combat de Koutra, sur la frontière macédonienne.

La communauté chrétienne d'Elbassan est la sentinelle perdue de l'hellénisme vers le Nord. Tous ces Albanais comprennent et presque tous parlent le grec. Ils ont une école grecque pour leurs garçons et une école grecque pour leurs filles. Ils se disent Hellènes. Mais ils n'ont pas l'hellénisme révolutionnaire. Leurs désirs, en politique, ne vont qu'à des allégements d'impôts, à des redressements de justice et d'administration. Ils sont et restent avant tout fidèles sujets du Sultan dont le portrait préside, sur la muraille, au congrès de l'Europe couronnée, en bonne place, au-dessous des Saintes Images, entre le roi et la reine de Grèce.

En se disant Hellènes, ils n'entendent que se distinguer des Bulgares de Macédoine et des Catholiques de la haute Albanie. Jamais ils ne se sont demandé si quelque jour ils pourraient et voudraient devenir les sujets du roi Georges ou de son fils ; mais ils sont bien décidés à ne jamais être ni Bulgares, comme ceux de Roumélie, ni Catholiques, comme *ces juifs de Mirdites*. Au reste, la lointaine Bulgarie ne les effraie pas. Ils redoutent seulement les menées italiennes qu'autour d'eux ils sentent ou supposent partout. Ils s'excusent d'avoir été, au premier abord, très défiants envers nous : ils nous croyaient Allemands et agents secrets de quelque puissance européenne. Des Allemans passent et repassent si souvent ici, au service de la Bulgarie, de la Serbie, de la Roumanie et de l'Autriche! L'an dernier encore, l'un d'eux était venu pour convertir les Chrétiens d'Elbassan. Il essayait de les détourner de leur philhellénisme. Il leur remontrait qu'un Albanais doit songer à l'Albanie et faire de ses fils de vrais Albanais, qu'au lieu de leurs écoles grecques, il leur fallait des écoles albanaises, et un prêtre albanais, et une liturgie albanaise, bref, que pour être dignes de leurs pères et de leur nom, ils devaient être albanisants, *albanophrones*. A cet apôtre, nommé Weigan, ces Hellènes ont répondu qu'Albanie et sauvagerie étaient pour eux synonymes; qu'ils appelaient leur patrie Epire, et Pyrrhus l'Hellène leur aïeul; que, pour la langue, ils aimaient mieux assurer à leurs enfants l'usage d'un instrument perfectionné que d'un outil barbare; et qu'enfin albaniser, c'est-à-dire vivre en sauvages, n'avait plus à leur goût de charmes irrésistibles; leurs pères malheureux avaient bien pu mener, dans l'ignorance, cette vie de misère; mais, eux, ils tâcheraient de se rapprocher chaque jour davantage de la lumière, de la civilisation, de l'hellénisme. Ils ont tenu parole. Cette année, ils ont envoyé deux de leurs fils à l'université d'Athènes, l'un pour étudier la philologie et devenir un jour leur scholarque (chef des écoles), l'autre pour étudier la médecine et les sauver du moine et du derviche guérisseurs.

J'ai soigneusement noté cette conversation et je voudrais pouvoir la rapporter tout entière. Souvent déjà, en Asie Mineure comme en Europe, j'avais rencontré dans les communautés orthodoxes des sentiments analogues, moins conscients parfois, toujours moins raisonnés et surtout moins affirmés. Mais les paroles de ces Albanais m'expliquaient bien des mots entendus jusqu'au fond de la Phrygie, à Bouldour et Isbarta. Depuis un quart de siècle, — la guerre de Crimée peut être prise comme date, — le christianisme oriental a subi une modification profonde. Autrefois, la pensée religieuse primait tout. Elle seule occupait les esprits dans le présent et soutenait les rêves d'avenir. Alors, tous les yeux et tous les espoirs se tournaient vers la Sainte Russie. Aujourd'hui la fréquentation de l'Européen, les chemins de fer, les idées et les marchandises importées d'Europe ont éveillé, avec des mœurs et des besoins nouveaux, la notion et le désir du progrès. La foi dans le Christ et le respect de son culte vivent toujours. L'église est toujours le centre de la vie journalière et matérielle. En pantalon comme en fustanelle, à Smyrne comme à Jannina, on observe toujours les interminables carêmes et, devant les icônes que l'on baise, on fait toujours les innombrables signes de croix. Mais si la foi religieuse possède les corps, une foi rationaliste dans la valeur des idées et des sciences modernes s'empare lentement des esprits et se répand dans les cerveaux les plus étroits. La Russie, monde noir de l'autocratie et de l'esclavage, citadelle de la réaction et de la force brutale (je parle comme ces Hellènes, grands amateurs de litanies et d'idées simples), la Russie perd son prestige et la Grèce brille à l'horizon comme le phare des temps nouveaux. Ils vont à cette lumière, à ce pays de la science et de l'esprit. Entre eux et l'Europe non chrétienne, — traduisez « non orthodoxe » : c'est tout un pour eux, — la Grèce est l'intermédiaire naturel et nécessaire, parce qu'elle a su devenir européenne tout en demeurant chrétienne, et concilier dans ses institutions, comme eux-mêmes concilient dans leur vie, le vrai culte du vrai Dieu et l'obéissance à la pensée nouvelle. Dès lors, on comprend facilement leur haine du Bulgare, la brute orthodoxe, et leur aversion de l'Italie ou de l'Autriche, les civilisateurs infidèles.

Les Chrétiens du castro vivent pauvrement de leurs boutiques du bazar, du produit de quelques oliviers, et des prêts usuraires qu'ils font aux Musulmans.

Le bazar, en dehors du castro mais tout contre l'enceinte, comprend deux rangées de boutiques étroites, que le Chrétien ouvre chaque matin et que le soir il abandonne pour retourner dans son castro. La propreté de ces boutiques et la largeur des rues nous étonnent un peu. Nous pourrions presque nous croire dans l'une de ces villes de Grèce, Patras, le Pirée ou Tripolizza, percées de rues droites, d'avenues perpendiculaires et parallèles. Nous féliciterons le Préfet. Son administration, toute zélée qu'elle puisse être, n'est pas la cause principale de cet assainissement; le feu s'est chargé par trois fois de la besogne en 1877, 1880 et 1882. Mais l'autorité turque et le feu — c'est du moins la croyance de toute l'Albanie — travaillent le plus souvent de compte à demi. A la suite de tout incendie, l'autorité a le droit de prendre une bordure d'un pic (0 m. 75) pour la rue nouvelle, sur les maisons des riverains. Un beau feu épargne donc beaucoup de procès et beaucoup d'argent, et les préfets n'entravent pas cet allié quand il déblaie.

Que même des préfets à poigne, comme il s'en voit partout, aient provoqué et favorisé l'incendie pour fléchir les cous trop raides de Chrétiens confiants dans leurs richesses, et que, dans un sauvetage intelligent, ils aient trouvé la récompense de leur zèle et la solde de leur gendarmerie, c'est bien ce que, souvent et en beaucoup de villes albanaises, des Chrétiens et des Musulmans m'ont raconté, avec des noms et des dates à l'appui.

Nous en discutions un jour à Jannina : « Dans toutes ces médisances, disait un vieux Turc réfléchi, il faut toujours faire la part de la haine chez les Chrétiens victimes du sort, et surtout de la flatterie chez les Musulmans qui imputent aux préfets les œuvres de la Providence et du hasard ».

Un petit avocat grec au sourire ambigu prit la parole :

« Il est bien certain que, dans les quinze années dernières, les bazars chrétiens de Jannina, de Delvino, d'Argyro-Castro et d'Elbassan ont été brûlés deux, trois et quatre fois et que, durant la même période, les bazars musulmans de Margariti, Libochowo et Kawaja n'ont jamais été éprouvés. Mais la toute-puissance d'Allah et le soin avec lequel nuit et jour il veille sur les maisons de ses fidèles me paraissent une explication suffisante. Les Albanais eux-mêmes s'en contenteraient, s'ils n'avaient perdu au contact de l'Europe le sens du divin. L'explication adoptée par eux présente d'ailleurs de très grosses invraisemblances; la plus forte, pour n'en citer qu'une, est qu'un préfet turc ait pu songer un jour à payer ses gendarmes. Et puis, une action pareille aurait eu sa récompense : tous ces préfets auraient été rappelés à Constantinople. Or tous, sauf trois ou quatre, sont restés simples préfets : un seul est devenu ministre. »

Telle est l'opinion des sages. Je croirais aussi plus volontiers au rôle du hasard et de Dieu en tout ceci. Il faut bien dire qu'entre la Providence et l'incendie, l'hellénisme établit un agent de conciliation actif et subtil, le pétrole. Ce n'est pas en effet une exagération ni une plaisanterie, de dire, comme les Chrétiens du Castro, que l'hellénisme est en Orient un agent de lumière, une puissance éclairante. Il suffit de passer un jour en Grèce pour savoir quelle place y tient le pétrole de Batoum et les boîtes en fer-blanc — les dénékés — qui le renferment. Le nombre et la grosseur des lampes est le premier luxe des Hellènes. Durant sa vie et après sa mort, je veux dire plein ou vide, le dénéké est le meuble, l'instrument par excellence : baquets, cuvettes, lampes, plats, arrosoirs, pots de fleurs, tout vient du dénéké.

En Turquie, on pourrait jauger l'influence de l'hellénisme au cube du pétrole que la région consomme. Le Musulman et le Chrétien non hellénisé se couchent avec le soleil ou fument et causent dans l'ombre; au repas du soir, pour voir eux-mêmes et montrer à leurs convives le plat commun où toute la compagnie plonge fraternellement ses doigts, ils n'allument que des bûchettes, s'ils sont pauvres, ou, quand ils sont riches, de grands feux de bois résineux. L'hellénisme paraît, apportant le dénéké, comme autrefois il apportait les terres cuites, lampes, coupes et amphores de Corinthe et d'Athènes.

Le bazar d'Elbassan n'offre au visiteur que l'abondance de ses fruits. Les Halles de nos villes présentent rarement ces monceaux de pastèques et de melons : les plus gros et les plus belles nous coûtent un ou deux métalliques (4 à 8 centimes), à nous qui payons des prix d'Anglais. Par contre, les belles armes albanaises, entassées par centaines dans les bazars de Scutari et de Kawaja, manquent complètement ici. Les longs fusils de fer incrustés de pierreries, de nacre et d'argent, les pistolets de cuivre ou d'argent ciselé, les dagues, les cartouchières, les poires à poudre et les poignards brillent tous sur le dos et à la ceinture de leurs propriétaires. Le pays est dans une telle anarchie que la moindre promenade sans armes peut être fatale, et l'argent faisant défaut, on ne peut échanger les vieilles canardières contre des systèmes plus modernes. Les tireurs habiles prétendent au reste que rien ne vaut les fusils d'autrefois et les armuriers d'Elbassan réparent et fabriquent encore des batteries à pierre.

Pas un coin où bibeloter dans ce bazar : ni soies, ni broderies, ni bijoux; des *dénékés* de pétrole, des olives vertes et noires, des tonneaux de caviar et de sardines, des suspensions de pieuvre séchée, une odeur mêlée de laitage, de suint et de vin résiné, tout annonce l'hellénisme. L'Europe est représentée à quelques étaux, par des sacs de cassonade ou de sucre brut, des pièces de coton, des caisses de macaroni, surtout par la fuchsine des bonbons rouges et violets chez les nombreux *sherbedjis*. Il ne reste de turquerie que ces fabricants de galettes et de pâtisseries, de *khalvas*, de *sherbets* et de vermicelle au miel. Comme à Kawaja, cinq ou six boutiques sont pleines de stèles funéraires.

*
* *

Au sortir du bazar, on entre dans la verdure et les terrains vagues du quartier musulman. Notre première visite est pour le Préfet (moutessariff).

Elbassan et son territoire forment une préfecture indépendante; le préfet relève directement de Constantinople sans l'intermédiaire habituel d'un gouverneur général (vali). Il doit cette faveur moins à l'étendue de sa circonscription ou au nombre de ses administrés qu'à des raisons politiques fort graves. Les 10 ou 12 000 habitants de ce district sont difficiles à mener. La haine entre Chrétiens et Musulmans ou, dans la même religion, entre familles rivales, entre paysans et propriétaires, peut éclater ce soir en coups de mains, assassinats, incendies, têtes coupées, enfants rôtis, femmes violées, tchiflicks dévastés, tout ce que l'on appelle ici « choses albanaises ». D'autre part une révolte d'Elbassan fermerait les défilés de Macédoine et couperait toute relation entre Constantinople et l'Albanie.

Le préfet est donc un haut personnage sur qui repose une lourde charge. On le choisit d'ordinaire parmi les Albanais les mieux rompus aux intrigues et aux bons tours de leur pays. Souvent même, la Porte prend, pour cette mission de confiance, les braves qui dans leur jeunesse ont bien pu conquérir la gloire, mais qui, depuis, ont appris à respecter la vie du passant et le champ du voisin.

Le titulaire actuel est un Albanais de Gortcha. Il nous a été calomnié et vanté depuis deux jours : « un renard », disaient les Musulmans ; « un loup », disaient les Chrétiens; un homme conciliant les a mis d'accord « c'est le plus renard des loups ». Et les mots qu'on nous citait de lui, donnent raison à ce conciliateur... L'évêque d'Elbassan reprochait au Moutessariff de trop — nous disons : voler, mais dans toute la Turquie on dit : manger — sur les impôts. Les Chrétiens, tondus de trop près, avaient l'intention d'adresser une plainte au ministère : « Pappas, lui répondit l'autre, quand j'apprenais le grec à Gortcha, j'ai lu dans tes livres ce commandement de ta foi : tu ne musèleras pas le bœuf quand il foule le grain. Agop-pacha (le ministre des finances, un Arménien) est chrétien et respecte son Dieu. »

Cette exacte citation de la Bible (Deutéronome, chap. XXV, vers. 4) montre assez que notre homme sait le grec, mais il ne veut ni parler ni comprendre un mot de cette langue giaour. Il néglige même l'albanais, et seul dans Elbassan, il parle turc, ce bon et féal sujet du Sultan!

Il nous accueille en fils, soutiens de ses vieux jours. Saintement coiffé d'un turban irréprochable, le corps serré, les mains cachées dans son cafetan de fourrures (nous sommes en août et sous un soleil torride), il sommeille pelotonné à l'angle de son divan, ses yeux bruns trop vifs et trop mobiles dans la blancheur de son turban, de ses sourcils et de sa barbe. Il ne peut se lever pour nous faire honneur comme il le voudrait : il est goutteux ; il est malade ; ses pieds enflés le retiennent aux coussins. Il déplore cette impolitesse. Mais survient le Cadi (juge religieux), et les jambes enflées se détendent pour courir au-devant de l'homme de Dieu.

Au reste, il est tout amour pour nos personnes et toute déférence pour nos futurs désirs. Il sait que la France est un grand royaume, que Napoléon, avec les Turcs, a pris aux Russes une grande forteresse et que le Sultan aime les Français. Il nous facilitera donc le voyage de tout son pouvoir, de tous ses gendarmes et de tous ses sous-préfets... Il est sceptique sur le brigandage : les clans des Dibres échangent en ce moment quelques coups de fusil ; mais, depuis 400 ans, les Albanais ont toujours été en possession de se tuer les uns les autres ; et d'ici à Monastir, — pourvu que nous voyagions en troupe nombreuse, très armée, rapidement et en plein jour, — on peut espérer qu'avec un peu de chance nos Noblesses n'auront pas d'accident... Le Cadi, présent ici, peut nous renseigner : il n'est venu de Monastir que depuis deux mois ; il avait avec lui une douzaine de gendarmes et trois ou quatre domestiques; et de ces quinze ou vingt personnes, pas une ne fut attaquée.

*
* *

Mieux que tous les gendarmes du Moutessariff, un simple particulier, Chassifer-Bey, pourrait nous assurer un passage heureux.

Chassifer est un des gros seigneurs d'Elbassan. Ruiné, sans autres biens que son énorme palais de bois, sans un sou vaillant, il vit à son caprice, ne manquant de rien, plus au large que les plus riches. S'il a besoin d'argent, il entre au bazar, chez le premier changeur, et demande un prêt de cent livres que le *giaour* se hâte de consentir. Les gens de sa maison, ses femmes, ses fils empruntent de même aux étalages tout ce qui leur fait défaut. J'ajoute, pour respecter la vérité, que son intendant tient un compte exact et à jour de tous les emprunts, afin que chaque boutique ait son tour et que l'on ne visite pas injustement et toujours la même. Ses revenus (il lui faut bien de temps en temps une forte somme pour détruire à Constantinople les calomnies de ses envieux), ses seuls revenus lui viennent de la montagne; car il protège les brigands, les soigne blessés, les recueille poursuivis, les cache traqués et mis à prix : le bon Samaritain fut donné en exemple pour moins de charité.

Un papier ou un homme de Chassifer nous ouvrirait tous les coupe-gorge. On nous conseille cependant de ne rien lui demander. Depuis deux mois, les produits de la montagne et l'influence des envieux à Constantinople ont progressé, en raison inverse l'une des autres. Les montagnards, occupés entre eux, ont un peu négligé la route, et Chassifer pourrait croire nos ceintures mieux garnies qu'elles ne le sont en réalité. La tentation serait trop forte...

Après Chassifer-bey, la famille la plus puissante est celle des Dervichbeylis, des beys fils ou descendants de Dervich-Pacha, le suppôt puis l'adversaire d'Ali de Tebelen. Cette famille, composée de 4 branches (Mahmoud, Issouf, Akhif et Soukkiri), vit très honnêtement de ses cinq ou six mille livres — 130 à 160 000 francs — de revenus. Son chef, Mahmoud, a reçu le titre de pacha, et la préfecture d'Amasia (vilayet de Siwas) en Asie Mineure : il n'en revient jamais. Les autres ont été appelés à Constantinople, auprès du Sultan qui les aimait et tenait à leur prouver son amitié. — Le seul pacha qui demeure à Elbassan est un certain Ismaïl, sorti de la classe des agas et promu au beylic, puis au pachalic : le gouvernement a des raisons de ne pas douter de son dévouement. Mais, lui mort, les beys, ses fils, seront certainement nommés à quelque préfecture asiatique, ou retenus dans quelque ministère de Stamboul. Ismail Pacha a 2 000 livres (46 000 francs) de revenus.

Au-dessous des beys, tous ceux qui tiennent de leur père, de leur argent ou de leur sabre, la propriété d'un village ou d'un canton, forment la classe des agas. Cette noblesse de parvenus est le vrai fléau du pays. Ennemis des beys et serviteurs de l'autorité, ils favorisent les exactions des préfets, qui en retour tolèrent toutes leurs fantaisies : ils sont une centaine à Elbassan et leurs revenus varient entre mille et deux cents livres.

Le quartier musulman n'est peuplé que de cette double aristocratie et de ses gens. Elle compte à peu près 5 ou 600 maisons, 2 500 à 3 000 individus. Tout le pays leur appartient, au nord, à l'ouest et au sud. Dans les montagnes de l'est seulement, nous rencontrerons quelques villages autonomes, des villages-têtes, des villages libres, *kephalochoria*, *eleftherochoria*.

Le castro et le bazar sont entourés de leurs grands et beaux palais de bois à double et triple étage de galeries, de moucharabiéhs et de vérandas; au milieu des platanes et des roses, de hauts murs d'enceinte défendent les femmes et les jardins contre la curiosité des passants.

A Elbassan, l'Islam est encore chez lui ; le Musulman est encore le maître. Tous ces beys et tous ces agas n'ont que peu de dettes. Chaque année, pour les fêtes du Ramazan, ils empruntent une centaine de livres aux Chrétiens du bazar ; mais ils se libèrent, à la récolte, du capital et des intérêts calculés sur le taux ordinaire de 4 à 5 p. 100 par mois. Ceux qui ne paient pas immédiatement ne paieront jamais. Et le Chrétien n'a contre eux aucun recours : il ne peut compter sur la justice du Préfet ou du Cadi ; quand cette justice lui donnerait gain de cause, jamais il n'oserait se saisir des propriétés, ou la possession ne lui en serait ni longue ni profitable. A la différence du reste de l'Albanie, le christianisme dans cette région ne progresse donc pas. Dans le Nord et dans le Sud, le Chrétien a commencé la reconquête lente du pays par l'achat des terres : les grandes propriétés féodales diminuent de jour en jour, et, avec elles, la tyrannie des beys musulmans. Ici, le pouvoir des seigneurs est encore absolu, leurs propriétés intactes ; et même, le développement de l'islamisme ne s'est arrêté que depuis peu de temps.

Avant la dernière guerre turco-russe, en effet, la conversion forcée de tout un village chrétien, sous la pression d'un bey ou d'un aga, était d'un exemple fréquent. Les victoires de la Russie ont affermi plus d'un cœur de Chrétien et brisé plus d'une arrogance musulmane. Mais, bien mieux que les victoires russes, l'hellénisme a su donner aux Chrétiens la foi en la supériorité intellectuelle de leur secte, et leur faire mépriser l'islam comme un débris du passé que l'avenir renverserait. Surtout, il leur a enseigné les moyens pratiques de résister aux Musulmans. Aujourd'hui les paysans chrétiens recourent aux gens du Kastro pour leurs affaires, pour les procès à soutenir, les juges à acheter, les préfets à corrompre, les intrigues à monter auprès des Ministres et des Pachas de Constantinople : aux *choses albanaises* de leurs beys, ils ont appris à opposer les *choses turques*, la délation et le bakchich.

Il est très difficile de connaître exactement l'état actuel des deux partis. Les statistiques officielles donnent pour ce Moutessariflick 2 000 Chrétiens et 10 000 Musulmans. J'ai vu d'autres chiffres, trop chrétiens, de 6 000 Musulmans pour 6 000 Chrétiens. La vérité est entre les deux. Beaucoup de villages, musulmans en titre et en apparence, sont chrétiens en réalité.

Mais pour un œil non prévenu, Elbassan est une ville musulmane. Ses mosquées, nombreuses et riches en vacoufs, sont bien entretenues, quoique peu fréquentées. Sous les porches de tous ces « djamis », une école musulmane assourdit le voisinage du piaillement des enfants apprenant l'alphabet :

> *Djimde okda,*
> *hâda yok.*

Dans djim (signe de l'alphabet), *il y a un point.*
Dans ha (autre signe), *il n'y en a point.*

Les tombeaux de derviches abondent, avec leurs grilles en fer forgé toutes loqueteuses de haillons déteints : morceaux de robe ou de turban, mouchoirs, chemise, on pend auprès du saint quelque linge des malades dont on implore la guérison.

L'endroit le plus révéré de la ville est une grande place carrée, bordée sur toutes ses faces d'un rang de cyprès. Ces vieux arbres énormes lui font quatre murs épais et hauts, avec une seule entrée; dans l'angle vers la Mecque, des tapis et une arcade de bois doré abritent le member et le mihrab. Ce doit être la plus vieille mosquée d'Elbassan, le lieu où le premier iman, au soir de la conquête, lança le premier appel vers Allah. C'est encore ici que tout l'été, pour leur Ramazan et leur Bairam, les Musulmans se réunissent. Le quartier valaque touche à ce temple de verdure.

⁎

La colonie valaque d'Elbassan, comme celle de Pekini, marque une étape sur la grand'route commerciale des Valaques entre le Pinde et Durazzo. Ces Valaques ont leur église à eux, leur langue et leurs écoles; ils ne vivent et ne se marient guère qu'entre eux. Mais leur église est bâtie sur le même plan que l'église albanaise. Leur clergé est grec, et grecque leur liturgie. Les dalles de leur cimetière portent le plus souvent des inscriptions grecques. Dans leurs deux écoles de filles et de garçons, l'enseignement est donné en grec; eux-mêmes parlent le valaque dans leur quartier, mais au bazar le grec ou l'albanais. Ils envoient, eux aussi, leurs étudiants à l'université d'Athènes. Bref, ils se croient et se disent Hellènes.

Le même apôtre allemand, que, l'an dernier, les Albanais ont rabroué si fort, s'était ensuite adressé aux Valaques, et leur parlait de Grande Roumanie, de frères latins, d'ennemis hellènes, d'oppression de leur race et de leur langue, de tyrannie du clergé grec... Les Valaques l'ont pris et porté chez le préfet, comme un agent de troubles et de séditions. Mais cet Allemand avait de tels passeports que le préfet dut le relâcher aussitôt, avec ses plus humbles excuses.

Les Valaques comptent 150 à 200 familles, — 7 à 800 individus, — qui vivent, comme les Albanais chrétiens, du bazar, de l'usure et de quelques oliviers. Au sud de la ville musulmane, ils ont leurs maisons de pierre et leurs jardinets, au milieu des olivettes, dans les champs de pastèques et de melons, jusqu'au bord du Skumbi. Un grand pont de pierre, long de 60 ou 80 mètres, élevé en dos d'âne aigu sur douze voûtes ogivales, cintrées, elliptiques, de toutes courbes, amène au bout de leur quartier la route de Bérat, — une route comme celle de Durazzo, pavée durant cent mètres et piste vague jusqu'aux cent autres mètres pavés à l'entrée de Bérat.

.*.

Le Skumbi, gonflé par les pluies, roule une masse énorme.

Des paysans s'en vont du marché, le fusil dans le dos, piquant de leur poignard leurs ânes chargés de nattes. Quand ils savent que nous sommes chrétiens, vraiment chrétiens, baptisés, ils se précipitent sur nos mains et les baisent. Ce sont de pauvres montagnards, qui habitent le canton de Spatia entre le Skumbi et la Devol. Dans leurs villages, ils s'appellent Vasili ou Georgi, — et Mehemet ou Suleyman, quand ils paraissent devant leurs beys. En ville, ils sont obligés de fréquenter les mosquées, de rallumer les lampes éteintes sur les tombeaux des Saints; chez eux, ils ont en secret leurs pappas et leurs églises...

Ils gardent longtemps nos mains sur leurs cœurs, et nous font dire combien ils souffrent : rien à eux, tout aux agas, l'air, la terre et l'eau; parfois, ils rachètent, malgré eux, d'un seigneur en quête d'argent, un pauvre lopin de terre; mais après un an, deux ans au plus, l'ancien propriétaire reparaît, avec une bande de gens à lui ou de gendarmes, et exige ses revenus comme par le passé... Nous ne pouvons donc rien changer à tout cela, nous autres Chrétiens d'Europe!... Ceux de Dibra, quoique musulmans, se sont révoltés; ils étaient à bout. Il y a dix ans, tous les Dibrans habitaient libres dans leurs villages libres, sans agas, sans préfets, dévoués au Sultan, tout disposés à le servir en soldats, mais ne lui demandant et ne lui donnant rien d'autre. Quelques usurpateurs se sont élevés et, aux dépens des plus pauvres, se sont taillé des fiefs, qu'ils ont étendus de jour en jour, grâce à l'appui non désintéressé de quelques fonctionnaires. Puis s'étant faits agas, ils ont acheté le beylic ou le pachalic par toutes les soumissions et toutes les bassesses auprès de l'autorité. Ils ont eu la force armée à leur service et, village par village, la contrée succombait... Il y a deux mois, les Dibrans restés libres apprirent que leurs cantons allaient être découpés en caïmacanliks par le moutessariff de Dibra : c'était la servitude... Mais nous pouvons être bien tranquilles pour notre sûreté jusqu'à Monastir : les montagnards ne se tuent facilement que les uns les autres; ce sont vendettas et querelles qui ne regardent qu'eux. Quant aux bandes de Chassifer-Bey, elles sont trop occupées autour de Dibra, à la suite de l'armée venue de Monastir.

Une seule consolation reste à nos Spatiotes : c'est la misère plus grande des Chrétiens et des Musulmans de la plaine. Et de fait, cette plaine d'Elbassan, qui dans l'obscurité nous avait paru lamentable, offre sous le grand soleil un aspect encore plus désolé. Entre ses montagnes ondulantes et vivantes, c'est une grande tristesse que ce plan gris et boueux : quelques oliviers et des cultures maraîchères entourent la ville; deux taches de verdure marquent les villages de Zarin et Kiecikut; une ligne d'arbres bas ou effilés suit le fleuve, qui, entrant à l'est par une porte et sortant par une autre à l'ouest, s'épand sans rives nettes; tout le reste n'est qu'un marécage abandonné.

Les paysans de cette plaine sont vantés dans toute la péninsule des Balkans pour leur entêtement au travail, leur habileté de laboureurs et de terrassiers. Gens de pelle et de pioche, ils font tous les travaux d'irrigation et travaillent à tous les chemins de fer en Grèce, en Turquie et en Asie Mineure : je n'ai jamais eu de meilleurs ouvriers dans mes fouilles d'Arcadie. Mais à quoi bon cultiver cette plaine, pour le seul bien-être des agas et des beys? La pelle de bois sur le dos, le paysan émigre. Autrefois il s'en allait, d'août en mai, régulariser les eaux de Thessalie, bêcher les vignes de Patras, arroser les riz ou les cotons de Missolonghi; en été, il rentrait chez lui, et, de mai en août, vivait noblement de ses gains de l'hiver, le fusil chargé et la ceinture garnie de pistolets d'argent... Quand la Grèce commença ses grandes entreprises du Copaïs, de Corinthe, de Chalcis et de Larissa, ses asséchements, ses ports et ses voies ferrées, l'Elbassanais resta deux ou trois années sans revenir, mais rapporta un pécule (ils sont d'une économie sordide. — j'en ai vu, par douzaines, le long du chemin de fer d'Argos à Tripolitza, crever comme des fauves dans des trous de rochers, où ils vivaient de riz cru, pour ne rien payer au logeur). Et riche de 80 ou 100 livres turques (1 800 à 2 300 francs), nabab, il achetait un tchiflick. Aujourd'hui, il ne revient plus : à quoi bon acheter une terre que l'aga ou le bey reprennent de force quelques mois après la vente?... Et puis ce district, éloigné de Constantinople, est sans contrôle de l'autorité supérieure. Le voisinage trop intime des fonctionnaires turcs,... les fausses accusations pour extorquer de l'argent,... les procès fictifs,... les corvées à racheter sans cesse pour des routes que l'on décrète depuis vingt années, que l'on feint de commencer chaque printemps et que l'on abandonne, une fois l'argent des corvées dans les caisses ou dans les poches des préfets,... bref, toutes les « mangeries » turques sont plus lourdes encore que la tyrannie des beys.

« Tu devrais aller dire notre état au Roi (le Sultan), concluent nos Spatiotes; il t'écoutera puisqu'il sait ta langue; il est bon; il aime les Albanais : l'année de la peste (une épidémie de typhus, il y a quatre ans) et de la famine, il nous a envoyé des médecins et de l'argent; mais comment pourrait-il savoir la vérité par ceux-là mêmes qui nous crucifient? »

Les Chrétiens des îles turques disent : « Si l'Europe voulait... »; ceux de la Basse-Épire : « Si la Panagia voulait..., nous serions heureux »; traduisez : « nous serions Grecs »; ceux d'ici ont encore les yeux tournés vers le Sultan qui « aime les Albanais ».

IV

LES DÉFILÉS — DCHOURA — BRINIAITZ

Routes et ponts turcs. — Choses valaques. — Un peuple nouveau. — Hellènes et Albanais. — Le rêve d'un meunier.

Après l'orage, un soleil torride est revenu durcir les boues et nous rouvrir les chemins. Nos amis d'Elbassan voudraient nous conserver jusqu'à la Panégyrie prochaine, la grande Notre-Dame d'août. Ils sont en jeûne et en repos. Tout le jour, sous l'ombre légère des oliviers, au bord des fraîches rigoles d'eaux courantes, nous irions chanter ou dialoguer en mangeant des pastèques. Ils nous parleraient encore de l'Albanie et de leurs misères. Nous leur conterions les merveilles de notre patrie, la Tour en fer haute de 1 000 pieds, comment d'une ville à l'autre nous entendons par le téléphone la voix de nos parents, et surtout (Vive la guerre ! Nous sommes en Albanie, répète Kostas dans ses prières du matin) quelle poudre nouvelle et toute blanche nos généraux mettent dans nos petits fusils, et combien de soldats ils mènent à la guerre. Les cigales berceraient nos siestes de midi. Dans huit jours, tous ensemble, s'il est bien vrai qu'en Europe on soit chrétien, nous célébrerions le Sommeil de la Vierge (l'Assomption). La semaine aurait coulé si douce !

Mais nous voulons être sur la route, le jour où redescendent les muletiers de Monastir. Toute la montagne sait que la caravane revient à vide : la route en est plus mal surveillée. En outre, chaque journée de retard augmente les chances que notre futur passage soit connu ou que la révolte des Dibrans s'apaise et que les amis de Chassifer-Bey n'aient plus à s'occuper que de nous...

Nous partons sans prévenir personne, un peu en cachette, en plein midi, à l'heure où la sieste ferme le bazar. Toutes les rues du quartier musulman sont désertes, et closes toutes les portes du quartier valaque. En dehors de la ville seulement, dans l'ombre étroite des murs de terre séchée, une ligne de femmes en culottes rouges filent ou fument le narghilé. Nous n'avons pour escorte que nos deux fidèles, Abeddin le zaptieh musulman et Kostas le Souliote chrétien.

※
※ ※

Au sortir d'Elbassan, la chaussée pavée va droit à l'est, à travers des verdures luisantes, sous de fins ombrages lumineux. Jusqu'aux forêts qui bordent la plaine, ce ne sont qu'olivettes et cultures maraîchères, quelques vignes grimpant aux mûriers, quelques champs de tabac, et deux ou trois gros platanes. Dans les branches de ces arbres, les Chrétiens propriétaires ont établi des estrades, pour guetter les maraudeurs et dormir le fusil sur le ventre ou deviser au frais, en attendant la Panagia.

Comme toute cette plaine, que nous ne verrons plus, nous paraît douce à vivre et déjà familière...

La sortie du pays d'Elbassan, vers l'est, est beaucoup plus large que son entrée à l'occident. Un îlot de calcaire bleu, se dressant au devant des monts, laisse à droite et à gauche une double porte et, derrière cet îlot, une seconde plaine en cul-de-sac forme une sorte de vestibule au bassin principal.

La seconde plaine est déserte, encore inondée, à la suite de l'orage, des bois morts, des pierres et des boues du fleuve débordé. Deux moulins à eau en occupent l'angle oriental. Sur le Skumbi, trois ou quatre ruines de ponts, très voisins et parallèles, ont autrefois porté quelques sentiers pavés vers les villages de la haute montagne. Tous ces ponts ont encore leurs arches médianes ; mais tous ont perdu leurs arches riveraines. Construits en dos d'âne très aigu, leurs voûtes du milieu ouvraient toujours un écoulement suffisant, même aux crues les plus fortes ; les voûtes des deux rives, au contraire, très surbaissées, arrêtaient le courant : le premier orage les a balayées.

L'entretien des ponts, sur les terres du Prophète, était alors une œuvre de la piété individuelle. On fondait un pont, comme ailleurs un prix à l'Académie, par ostentation, par piété ou par vertu, — plus souvent encore par crainte du Grand Juge, pour effacer de son livre quelques peccadilles trop longues à expier. En Albanie, comme on peut voir, peu de braves étaient exempts d'une telle crainte, après une longue vie de gloire et de hauts faits. Les saints personnages, consacrant leurs largesses, voulaient du moins attacher leur souvenir à un pont tout entier. Ils laissaient donc, éventré ou manchot, le pont de leur prédécesseur. Ils en construisaient, tout à côté, un nouveau, tout pareil, qu'une nouvelle crue mettait bientôt en pareil état.

Aujourd'hui la piété est morte. Ali de Tebelen se disait jacobin. Ses petits-fils, qui haussent l'épaule, quand on leur parle de religion, de paradis et d'enfer, n'éprouvent aucun besoin de restaurer la vieille foi ni les vieux ponts. L'Albanais pousse son cheval dans l'eau peu profonde, jusqu'aux piles encore intactes, monte par une échelle de bois sur les voûtes conservées, et les traversant, tire par une corde sa bête qui nage, puis redescend une autre échelle, remonte en selle, et, en une heure, le fleuve est franchi...

Au fond de la plaine désolée, les monts s'élèvent à pic, très hauts et tout noirs de forêts. La gorge du Skumbi y taille une fente verticale, une brèche étroite et profonde, où le soleil ne plonge qu'à l'heure de midi : le fond peut avoir 40 mètres de large, entre les deux parois d'égale hauteur. Et ce couloir pénètre vers le cœur des monts comme de plain-pied, avec des coudes brusques et de nombreux détours, mais conservant toujours sa direction générale vers l'est, et le parallélisme exact de ses deux murailles emboîtées. Comme dans l'autre défilé au-dessous d'Elbassan, toute la violence du fleuve s'est jetée contre sa rive droite.

La rive gauche est une pente arrondie : 80 à 100 mètres d'argiles multicolores lui font un talus couvert d'arbres et de fourrés, et ce n'est qu'au sommet de ce talus qu'émerge la crête d'une muraille calcaire, 10 à 20 mètres de rochers. Sur la rive droite au contraire, le Skumbi a enlevé et entraîné tout le revêtement de terres. Depuis le fleuve jusqu'à l'azur, le mur rocheux de cent mètres se dresse d'un seul jet, dentelé par les eaux, fendillé par les racines d'arbustes, crevassé; les blocs, qui en croulent incessamment, laissent sur la façade bleue une blessure plus jaune.

Nous galopons trois heures dans l'ombre et la fraîcheur tristes, au-dessous de la bande de soleil qui, tout en haut, illumine la margelle de ce puits. En bien des endroits, la piste est coupée. Il faut descendre dans les pierres, les boues ou les eaux mortes du fleuve. Aux coudes trop brusques du couloir, la paroi plonge à pic dans les tourbillons; le sentier s'accroche au flanc abrupt par une *échelle*; un tournant taillé en plein roc redescend par une autre échelle glissante, que polit chaque jour le pied nu des montagnards. Les Romains et les Byzantins ont laissé des traces dans es voûtes et les contreforts qui soutenaient leur voie Egnatienne aux passages les plus dangereux.

***

D'Elbassan à Strouga, la première ville de Macédoine, les caravanes mettent régulièrement deux jours, avec l'arrêt d'une nuit au Khani de Dchoura. Mais afin de tromper toutes les attentes, nous avons brouillé les étapes, et nous devons coucher ce soir au fond de la gorge, dans un Khani isolé, à l'entrée du pont d'Hadji-Vekkiari. Ce pont célèbre est sur le bas Skumbi le seul qui ait encore toutes ses voûtes. Un vieux célibataire (vekkiari), pèlerin de la Mecque (hadji), le fit construire au commencement du siècle.

Une source abondante jaillit au milieu des platanes et des ruines antiques, dans le lit même du fleuve. Il y a vingt siècles, peut-être, des Romains arrêtaient ici leurs chevaux et leurs chars et, sous cette ombre, se reposaient tranquillement de leur route. Nous ne pouvons même abreuver nos chevaux. La nuit tombe; l'endroit est mal famé.

Le couloir s'élargit en un cirque assez vaste. La rive gauche du fleuve est toujours pareille : cent mètres d'argile se dressent en un talus crénelé de roches. Mais, à droite, le Skumbi a respecté la pente molle d'argiles et d'alluvions, qui monte jusqu'à mi-hauteur de la paroi calcaire. Ces coteaux portent quelques huttes, des noyers, des champs de maïs et un troupeau de chèvres. Le pont d'Hadji-Vekkiari apparaît entre les platanes et les saules, barrant le fleuve comme d'un fronton d'édifice grec. Auprès, le Khani n'est qu'une chambre de bois plantée sur quatre piliers de pierres sèches, un réduit fortifié au fond d'une cour étroite que défendent de bonnes murailles et une porte solide.

Le Khandji nous accueille de mauvais cœur : un lièvre, le plus funeste des présages, lui est parti tout à l'heure entre les jambes et il n'a rien à nous offrir, ni poules, ni bobota. Il est d'ailleurs armé jusqu'aux dents. Une voisine vient nous vendre du lait, avec deux pistolets à la ceinture. Les enfants traînent des fusils. Tous les hommes *travaillent* autour de Dibra. Nos chevaux sont entravés et attachés aux piliers de pierre, nos Noblesses enfermées dans la chambre de bois ; nos maisons civile et militaire dorment avec le Khandji sur nos escaliers, en travers de notre porte.

Toute la nuit, l'orage hurla dans la gorge. Les planches de notre pigeonnier laissaient passer, dans leurs joints, un vent furieux qui nous coupa le sommeil. Au ciel, les étoiles tremblotantes semblaient près de s'éteindre. Le lièvre du Khandji ne nous attira pas d'autres malheurs.

*
* *

Il est toujours plus commode, plus sûr et d'un usage mieux reçu, de passer les fleuves turcs sous les voûtes plutôt que sur le tablier des ponts. La mode le veut ainsi, et la prudence. Quand bien même, par hasard, un pont turc semble offrir toutes les garanties de solidité, sa double pente est si raide et si glissante ! et ses bords sans garde-fous et son tranchant du sommet si vertigineux au-dessus de l'eau qui fuit, au milieu des feuilles qu'agite la brise du courant !

La célèbre et belle œuvre, que construisit à grands frais le Célibataire Pèlerin, ce pont solide sur quatre piliers ajourés de fenêtres rondes, ne sert en temps normal qu'à la façon turque : sous ses voûtes, les cavaliers guéent le fleuve; il les abrite contre les rayons de soleil, plus mordants sur l'eau, comme on sait. Parfois un piéton, un rare piéton (tout Albanais a son cheval ou son âne) s'aventure sur le tablier, quand l'orage a rendu le Skumbi inguéable. Aujourd'hui, par exemple, nous devons en user à la mode européenne. Tout en tirant nos bêtes à la montée, en les portant à la descente, nous remercions encore le Célibataire. La grandeur de son pont nous fait rêver à la grandeur de ses fautes...; mais nous lui pardonnerions tous les meurtres, vols, viols et *choses albanaises*, qu'il a dû commettre, s'il eût complété son œuvre par une route, même pavée : comment pourrons-nous gravir cette pente embroussaillée de chênes bas, d'arbousiers, de lierres et de clématites? et la bande de rochers qui surgit tout en haut?

Sur la rive gauche du Skumbi, la tête du pont bute en plein talus argileux. Les pluies ont entraîné jusque sur le tablier une coulée de pierres et de boue qui obstruent la sortie. Un invisible sentier sur le flanc lisse du talus escalade par un lacet de zigzags, monte soutenu par des pieux ou des souches d'arbres morts, et nous amène, au bout d'une heure, tout en haut de la pente, en bas du mur de rochers qui la couronne. Le fleuve coule à plus de cent mètres sous nos pieds.

Notre route est alors horizontale. Sa lente ascension et sa direction constante vers l'est s'effacent dans les coudes innombrables, qu'elle décrit pour calquer les redans du rocher. Tantôt le talus descend au fleuve par bonds de croupes arrondies; la route assez large est alors un fouillis de racines, un filet végétal, où bêtes et gens se prennent. Puis, à des intervalles presque réguliers, un ruisseau tombant du roc s'est taillé dans l'argile un couloir à pic, sans une herbe. Le sentier n'est plus qu'un mince ruban, suspendu tout en haut de cette glissoire par la faible cohésion des terres ou par quelques pieux, quelques clayonnages, un arbre mis en travers des endroits éboulés. — Il ne faut pas oublier que la route de Monastir à Durazzo est une des grandes voies commerciales et militaires de l'Empire. Depuis une heure, nous avons rencontré plus de soixante chevaux et mulets redescendant vers Durazzo, à vide, comme on nous l'avait annoncé.

Si nous n'étions obligés de surveiller chacun de nos pas, ce paysage de montagnes ne manquerait ni de grandeur ni de douceur aux yeux. En nous retournant une dernière fois sur une butte découverte, nous avons dit adieu aux arbres qui dans la plaine marquent les jardins d'Elbassan, aux collines et aux verdures qui tracent au loin la fuite du Skumbi vers la mer étendue à l'horizon, plaque d'argent, nid de lueurs, pan de moire, la douce mer endormie sous les feux du soleil. Devant nous, une grande trouée d'azur et de nuages se creuse vers la lointaine Macédoine.

A notre droite, le rocher, où nous colle la crainte d'un faux pas, déborde, au sommet, d'une frange de sapins et de vieux hêtres : des eaux tombent en cascades, jaillissent en sources et courent au fleuve en écumes poudroyantes d'arcs-en-ciel. A gauche, par delà le fossé du Skumbi, la haute muraille calcaire lève sa façade dénudée, trouée de crevasses et de cavernes; et par-dessus, c'est un amoncellement de collines argileuses au sol rouge, et d'un rouge clair, qu'avive le vert sombre des forêts, le vert bleu des maïs et des orges, ou plus bas l'or des chaumes moissonnés.

Durant trois heures, nous n'avons pas un village en vue. Des deux côtés du fleuve, quelques champs ont été défrichés, au hasard, l'un en pleine forêt, un autre en plein fourré, au sommet des collines ou sur le bord des ravins. L'occupant s'est construit une maison provisoire, en terre, en pierres sèches, en branches tressées et calfeutrées de mousse. La population nomade n'habite ces *Kalivia* que l'été, et rentre pour l'hiver dans les villages, ou pousse ses troupeaux vers la plaine, le long des côtes de l'Adriatique.

Cette région est encore vierge. Mais du jour où elle sera conquise et où la civilisation — c'est le premier de ses effets — aura coupé les arbres, allumé les taillis et tondu les collines, comme toutes ces terres couleront au Skumbi! et quels beaux jours pour le fleuve! quelle entreprise de charroi vers les golfes à combler! La politique imagine à tort des intrigues bien compliquées pour faire de l'Albanie une terre italienne, à travers l'Adriatique supprimée.

*
* *

Des files interminables de chevaux et de mulets, toujours à vide, descendent vers Durazzo. Les gens de la caravane nous souhaitent en grec « l'heure bonne », et le vœu n'est pas inutile, car le chemin est bordé par les tombes de ceux qui passèrent ici un mauvais quart d'heure et que l'on enterra sur place.

Les Musulmans, victimes des vendettas, ont à la tête et aux pieds une stèle jaune et rouge portant la date du meurtre et le nom du meurtrier présumé; tant que la vengeance n'est pas venue, les stèles restent debout, accusant la lâcheté des familles. Pour les Chrétiens, tués en défendant leurs ballots ou leur bourse, un tumulus suffit où chaque passant jette sa pierre et son signe de croix. Kostas est persuadé de plus en plus « que nous sommes en Albanie », et cette journée lui laissera une grande estime de sa bravoure. Abeddin, le Musulman, n'a rien perdu de son calme fatalisme ni de son éternelle chanson d'Ali Pacha et des trois corbeaux de Souli :

> Trois corbeaux, trois corbeaux sont posés,
> Trois corbeaux sont posés sur les monts de Souli,
> Trois corbeaux sur les monts de Souli-i-i.
> [Larissa-a]
> L'un regarde vers Larissa, l'autre vers Alassonne, et l'un vers
> Et le troisième chante et dit, le troisième dit-it.

Ce n'est là que trois vers d'une *tragoudie* qui en a deux cents. Mais depuis une semaine qu'Abeddin l'a commencée, il n'est guère allé plus loin que ces trois premiers vers. Chaque mot doit être répété, deux et trois fois, puis chaque alliance de mots, chaque phrase et chaque vers, — sans compter les points d'orgue et les râles sur les dernières syllabes. Le chanteur plisse le front, ferme les yeux, s'épuise en efforts douloureux pour chasser de son nez cette plainte sans fin. Au bout de huit jours, l'auditoire n'est pas moins à plaindre...

Les tombes fraîches sont très rares : la révolte des Dibrans a bien eu les effets qu'on nous avait prédits. Parmi les tombes anciennes, quelques-unes sans leurs stèles sont indiquées à l'œil par la poussée plus verdoyante des arbouses et des fraisiers. Kostas en compte 43 jusqu'à la clairière où, quatre heures après le passage du pont, nous nous arrêtons pour une courte halte.

L'endroit est charmant. De grands chênes murmurants couvrent d'ombre une source. Six tombes aux stèles peintes lui font une ceinture, et le sol dénudé, aux couleurs joyeuses, en tranches violettes, vertes ou bleues, est si rouge en d'autres endroits que le sang n'a pas dû faire de taches.

Trois gendarmes y fumaient accroupis. Un Albanais, leur prisonnier, portant aux mains et aux pieds d'énormes entraves, leur préparait le café et nous fit à tous des cigarettes, avec le tabac de contrebande qu'il tira de sa boîte en argent. Ce solide gaillard est accusé, paraît-il, du meurtre des ingénieurs, que le Préfet avait envoyés dans ce canton pour construire la route. Les gendarmes le descendent à Elbassan. Ils l'ont pris cette nuit, par trahison, non sans peine : l'un d'eux a le bras en écharpe. Mais la bonne entente s'est bien vite rétablie. Puisqu'il faut aller ensemble jusqu'à Elbassan, pourquoi se faire mauvais visage?... Nous buvons tous le café dans la même tasse. Quand l'Albanais a terminé sa petite cuisine, nettoyé la cafetière et la tasse, éteint le feu, les gendarmes se serrent pour lui faire place dans notre cercle. On parle, sans embarras, du beau temps, de la route, des ingénieurs, des assassinats et des prisons. Ils repartent avant nous, ayant une route plus longue. L'Albanais enchaîné porte le fusil du blessé.

Nous continuons une heure encore jusqu'au Khani de Dchoura. Les ruisseaux, qui tombent du rocher, grossissent et se multiplient. Les collines des deux côtés du fleuve sont mieux cultivées, peuplées de maisons en groupes de 3 ou 4. Au-dessus des chaumes, les noyers répandent leurs fortes senteurs et les haies d'aubépine disparaissent sous le filet des ronces et des clématites.

Soudain, nous nous trouvons sur une route à l'européenne : macadams, rigoles et remblais tout neufs, alignés et coupés suivant les formules de l'art. Deux kilomètres ainsi nous mènent au prochain ruisseau. Là, un trou, avec la descente et la montée de la piste ancienne ; et de nouveau la route ; et de nouveau des interruptions... Plus nous allons, et plus la chaussée se complète. Il ne manque bientôt que les tabliers des ponts, dont les culées et les piles sont dressées. Des chiffres en couleur rouge portent la date : 1886, et des poutres, au milieu des eaux qui les entraînent, prouvent que l'intention fut bonne et les matériaux tout prêts. C'est par l'intention, disent les philosophes, qu'il faut juger du mérite de toutes choses. Enfin nous atteignons un ruban achevé, avec ponts de bois et passerelles sur tous les ruisseaux et tous les fossés ; et ce ne fut pas une petite entreprise que de canaliser toutes ces eaux : de toutes les fentes, de toutes les lèvres du roc, elles suintent, jaillissent ou tombent. Des champs en terrasse sont plantés de noyers et semés d'orges; une file de chevaux arrêtés nous indique le Khani de Dchoura.

*
* *

Le village de Dchoura n'a d'importance que comme station des caravanes. Ses trente ou quarante maisons sont dispersées au penchant des collines, parmi les noyers et les ormes. Les murs de pierre et les toits de planches à deux pentes annoncent un climat et une vie toute différente de celle de la plaine. Les huttes en boue séchée et les toits en terrasse suffisaient à Kawaja. On est ici à 7 ou 800 mètres au-dessus de la mer. Les hivers sont rudes et la saison des pluies fort longue.

Les 150 ou 200 habitants sont tous Albanais. De quelle religion? il est difficile de savoir. Le gouvernement dans ses statistiques les tient pour Musulmans, et les stèles de leurs cimetières, coiffées de fez ou de turbans, semblent lui donner raison. Mais ces Musulmans n'adorent Allah qu'à de longs intervalles, en public, pour vivre sans ennuis ou gagner la faveur de l'autorité. Ils n'ont ni mosquées ni prêtres. Sauf leur religion pour les belles armes et leur culte du brigandage, on les accuserait à tort de fanatisme.

Ils ne parlent qu'albanais. Quelques mots de grec s'infiltrent dans leur langage, rapportés du bazar ou laissés par les muletiers de Monastir. En politique, ils ne connaissent que leurs beys. Le gouvernement, représenté à une lieue d'ici par le Caïmacan de Kiouskessi, a tenté de les astreindre à la corvée pour la route de Durazzo. Ils ont travaillé quelques semaines, puis ont jeté dans les ruisseaux les planches des ponts, les poutres, les pelles et les brouettes ; et quelques assassinats bien placés ont mis en terre ou en fuite tous les gêneurs.

Il me semble inutile d'ajouter que dans le Khani, repos habituel des caravanes, nous ne trouvons de nourriture ni pour nos bêtes ni pour nous ; et sur ce plateau tout ruisselant, les Dchouriotes n'usent que d'une maigre source sortant de leur cimetière. C'est toujours ainsi chez le bon Turc. Le Khandji conduit nos chevaux dans un champ d'orges mûres, puis se met en quête pour nous d'œufs, de lait ou de galettes de maïs. Deux muletiers nous tiennent compagnie...

Ils sont Valaques, de Monastir, et parlent grec. Ils se disent *chrétiens*. Mais le mot d'Hellènes ne leur vient pas aux lèvres et même ils semblent l'éviter. Ils savent « que les Français sont chrétiens aussi, quoique non orthodoxes, et surtout qu'ils sont les amis des Valaques (en Turquie, nous sommes les amis particuliers et exclusifs du Turc, du Grec, du Bulgare, du Juif, du Valaque, de l'Arménien et généralement de tout le monde)... Le directeur du collège valaque à Monastir est le chef des prêtres français, un saint vieillard, honnête, ami des Valaques, et savant dans les sciences profanes comme dans les ecclésiastiques : il connaît les *choses turques* et les *choses albanaises* aussi bien que les *choses valaques.* »

Les *choses albanaises* et les *choses turques* nous sont familières ; mais nous voudrions savoir ce que *choses valaques* veut dire...

La question étonne nos muletiers : « Tu ne sais pas? tu ne connais pas Apostolo Margariti? tu n'es donc pas de notre parti?... Tu n'es pas Français! » Et notre ignorance les met en doute sur notre bonne foi : ... nous parlons grec,... nous pourrions être quelques Francs Hellènes... Déjà ils regrettent leurs confidences à peine entamées. Brusquement, ils ne parlent plus que de sujets banals, commerce ou brigandage.

Ils descendent à Durazzo chercher des marchandises de Trieste, des tissus, des fers, des épices, des sucres. De Monastir à Salonique, ils n'auraient que 2 ou 3 jours de marche au lieu de 6 ou 7 jusqu'à Durazzo. Mais les ballots d'Europe arrivent à Salonique grevés d'un fret plus lourd... Et les chevaux ou les mulets ne coûtent presque rien : pour cinq ou six livres turques (115 à 140 francs), on peut avoir une bête comme ce cheval rouge, là-bas sous le noyer, encore jeune, solide et mangeant aussi peu que ses maîtres. Les caravanes se composent ordinairement de 12 à 15 chevaux. On charge facilement sur chacun 80 à 100 oques (100 à 120 kilogrammes). Et puis deux jours de plus ou de moins!... Le temps ne vaut pas cher en Turquie. On part de Monastir le vendredi ou le samedi, afin d'être le samedi suivant à l'arrivée du Lloyd autrichien.

Ce trafic tombera bientôt, quand le chemin de fer viendra jusqu'à Monastir. Pour le moment, il est très actif. Les brigands sont aux Dibres et personne depuis six mois n'a été arrêté... D'ailleurs nous avons franchi les endroits dangereux. Il ne nous reste plus qu'un pas difficile devant la porte du sous-préfet de Kiouskessi. Le brigandage en effet coûte moins cher au commerce que cet honnête fonctionnaire. Mais Apostolo Margariti a la promesse du Sultan que ce loup sera bientôt déplacé.

— « Qu'est-ce donc que votre Apostolo Margariti ? »
Nouveau silence et nouvelles défiances...

Le Khandji nous apporte un plat de sa façon, du fromage de chèvre frit à la poêle sur des œufs, dans du beurre fleurant le bouc. L'un des muletiers a décroché du mur une de ces lyres à quatre cordes, connues dans tout le Levant, des cafés de Constantinople aux musicos d'Alexandrie. Il chante, en fumant, une chanson grecque très répandue et déjà très vieille ; Fauriel l'avait recueillie :

> Un marchand descendait des monts,
>   Avec ses dix mulets et ses quinze mules
> Et des voleurs le rencontrèrent au beau milieu du grand chemin...

Ces pieux orthodoxes refusent de manger avec nous : la vigile de la Panagia !

Mais après le café, que nous buvons tous dans la même tasse, — la tasse unique du Khani, — l'amitié est revenue. Ils nous annoncent pour demain une belle chose : l'évêque bulgare doit arriver à Okhrida, en même temps que nous; le Sultan a enfin donné les lettres d'investiture, les bérats, et il a bien fait : les Hellènes ne voulaient pas, mais il a tenu bon. A notre tour de nous étonner. C'est la première fois qu'en grec, nous entendons parler ainsi des bérats et des Bulgares.

— « Oh! ces Hellènes en ont tant fait! Il faudra bien qu'ils s'arrêtent... »

Ce « ces Hellènes », *afti i Hellinés*, déborde d'une haine sincère. Le Bulgare n'est pas autrement sympathique à nos gens; mais l'échec de l'hellénisme leur cause beaucoup de joie.

Puisque nous ne connaissons pas les affaires valaques, ils ne veulent rien nous en dire. Nous apprendrons là-bas, à Monastir. Et ils partent « poussant leurs dix mulets et leurs quinze mules », balançant leurs fustanelles et nous laissant la dernière recommandation de ne pas séjourner à Kiouskessi. Le plus jeune a déjà repris sa chanson de route :

> Un marchand, un marchand descendait,
> Un marchand descendait des monts...

L'état d'esprit de ces Valaques parlant grec, pensant et chantant en grec, et détestant les Hellènes, nous semble tout nouveau, étrange. Nous venons en Macédoine pour trouver des Bulgares; nous pourrions découvrir d'autres peuples inconnus...

* *

Les Albanais de Dchoura sont les plus chargés d'armes que nous ayons encore vus. Leurs deux sabres, leurs deux pistolets, leurs fusils, leurs couteaux, leurs cartouchières suffiraient à les vêtir. Et le contraste est violent de cet appareil guerrier dans ce paysage tout pacifique de cultures, de gros noyers, de prairies, de molles collines sans profil sous l'azur : il semble qu'un metteur en scène ait amené pour quelque opéra les bandes d'un condottiere dans ce décor de pastorale.

Sortant du long couloir du Skumbi, nous entrons dans une région nouvelle.

La haute vallée du fleuve semble le bassin vidé d'un ancien lac, large de quelques kilomètres mais très étiré en longueur dans la direction sud-nord. Rien ne ferme l'horizon méridional. La plaine monte vers le sud en pente insensible, jusqu'à la haute Devol et à la plaine de Gortcha. Les deux versants à l'est et à l'ouest ne sont pas des monts hauts et droits, mais des collines argileuses, arrondies, deux ou trois étages de dômes que découpent les ruisseaux. Leurs pentes longues et douces — sauf un talus final de 10 ou 20 mètres sur la plaine — sont couvertes de cultures, nuées de verdures basses et de chaumes et dépouillées de forêts; mais elles portent, çà et là, des bouquets de noyers ou quelques vieux platanes. Le fleuve occupe à peu près le milieu de ce berceau : bordé sur chaque rive de prairies humides, il déroule à perte de vue ses coudes de saules et de peupliers, dans son écharpe de buée.

Dchoura garde la porte, à la tête septentrionale des coteaux de l'ouest, à l'angle où la plaine s'arrête, où lë fleuve tourne brusquement vers l'Adriatique et tombe en rapides, en cascades, en chutes d'écumes, jusqu'au fond du couloir, entre les deux murailles à pic que nous venons de remonter...

* * *

De Dchoura à Kiouskessi, la route européenne ne quitte pas le flanc des coteaux durant quatre ou cinq kilomètres vers le sud : des champs cultivés, des fontaines et des tombes à l'ombre des noyers. Après avoir croisé une dernière file de mulets et de Valaques, nous contournons le village de Kiouskessi pour épargner au sous-préfet toute tentation de péché. « C'est un bon vieillard, nous ont dit les Valaques; il vous offrira le café, les confitures, les cigarettes, vous retiendra pour la nuit, vous promettra des gendarmes pour le lendemain : le malheur est que peut-être il aimera mieux remplir ses poches que ses engagements. »

Le bourg de Kiouskessi est le centre de toute cette plaine, non qu'il ait, comme Elbassan ou Pekini, un bazar fréquenté; mais les agas propriétaires y résident. Le plus riche, Ismaïl-Aga a 400 livres de revenu (10 000 francs). Les beys d'Elbassan possèdent encore une bonne moitié de ces villages.

Les 3 ou 4 000 Albanais du caza de Kiouskessi pratiquent l'islamisme comme ceux de Dchoura, sans mosquées, sans imans, sans voiles sur la tête de leurs femmes qui lavent aux fontaines, bras nus, jambes nues, les seins pendants sous leur corsage dépoitraillé. Dans un autre état de civilisation, Kiouskessi aurait de l'importance. Sa plaine est déserte en comparaison des milliers d'hommes qu'elle pourrait nourrir, et deux chemins se coupent ici, celui de Gortcha vers le sud, piste peu fréquentée remontant la vallée du fleuve, et celui de Monastir que nous allons suivre, qui coupe le Skumbi et marche droit à l'est.

Pour ce dernier, les ingénieurs turcs ont épuisé leur science entre Kiouskessi et le fleuve. Ils n'ont pu conduire leur route jusqu'en bas. Les portes des tranchées n'ont pu correspondre aux têtes des remblais tournants. Un macadam parfait attire le passant et le conduit en plein ciel au bord d'un talus à pic : il faut revenir à la piste ancienne...

Après la descente du coteau et la traversée de champs herbus, le Skumbi coule assez large dans une douve de roches polies. Nous le guéons sous les voûtes d'un pont tout neuf, où nos bêtes n'ont de l'eau que jusqu'aux boulets. Nous retrouvons la route européenne qui s'engage dans le vallon d'un affluent perpendiculaire au fleuve, la rivière de Briniaitz. Ce vallon est étroit. Deux glacis de roches ne laissent bientôt de place que pour les 6 mètres de la route, au bord du ruisseau. La gorge obscure est pleine du vert sombre des plantes aquatiques, qu'éclaire parfois la blancheur d'un saule, et, par bouffées chaudes, montent des odeurs d'eau, de nénuphars et d'azalées. Quand après une heure nous débouchons à l'entrée d'une petite plaine, le soleil se couche et règne sanglant dans un ciel chargé d'orage : le moulin de Briniaitz, où nous devons passer la nuit, est devant nous.

Les Valaques nous ont conseillé de nous arrêter à ce moulin, au lieu de pousser jusqu'au village dont nous apercevons les lumières. C'est notre dernière soirée d'Albanie. Demain, nous coucherons en pays slave, plus tranquilles. Pour ce soir, il faut encore un peu de défiance.

*
* *

Nos chevaux et nos bagages enfermés, nous sommes assis au bord du ruisseau. Il fait humide et froid. La rosée de la nuit nous pénètre malgré le grand feu de sapin autour duquel nous nous chauffons. Pour le repas du soir, le meunier a mis tremper dans la rivière le pain d'orge que, sans cette prévoyance, nous ne pourrions casser tout à l'heure.

C'est un bon vivant, un bel Albanais, que notre hôte. Il s'appelle Janco. Il a 30 ans à peine et déjà il connaît la moitié de l'Islam. Kawas de la Régie à Constantinople, coldji (gabelou) en Mésopotamie, à Marasch et Ourfa, il a quitté la Régie par dignité : on voulait l'attacher au service d'un moudir (sous-directeur) juif. Les Six Contributions l'employèrent quelque temps à Mersina pour surveiller la contrebande du toumbeki (plante que les Turcs fument dans le narghilé). Mais il s'entendit mal avec les bureaux et trop bien avec les contrebandiers. Le gouvernement le prit et en fit un douanier à Tekirowa, — l'antique Phasélis, — dans une anse perdue au fond du golfe de Pamphylie. La place était bonne. Les caïques de Makri et de Castellorizo, qui chargent sur cette côte des bois de chauffage pour Alexandrie, devaient payer des droits assez forts. Le douanier contrôlait aussi le nombre d'arbres coupés par les fermiers dans les forêts de l'État. Et de ces deux sources, l'argent liquide tombait assez abondamment dans sa ceinture. Mais l'endroit était fiévreux et le douanier de Deliktasch, — le petit port voisin, — jaloux : à tous les passages du contrôleur, il dénonçait notre malheureux ami. Ce méchant douanier reçut un jour une balle, et Janco, pour se guérir des fièvres, revint dans son pays.

Par une surprenante coïncidence, nous avons, nous aussi, connu Tekirowa et Deliktasch. Le méchant douanier nous hébergea quelques jours, pendant que nous relevions les inscriptions d'Olympos, au mois d'avril dernier. La balle n'a pas eu grand effet, à peine quinze jours de lit.

Nous espérions, par cette nouvelle, tranquilliser cette conscience albanaise ; nous l'avons seulement troublée de regrets... et voilà compromis notre repas du soir qui s'annonçait fastueux, venant d'un homme content de lui-même.

Sans rancune pourtant, Janco met une poule sur le feu et reprend ses histoires. Il parle un grec d'Asie, disant, comme les Smyrniotes, *enas Frandjis, un Franc, o Kossolos, le consul*; il bredouille aussi du turc, de l'arabe, de l'arménien ; il sait « Bouono » en français.

Nous l'avons questionné sur sa religion. Il nous a répondu qu'il nous savait trop Européens pour nous arrêter à ces bagatelles, et qu'un proverbe albanais dit avec raison : « Là où est le sabre, là est la foi... » Il est musulman ; mais si le consul de France à Scutari le voulait comme Kawas, ou si Tricoupis le prenait comme gendarme,... Tricoupis plutôt. Il adore la France : il a vu une grande flotte française dans le port de Smyrne. Mais la Grèce, peut-être, vaudrait mieux pour lui.

Ce féal sujet du Sultan a si longtemps vécu avec les Hellènes d'Asie Mineure, qu'il a pris toutes leurs idées. Il est un exemple, entre mille, d'un phénomène facilement observable : l'Albanais, même musulman, plongé dans un bain d'hellénisme, est comme un cristal dans une solution de matières étrangères mais isomorphes. Il se recouvre complètement et régulièrement, sur toutes ses faces, d'une couche chaque jour plus épaisse. En grattant un peu ou par simple transparence, on retrouvera bien vite un fond de fierté, de violence, de témérité, absent chez le Grec calculateur. Mais en se tenant aux dehors, la ressemblance est parfaite : à la seconde génération, aucune différence ne sépare plus les fils de cet Albanais, d'un Athénien ou plutôt d'un Moraïte dont ils ont l'humeur brutale et vindicative...

Janco parle d'Athènes, des élections prochaines et de Tricoupis. Il est tricoupiste comme presque tous les Hellènes du dehors. Il voudrait connaître Tricoupis et nous charge de lui donner quelques conseils : « Les Grecs n'ont pas d'armée et n'aiment pas le service militaire, *den agapane to nizam*; avec leur argent, ils devraient lever en Albanie des troupes soldées. Les enrôlements seraient faciles, nombreux, car toute l'Albanie connaît la richesse de l'État grec; et les Musulmans eux-mêmes iraient, en foule, gagner un traitement payé chaque mois, comme tous les traitements en Grèce, et comme, hélas! pas un des traitements en Turquie... Avec ses Albanais, le Grec pourrait attendre le Bulgare sans crainte... Et puis, si quelque jour la Grèce venait ici, les beys et les agas s'en iraient peut-être, comme ceux de Thessalie; et chacun aurait son coin de champ : toute cette plaine est aux beys de Gortcha, terres et maisons... Est-ce justice?... »

Le meunier parlait et s'agitait, les gestes éclairés par les lueurs du feu, pendant que la lune se levait derrière les collines et que, sur la plaine ouatée au ras du sol d'une mince couche de brouillards, tout bruit s'était calmé sauf l'éternel écoulement de la rivière. Des senteurs de marais et de fièvres tombaient des saules et des menthes endormies.

Quand l'hellénisme viendra ici! Un meunier de Briniaitz, Albanais de race, Musulman de religion, escompte l'arrivée de l'hellénisme à 2 ou 300 kilomètres des frontières grecques!

DEUXIÈME PARTIE

LA MACÉDOINE SLAVE

I

EN MACÉDOINE — STROUGA

Les Slaves. — Une ville bulgare. — Le patriotisme bulgare. L'attente d'un archevêque.

Nous sommes en Macédoine.

Ce matin, en quittant le moulin de Briniaitz, nous avons traversé dans sa largeur la vallée de Domousova trempée de brouillards et de rosée. Le village — notre dernier village d'Albanie — dormait. Notre ami Janco a voulu cependant nous accompagner jusqu'aux dernières maisons : « Mes compatriotes, nous dit-il, ne sont pas gens du monde, ils n'ont pas voyagé ». Il nous quitte, mais il nous reverra. Il ne veut pas rester plus longtemps chez les Barbares. Il vendra son moulin après la récolte. Alors, il viendra en Grèce ou en

France. Si nous le voulons comme domestique, il se charge de nous mener au bout du monde.

Cette vallée de Domousova n'est qu'un bassin lacustre, mal desséché. La rivière de Briniaitz, dans son étroite gorge, fournit à l'ancien lac son écoulement vers le Skumbi. Le fond de la plaine, large de trois kilomètres et long de six ou huit, est encore marécageux.

Au nord et à l'ouest, les collines dénudées y pénètrent en croupes rondes et portent les maisons éparses du village de Briniaitz, — 30 ou 40 huttes de pierre. Une ligne de cultures, au bas de ces collines, borde les landes en friche, les pâturages, les oseraies et les tourbières du fond.

A l'est, une chaîne de roches schisteuses se dresse, toute noire de chênes verts. La route européenne, qu'achèvent des escouades de paysans slaves, monte une heure par des coudes et des retours savants. Les caravanes escaladent tout droit l'échelle du raccourci parmi des pierres plates, des quartiers de roches clivées, luisantes de mica, des chênes verts, des épines et des coudriers. Au sommet, une plate-forme découverte entoure un poste de gendarmes : tous les cols et passages dangereux de la vieille Turquie étaient ainsi gardés par les dervendjis (hommes du défilé). L'autre versant est à pic. Sous nos pieds, la Macédoine !

Enchâssée dans un cercle de hautes montagnes, dont les têtes émergent de la brume, une nappe de brouillards dort sur la plaine fermée d'Okhrida. Le soleil se lève. Le brouillard se troue, s'envole en fumées, se raccroche en dernières effilochées aux sommets des joncs, aux arbres de la rive, et le lac d'Okhrida s'éveille dans sa coupe de verdures, moiré de courants, taché d'ombres par les nuages du ciel, bleu comme un golfe grec : la Macédoine ! Abeddin s'est recueilli, et tourné vers le soleil levant, avec de grandes génuflexions et de grands gestes, il invoque Allah et son prophète. Cet accès de piété fait un peu sourire ce vaurien de Kostas. Puis l'esprit d'imitation prenant le dessus, et l'amour-propre aidant — on a sa religion aussi, après tout ! — Kostas remercie tout haut la Panagia, Saint Savas et Saint Démétrius.

Couchés sur le gazon, nous contemplons cet admirable pays. Un berger albanais nous énumère les bourgs et les villes : Okhrida et sa citadelle, Trébénitza, Strouga, Radovisti. Il nous conte des histoires de gendarmes et de brigands. Mais nous n'écoutons plus : la vue de cette Macédoine a brusquement éveillé en nous le souvenir de la patrie. Quand on a gravi les dernières pentes du Jura français, on découvre ainsi toute la plaine suisse. Les lacs de Genève et de Neufchâtel miroitent, bordés de vignes et de jardins, entourés d'une ceinture de villes, sillonnés de bateaux, longés par des chemins de fer dont les trains s'enfuient dans un nuage de vapeur; des voitures passent sur les routes au grand trot de leurs chevaux ; les clochettes des troupeaux, le sifflet des locomotives et le brouhaha lointain des villes affairées se mêlent en un bruit confus : tout s'agite et tout vit..... La plaine d'Okhrida est vide. Le lac est désert. Pas un bateau sur cette eau calme. Pas un bruit dans ces champs muets. De grands roseaux et des marais dormants font au lac des rives inabordables. Deux rivières embrumées se traînent dans les herbes..... Là-bas, à la frontière de France, c'est aujourd'hui l'un de ces joyeux dimanches, où l'on célèbre la fête annuelle des monts : sur la Dôle, on est venu de tous côtés pour le lever du jour...... Abeddin a fini sa prière et Kostas prétend que nous sommes encore en Albanie.

*
* *

Dès les premiers pas de la descente, nous nous sentons en pays nouveau. Les horizons ouverts et tourmentés de l'Albanie, les fleuves violents et remueurs de sol, les couloirs et les plaines éventrées font place à de tranquilles vallons, où dorment des eaux silencieuses. La route descend une heure en longue pente, entre deux lignes d'arbres. La vue du lac et de la plaine nous est cachée par une forêt que nous longeons. Au milieu des hêtres, des clématites et des houx, le regard s'arrête à quelques mètres, au prochain tournant de la route, à la pierre humide couverte de mousses et de cyclamens en fleur, à l'arbre mort étouffé par le lierre, au grand chêne isolé dans la clairière rase.

Et c'est fini des Albanais! Adieu les amusantes silhouettes des grands diables osseux, au maigre et fier profil, nez d'aigle, joues creuses, moustaches de mousquetaire, qui s'en allaient balançant leur buste alerte, leur collerette noire et leur grand fusil sur leurs hautes jambes d'échassiers! Nous croisons des Slaves courts, lourds, aux larges faces pleines, enfouis dans leurs vêtements poilus et sous leur toque de fourrure. Jambes et pieds perdus dans des bottes en cuir mou, ils s'en vont à la charrue ou à la corvée, animaux de labour à la démarche lente, et boueux. L'Albanais avait la saleté plus gentilhomme.

Les hommes marchent à la tête de leurs bœufs, ou fument accroupis dans leur chariot, — une caisse de bois montée sur un essieu de bois et des roues de bois pleines, qu'ils appellent *araba* et que traîne une paire de petits bœufs noirs. La femme suit, piquant l'attelage.

Par derrière, ces femmes ne sont qu'une boule noire, engoncées du cou aux pieds dans leur *saia*, cape de feutre rigide. Par devant, cette cape ouverte laisse voir des dessous en grosse toile raide, la *cochoula*, chemise ou jupe tombant jusqu'aux chevilles, plaquée, au bas, d'une haute bande de tapisserie compacte, où dominent le noir, le vert et l'orangé. Toutes ces femmes sont énormes de la taille. Notre premier mouvement fut d'admiration pour une race si féconde, et le second, de colère contre ces hommes nonchalants qui laissaient travailler et marcher des femmes en pareil état. Mais bientôt nous avons reconnu un caprice de la mode. Les femmes se cerclent le ventre d'une épaisse ceinture de toile, la *lesca*, dont les deux bouts brodés et frangés pendent devant elles, et par-dessus, elles enroulent encore huit ou dix tours d'une corde de laine noire, la *poiass*. Leurs cheveux, nattés en cordelettes, tombent tout autour de la figure, et les mèches du bout sont engagées dans les replis de la *poiass*, telles nos chaînes de montre dans nos goussets. Cette race est naturellement laide et triste. Les travaux des champs lui ont cassé l'échine, ployé les épaules, alourdi les membres. L'habitude de la crainte et de la soumission a courbé sa nuque et éteint son regard. Mais on dirait que ces hommes et ces femmes s'efforcent encore de paraître plus tristes et plus laids. Leur costume, sans grâce et sans gaîté, est tristement brodé de vert sombre et de noir. Comme auprès d'eux il semble beau, cet Albanais en veste rouge, qui descend devant nous, campé sur son cheval, le fusil en travers de la selle, avec des airs de conquérant et des allures de maître! Il vient de Gortcha et, sans autres biens que son fusil et sa bravoure, il va chercher fortune à Stamboul. Il deviendra zaptieh, préfet, ambassadeur, grand vizir peut-être, et partout il tiendra son rang.

Le vallon de la descente s'ouvre sur une grande étendue plate, entre les montagnes boisées de notre gauche et les roseaux du lac sur notre droite. Devant nous, la brume noie dans le lointain des chaumes moissonnés, des maïs encore debout, des châtaigniers en masses touffues et des arabas geignant de leurs essieux non huilés. Dans les champs humides, au milieu des fossés et des joncs, vaguent des troupeaux de bœufs. Dans les mares d'eaux croupies, des buffles dorment vautrés. Par intervalles, on entend au loin les lentes mélopées d'un peuple laboureur. Tout ce pays est tranquille et somnolent. Un piqueur de corvée trouble seul la paix de ce tiède matin. La courbache en main, il active de chaque côté de la route les pelles et les brouettes. Tout un village travaille à la chaussée, hommes, femmes et enfants. Le piqueur en haut fez terrorise ce peuple. Les injures et les coups pleuvent sur le dos des faibles. Pas une plainte, pas une discussion : corvée slave.

Après une heure de macadam en ornières, nous arrivons aux premières maisons de Strouga.

Strouga est bâtie sur la tourbière, dans les roseaux et les saules pleureurs. Ses maisons de bois, à quatre étages, ont un triste aspect de saleté et de délabrement, même presque neuves. Au rez-de-chaussée, sont des boutiques, des portes cochères, de grandes baies ouvertes où travaillent des artisans, tonneliers, charrons et batteurs de cuivre, et des portes vitrées de petits carreaux sales, derrière lesquels les toiles d'araignées masquent des intérieurs crasseux. Les étages s'avancent en encorbellement. La peinture des façades est tombée. Le bois pourrit. Les fenêtres n'ont plus ni vitres ni cadres, et les trous sont bouchés de papiers, de torchons et de journaux crevés. La propreté des rues contraste, inondées par les seaux des riverains pour le frais des oisifs et fumeurs.

Abeddin et Kostas cherchent des yeux le Khani dans ces maisons toutes pareilles. Aux étalages de pastèques, de melons et de tomates succèdent des fours et des rôtisseries, avec de grands plats d'oignons. Les passants ne répondent rien et ne semblent comprendre ni l'albanais, ni le turc, ni le grec, aucune des langues dont nos gens peuvent user. Personne n'a fait cercle autour de notre arrivée, comme dans les bourgs albanais et grecs. Personne ne nous a demandé notre âge, notre patrie, notre famille, notre parti politique, notre état d'âme et de fortune. Les fumeurs et les boutiquiers nous accordent à peine un regard.

Nous interrogeons en grec une longue et large culotte des îles, un Grec, celui-là, avec sa veste lacée par derrière, ses bas bien tirés aux genoux, et ses souliers découverts, quelque « bacal » (épicier) venu jusqu'ici de Tinos ou de Mételin :

— « Nous ne parlons pas grec ici, *den miloumé ta Romaïka edo*; nous ne sommes pas Grecs, nous; nous sommes Bulgares, *imasthe Voulgari* », nous répond-il, dans le plus pur grec du monde grec.

— « Mais moi non plus, frère, je ne suis pas Grec. Je suis Français et je viens en Macédoine pour apprendre le bulgare que l'on ne parle pas dans mon pays, et voir où en sont vos affaires, vos bérats, dont on parle dans toute l'Europe. » Amis, alors! et nous entrons dans sa maison, le Khani demandé.

La saleté du dedans correspond assez bien aux dehors. Dans la cellule qu'il nous offre, toutes les vermines terrestres — et familières, hélas! au voyageur chez le Grand Turc — ont donné rendez-vous à toutes les vermines aquatiques. Les vitres sont obscurcies de mouches vivantes ou défuntes, et parmi cette ombre artificielle, les cousins mènent un chœur de joyeuses trompettes. Sur les murs, où courent araignées et cafards, un ami de la France a écrit au charbon : « *Zito o Boulanzai* (Vive Boulanger!) » — à Strouga ! Notre hôte s'en fait un mérite auprès de nos Noblesses.

Il connaît bien la France! il a été à Sofia et il a vu, chez le Prince, des prêtres et des nonnes françaises, qui soignent les malades et instruisent les enfants..... les Français et les Bulgares, un couple d'amis!

Nous nous étonnons qu'un patriote bulgare porte le costume insulaire, hellénique.

— « C'est qu'il n'est pas d'ici, mais de Salonique et qu'avant d'être Bulgare, *du temps où il ne savait pas encore*, il se croyait Hellène. »

Nous osons lui dire que son hellénisme perce encore, malgré son savoir, dans la vivacité de ses gestes et de son bavardage.

— « Pourtant depuis qu'il est allé à Sofia et qu'il *sait*, il est bulgare; et à Strouga, tout le monde est bulgare. »

Je suis persuadé que ce prétendu savoir n'a pas été très difficile à acquérir. Les leçons ont coûté moins cher, certainement, à l'élève qu'aux professeurs : l'argent est un si grand maître en toutes sciences! Quoi qu'il en soit, le hasard nous a bien servis dès nos premiers pas en Macédoine : nous allons visiter Strouga avec un guide payé, je crois, par M. Stambouloff, un homme bien renseigné. (J'ai su depuis, à Monastir, que nos suppositions étaient justes.)

La ville de Strouga s'étend sur les deux rives du Drin, à quelques cents mètres de l'endroit où le fleuve sort du lac d'Okhrida.

La rive gauche est occupée par le quartier slave, par ceux qui s'appellent et que nous appellerons provisoirement Bulgares, quittes à discuter ensuite de leur filiation. Les Bulgares ont environ 300 maisons (12 à 1 500 individus), une école bulgare et une vieille église. Ils vivent d'agriculture et de pêche. Le Drin est barré de leurs filets, de nasses, de parcs en roseaux; et tout un coin de la ville est empuanti des poissons qui sèchent ou se corrompent. Durant le carême et l'avent, les gens de Strouga font un grand commerce avec toute la montagne.

Sur la rive droite du fleuve, dans le quartier musulman, — une soixantaine de maisons en ruines et une mosquée, — la population musulmane, en pleine décroissance, se compose de quelques Osmanlis, de Slaves ayant autrefois abjuré, eux ou leurs ancêtres, et d'Albanais. Beys ou agas, le pays leur appartient encore presque tout entier. Mais ils se sentent mal à l'aise, trop surveillés, parmi ces Chrétiens que des propagandes étrangères réveillent, et ils émigrent à Okhrida, Monastir ou Salonique.

Le reste du canton de Strouga contient 7 000 habitants dont un millier à peine de Mahométans, agas albanais à Pichkoupal et Starowa sur la rive occidentale du lac, et paysans slaves dans les campagnes de ces deux villes. Ces conversions ont été obtenues de force, au siècle dernier. Pouqueville raconte dans son *Voyage de la Grèce* comment tout le canton de Maliki, au sud du lac, abjura vers 1766 : les paysans chrétiens étaient pressés depuis longtemps par leurs beys;

ils firent une grande neuvaine à leur Dieu, le sommant de les secourir s'il tenait à leurs services ; Dieu n'intervint pas ; les paysans se circoncirent.

*
* *

Strouga doit son existence à son pont. La population se fixa tout naturellement à ce passage forcé des caravanes ; car nulle part on ne peut guéer le fleuve à cause des marais, des tourbières riveraines, des boues et des herbes du fond.

Il dut toujours exister un pont et une ville en cet endroit ou dans les environs immédiats. Le pont actuel est de bois, tout neuf, provisoire, fait de poutres enfoncées et de planches clouées. Mais des ruines de pierre, des restes de fondations apparaissent dans l'eau claire. Le Drin coule limpide, large et rapide, à pleins bords, sans rives limitées, sur un fond si vert, si herbu, qu'à peine on distingue au loin le fleuve des prairies voisines. Sur le pont, dans une double bordure d'échoppes, les Bulgares vendent aux caravanes des poissons frais ou séchés. Des Albanais chargent sur leurs petits chevaux des sacs d'anguilles et de truites frétillantes. Ils arriveront au marché d'Elbassan, — toujours pour la vigile de la Panagia, — après deux jours de route sous un soleil de feu ! La fraîcheur du poisson n'est guère estimée qu'en Europe ; et par préjugé, sans doute.

Nous étions venus au pont pour acheter des écrevisses. Nous espérions des écrevisses après trois jours de fromage de chèvre. Mais notre gourmandise est déçue : la plupart des échoppes sont fermées. Depuis deux jours, une bonne moitié des Strougiotes est à Okhrida pour l'arrivée du nouvel archevêque bulgare. Notre hôte lui-même, qui nous donne ces explications, était parti et l'on attendait l'archevêque avant-hier : « Les hommes attendaient dans le bazar pour lâcher la détente de leurs fusils. Les enfants attendaient dans les magasins pour allumer l'encens. Les femmes attendaient aux fenêtres pour jeter les fleurs. Les diacres attendaient dans le clocher pour voir de loin et préparer les cierges. » Notre hôte a beau renier Homère et l'Hellénisme : il dénombre comme ses ancêtres. « Mais l'évêque n'est pas venu, on ne sait quand il viendra... Ces brigands, ces cornus (traduisez : les Grecs) ont encore monté quelque coup. N'importe, continue le Khandji qui manque de littérature et ignore ses auteurs mais parle comme eux, — à Strouga, on est b..... Bulgare, *fovera voulgari*... »

On a commencé depuis peu de temps. Quand notre homme est venu, il y a quinze ou vingt ans, personne ne *savait* et tous se croyaient Hellènes. Mais on est allé vite. L'école bulgare fut d'abord entretenue par un subside de l'Exarque. La communauté indigène payait alors un maître serbe. Elle n'a plus d'autre école aujourd'hui que l'école bulgare.

Le malheur est que, au dehors, les paysans sont arriérés; ils ne connaissent pas le patriotisme et préfèrent souvent les prêtres du Patriarche à ceux de sa Toute Sainteté l'Exarque (le clergé grec au clergé bulgare). Dans ce canton, il n'y a guère d'éclairées que les 300 familles de Strouga; tout le reste, des bêtes!

II

OKHRIDA

Corvée albanaise. — Une métropole bulgare. — Décadence de l'Hellénisme.

Arriverons-nous à Okhrida assez tôt pour entendre les salves, respirer l'encens, recevoir la pluie de fleurs et voir les mitres d'or luire au milieu des cierges?... Pas une brume sur la plaine. Les perspectives sont nettes et les horizons lointains comme aux rivages clairs de l'Attique. Mais, du lac, se lève une brise qui tempère la chaleur de cette journée d'août.

Le bassin fermé d'Okhrida ressemble par sa structure aux vallées de Domousova et du Skumbi supérieur. C'est un plan tout horizontal, entouré de montagnes à l'est, au nord et à l'ouest, le côté méridional n'étant fermé que d'ondulations fuyantes. Mais ici le plan est long de 30 ou 40 kilomètres, sur 15 ou 25 de large. Les eaux bleues, limpides, transparentes, d'un grand lac en occupent les trois quarts. Dans l'autre quart à peine sec, s'étend une verte nappe de hautes herbes, de joncs et de cultures.

Les montagnes qui l'enserrent, boisées à l'ouest, complètement nues à l'est et au nord, sont coupées dans leur façade septentrionale d'une étroite fente par où le Drin emmène le trop-plein du lac. Rien ne marque à l'œil le cours du fleuve qu'une traînée de vert plus humide et plus éclatant.

La distance entre Strouga et Okhrida est de deux heures (12 à 15 kilomètres) et la route, une chaussée de terre entre deux fossés de roseaux et d'eaux corrompues. On travaille encore à la route. Mais ce sont ici des Albanais, que l'on a amenés de force et que des gendarmes surveillent. La moitié des ouvriers fument à l'ombre, sous des claies de roseaux. Les autres, près d'un feu, rôtissent un agneau qu'ils ont dû voler la nuit dernière, ou des oies et des canards sauvages qu'ils ont tués sur le lac. Les pelles et les brouettes sont entassées. Les gendarmes et les piqueurs, renonçant à faire travailler ces enfants terribles, se sont mêlés aux fumeurs et aux mangeurs. La plus douce familiarité unit maintenant ces gardiens sans morgue et ces prisonniers sans rancune : « Tiens, frère, prends ce *mézé* » ; un Albanais tend au *tchaouch* (sergent) le foie du mouton, — un morceau d'honneur. Tout ce monde est heureux. Le Préfet a décidé qu'ils resteraient là tant qu'ils n'auraient pas fini la route : « A ta santé, frère ! » Le jour, on mange, on dort, on fume. La nuit, dans les villages voisins, les hommes ne sont pas armés, les femmes sont jolies, et les étables mal closes..... Ils resteront tant que le Préfet voudra, et plus longtemps peut-être ! Les gendarmes, qui les ont amenés de force, devront les remmener de force, le jour où, fatigués de ce voisinage, les paysans supplieront le Préfet de les débarrasser, offriront de l'argent, et s'engageront à terminer la route eux-mêmes.

Le lac que nous longeons bientôt a une limpidité de cristal. A'dix et quinze mètres de la rive, on voit s'ébattre les perches innombrables et les truites géantes. Sous la surface unie la vie fourmille, et dans les roseaux de la rive manœuvrent des flottilles de canards bleus, de sarcelles et d'oies sauvages. Je n'ai vu pareille abondance que sur les bords du Nil et dans ces fresques de la vieille Égypte où les canots des chasseurs lèvent, parmi les lotus, des nuées d'ibis et d'outardes.

*
* *

Les montagnes de l'est, dont nous nous rapprochons, n'offrent que des croupes dépouillées. Des troupeaux de chèvres y tondent le dernier arbuste et le dernier brin d'herbe. Autrefois, le lac pénétrait dans ces monts par un golfe allongé entre la chaîne principale et un contrefort. Une double île de rochers s'élevait au milieu de ce golfe que les alluvions ont ensuite comblé. Dans une ceinture de jardins, d'arbres fruitiers et de verdures luisantes, l'île se dresse aujourd'hui couronnée des maisons d'Okhrida.

De loin, on aperçoit les ruines de la citadelle, une enceinte carrée, à créneaux, bastions et tours quadrangulaires. La ville s'étage sur les penchants du sud, tournant le dos à la route de Strouga et de Monastir.

Sur la grand'route, on ne trouve que le bazar, au milieu des jardins et des prés inondés. Le bazar semble tout neuf avec ses boutiques de pierre, ses fenêtres voûtées et ses volets de tôle : les vieilles échoppes ont disparu dans les deux incendies de 1881 et de 1883. Okhrida, ayant brûlé deux fois, est un bazar chrétien. On y peut rencontrer plus d'un coin d'Islam : sous un gros platane, des Khodjas en blanc turban fument le narghilé; deux boutiques sont pleines de vieilles armes, fusils incrustés et pistolets à pierre; des barbiers rasent en plein vent avec leur luxe habituel de plats de cuivre argenté et de serviettes rouges; et des horlogers, tout un peuple d'horlogers! car les vieux Turcs passent leur temps à régler et casser leurs montres : ils ont une si grande peur de manquer la prière, leur seule occupation! Mais la plupart des boutiques annoncent la civilisation : pétroles et denekés, quincailleries d'Europe, tissus de marques anglaises.

Tout au bout, par une ruelle perpendiculaire à la route, on entre dans le marché au poisson, un cloaque d'odeurs et de détritus nauséeux, où des chiens sans nombre travaillent à mettre un peu de propreté; leur faim ne peut suffire aux exigences de la voirie...

***

Nous avions une lettre de recommandation pour un médecin grec, établi depuis trente ans à Okhrida. Il nous accueille sans enthousiasme dans sa petite pharmacie du bazar, nous questionne longuement sur Athènes et la politique grecque, et la Crète, la malheureuse Crète! nous montre toutes ses étiquettes écrites en français et tous ses produits achetés à la Pharmacie Centrale de Paris. Mais quand nous lu demandons de nous guider par la ville, de nous conduire aux écoles et aux églises, il a malheureusement un client sur l'autre rive du lac; il nous indique un Khani confortable... Ce Khani était bien le plus sale et le plus pouilleux endroit où nous eussions jamais dormi; et le soir, au bord de l'eau, nous trouvâmes notre médecin attablé sous les saules, buvant du raki avec une bande de popes bulgares... Nous avons su depuis que le pauvre homme n'avait pas osé nous recevoir. Epirote de naissance, Hellène, et connu pour ses sympathies helléniques, il se hasardait à peine dans les rues depuis quelques jours, tant les retards de l'Archevêque avaient exaspéré la population bulgare! Son amitié n'aurait donc pu que nous compromettre. D'autre part, nous-mêmes, nous lui semblions d'allures étranges: nous étions à coup sûr agents d'une puissance européenne, mal vus de l'autorité turque; notre compagnie ne pouvait que le rendre suspect, lui faire enlever peut-être sa place ou son traitement de médecin municipal...

Quand on connaît l'hospitalité grecque, l'accueil empressé, libéral, fraternel, des Hellènes de Turquie au voyageur européen et surtout aux Français (je ne pourrai jamais dire tout ce que je dois aux Grecs de

Calymnos, de Métélin, de Symi et d'Asie Mineure), ce seul fait donne une idée de l'état des esprits à Okhrida. Un ami d'occasion compléta le tableau par ses renseignements; le nommer serait, je crois, le plus sûr moyen de lui prouver mon ingratitude.

Okhrida est en proie aux Bulgares. La population de 15 000 habitants environ comprend 8 000 Slaves, quelques centaines de Valaques, et 7 000 Musulmans, — ceux-ci, comme à Strouga, de différentes races : soit deux cinquièmes d'Albanais, autant de Slaves convertis et un millier d'Osmanlis Anatoliotes. Mais depuis quelques années, les seuls Bulgares ont place au soleil.

Le quartier bulgare occupe de ses maisons de bois toute la façade méridionale de l'îlot rocheux, depuis les eaux du lac qui en baignent le pied jusqu'au double sommet qui profile dans le ciel les créneaux de la citadelle et les dômes de Saint-Clément. Cet îlot est formé en effet de deux masses rondes, unies par une échine plus basse. Deux et trois étages vermoulus, des toits saillants, des galeries ouvertes, et toujours le même air de caducité et de délabrement donnent à toutes ces maisons bulgares une monotone ressemblance. La saleté des rues est nauséabonde : animaux crevés et excréments humains, abattis de poissons et déchets de légumes....

En haut, sur l'un des sommets, l'église de Saint-Clément, la métropole bulgare, est une jolie église byzantine avec des assises de pierre et de briques combinées. Tout autour, règne une esplanade dallée, ombragée de treilles. Un beau fauteuil attendait au soleil, parmi les fleurs et les feuillages jonchés, cet Archevêque promis aux Nations. De grands popes noirs au maigre visage cuivré, aux yeux fanatiques, surveillaient chacun de nos pas, et, sans nos chapeaux de « Frangis », ils nous eussent expulsés... jusqu'au moment où nous sachant Français, ils voulurent nous enivrer de raki à la santé des bérats : les Français et les Bulgares! des frères!

Sur l'autre sommet, se dresse une enceinte de fortifications en blocage, déserte. Par la porte béante, on n'aperçoit que murs croulants, voûtes écrasées, citernes mi-combles. A la pointe qui domine le lac, nous nous asseyons auprès d'une petite mosquée. Elle fut construite jadis dans le pur goût seldjoucide, en marbres blancs, noirs et rouges, alternés. La vue s'étend de là sur tout le lac, sur la plaine du nord, sur les montagnes albanaises d'où nous venons et qui paraissent d'ici un mur infranchissable. Il existe bien un mur en effet, entre la fournaise albanaise et cette pacifique Slavie : ce sont deux peuples, deux mondes différents. Mais, pour le malheur des Slaves, ce mur n'est qu'en apparence infranchissable. Il suffit d'une nuit sans lune aux braves de Dchoura ou de Briniaitz, pour tomber sur cette grasse plaine et prendre leur part des récoltes, des femmes et des troupeaux. Le préfet turc envoie alors toute sa gendarmerie prévenir le gouverneur de Monastir que le brigandage n'existe plus, que la sécurité des routes est parfaite, et que les peuples meurent de joie sous le règne paternel du plus glorieux des Sultans. Si les paysans se plaignent trop haut, Son Excellence les loge et les nourrit quelques semaines dans les prisons de Sa Hautesse.

Un secrétaire de Son Excellence nous exposait, tout à l'heure, cette politique fort simple. Mais il prévoyait après les bérats de graves changements : « Dans ce dernier coin de vieille Turquie, pourquoi faut-il que la Porte envoie un archevêque bulgare, un espion, un gêneur? Par ambition ou par sentimentalité, cet intrigant va protester contre les mesures les plus rationnelles, les plus habituelles, les plus utiles; au premier emprisonnement, il parlera d'injustice; à la première incursion d'Albanais, il criera aux *atrocités*... » Et de son poing tendu vers le Nord, le secrétaire maudissait ces « cornus » d'Allemands : à l'entendre, Guillaume II avait écrit de sa propre main l'ordre au Sultan de signer les bérats.

Le lac s'endort sous le soleil qui tombe, sans autre ride que le sillage des barques parties d'Okhrida. Elles glissent, portant vers les cyprès de la rive opposée une bande de vieux Turcs, des popes noirs ou des robes européennes aux couleurs brutales, — la haute société d'Okhrida. De ces barques, sort la plainte criarde d'une musette ou les ronflements métalliques d'une guitare.

La petite mosquée ne sert plus au culte et depuis longtemps. Les tombes des saints derviches sont recouvertes par les herbes. Les Musulmans ne montent plus jusqu'ici. Ils semblent ne plus quitter leurs jardins, là-bas, derrière nous, au pied des monts de Macédoine :

dans leur quartier nouveau, sur la route de Monastir, ils possèdent dix-huit mosquées nouvelles. Ici l'endroit est désert. D'énormes lézards et des tortues courent sur les vieux boulets de pierre.

Nous serions restés tout un jour devant le sourire du lac. Il fallut redescendre par les ruelles infectes, sous les balcons dégouttant d'eaux grasses et d'ordures.

*
* *

En bas, tout au bord du lac et en plein quartier bulgare, une ancienne basilique de Sainte-Sophie a été convertie en mosquée, puis abandonnée comme celle du sommet. Le quartier grec entourait autrefois cette basilique. Il y a trente ans encore, Okhrida comptait 2 à 300 maisons grecques (1 000 à 1 500 individus). Mais les Hellènes ont peu à peu cédé la place aux Bulgares. Vingt ou trente familles des plus pauvres restent seulement, faute de pouvoir émigrer.

Le soir, au Khani, nous n'avons parlé que de cette chute de l'hellénisme, avec notre ami d'Okhrida. Cinq ou six négociants de Monastir, venus pour leurs affaires dans un vieux landau à lanternes d'argent, prenaient part à la conférence. Toutes les nationalités de la Macédoine étaient représentées : un Hellène, un Slave, deux Valaques. Le haut personnage de la réunion était, après nous, un Juif de Salonique. Je ne rapporterai pas toutes les digressions de ce bavardage. Mais on doit attribuer, ce fut la conclusion, la décadence de l'hellénisme à deux ordres de causes, les unes particulières à Okhrida et anciennes, les autres toutes récentes et communes aux villes de Macédoine.

En 1850, les Hellènes d'Okhrida étaient fort riches. Ils avaient en mains un grand commerce de fourrures. Grecs d'Épire, de Salonique ou même de l'Archipel, Valaques de Monastir et de Gortcha, Albanais, ils ne formaient qu'un peuple *chrétien* uni par les mêmes aspirations vers Athènes et la Grande Idée, exploitant le Slave par l'industrie et le Musulman par l'usure. Dans leurs 30 ou 40 ateliers, ils préparaient et cousaient les peaux de loutres indigènes, les pelleteries apportées des lacs voisins, ou les fourrures venues de Constantinople et de Russie. Les pelisses chères au vieux Turc, les cafetans des femmes chrétiennes et juives, sortaient presque tous d'Okhrida. Le quartier slave fournissait les ouvriers, et le quartier grec récoltait les bénéfices. Les Hellènes commençaient à acheter des terres. L'école était grecque et les médecins, Athéniens ou Grecs « du dedans ». Les jeunes gens allaient à l'Université d'Athènes. Qui parlait alors de Bulgarie?

La concurrence européenne, autrichienne surtout et russe, a brusquement tué ce commerce. Les peaux de martre, de zibeline, de renard gris se sont arrêtées à Odessa et ne sont plus venues en Turquie que manufacturées. En même temps, le lapin et les fourrures communes de Trieste avilissaient les prix des cafetans et des pelisses. Les Hellènes durent, un à un, fermer leurs fabriques. Ils sont allés, avec leur mobilité facile, s'établir aux centres de production ou de marché, à Trieste, Odessa, Buckarest.

Mais derrière eux la semence hellénique, laissée dans le sol, continuait de germer, quand vers 1864-1866 parurent des étrangers, des Russes, qui parlaient de religion bulgare, de grande Bulgarie, d'oppression des Slaves, et qui, à l'appui de leurs discours, donnaient des arguments sonores, une piastre (20 centimes) au mendiant, et cent livres (2 300 francs) à l'honnête homme. Un parti bulgare fut créé.

Dans toute la Macédoine, ce parti n'a cessé de grandir. L'établissement d'une église bulgare, puis d'une principauté bulgare, porta un coup à l'hellénisme, mais les effets n'en furent pas sensibles jusqu'ici. C'est de la révolution rouméliote que date la vraie blessure... Depuis cinq ans, tout est aux Bulgares. Ils ont pour eux la Porte. Ils se vantent d'avoir aussi toute l'Europe, et leur brouille avec la Russie n'a jamais été connue ou admise par ceux que des Russes avaient bulgarisés.

« Pour vivre en paix, soyez Bulgares! pour gagner vos procès, soyez Bulgares! pour éviter la corvée, soyez Bulgares! pour usurper les champs, soyez encore et toujours Bulgares! Constantinople obéit aux ordres de Sofia! les préfets turcs ménagent ces puissants du jour, et les maîtres d'école, descendus de Sofia ou de Philippopoli, renversent par une dénonciation les cadis les plus vieux, les pachas les plus galonnés... Mais si vous désirez la palme du martyre, soyez Hellènes! surtout depuis la révolte et la défaite des

Crétois, la vie d'un Hellène n'est qu'un crucifiement. »

C'était l'Hellène Michaelis Papadoglou qui parlait ainsi. Il fut interrompu par la soudaine entrée de deux popes bulgares, les deux popes cuivrés qui nous avaient reçus là-haut à l'église de Saint-Clément, et qui tout le jour, la mèche allumée près de leurs cierges, avaient attendu leur archevêque, sur la terrasse jonchée, près du beau fauteuil de velours. Il n'est pas venu! En voyant la lune déjà haute et la route lointaine toujours déserte, les popes sont descendus près de nous, craignant pour nos Effendesses les ennuis d'une veillée solitaire. L'un d'eux porte une grosse bouteille, et l'autre un gros livre.

Il n'a plus été question de la tyrannie bulgare, et personne, qu'eux et nous, n'a plus hasardé un mot. L'Hellène et les deux Valaques, dont les mines s'étaient renfrognées, furent bien vite radoucis par l'excellent raki de la bouteille. Quant à nous, j'avoue que les plaintes des Hellènes et le souvenir de toute cette journée nous avaient prévenus contre ce clergé bulgare : leurs grands yeux cernés luisaient pour nous de fanatisme. Je ne crois pas que leur grosse bouteille nous ait corrompus. Mais, en toute franchise, nous les avons reconnus plus doux, plus civilisés, et surtout plus instruits, que la moyenne des prêtres orientaux.

Puisque nous ne savons pas le bulgare, ils nous parlent un grec très pur, et c'est un livre grec qu'ils nous apportent, un volume de la Patrologie contenant la vie de saint Clément, évêque des Bulgares. « Lis et tu pourras convaincre tous ceux qui pensent en Europe que nous, à Okhrida, nous ne sommes pas des Bulgares. »

Cette vie, écrite en grec par un archevêque d'Okhrida du XIIe ou du XIIIe siècle, un certain Théophylacte, disait l'éditeur, est en effet terriblement bulgare, *fovera voulgariki* (c'est décidément l'expression employée). Elle contait comment saint Clément, évêque d'Okhrida, vint au Xe siècle dans les *terres bulgares*, vécut parmi *les Bulgares*, écrivit en *slave*, c'est-à-dire en *bulgare*, bref comment il « nous donna, à nous *Bulgares*, tout ce qui élève les cœurs et ravit les âmes ».

A tous les mots de *terre slave, métropole bulgare*, appliqués à leur ville et à leur canton (les pages étaient cornées à ces endroits et la leçon avait dû servir déjà pour plus d'un étranger), nos popes triomphaient. Voulant ménager l'Hellène et les Valaques présents, nous n'avons pas dit tout haut que la démonstration était probante. Mais tout ce que nous avions vu depuis Strouga nous persuadait mieux que ce texte. Aujourd'hui, comme il y a neuf siècles, ce pays est bien un coin de Slavie, une métropole bulgare. Les temps ont bien changé depuis le jour où Victor Gregorovitch, racontant son voyage en Turquie d'Europe, écrivait : « Les Bulgares d'Okhrida se distinguent des Grecs par leur caractère ; mais l'influence grecque a presque étouffé la langue nationale qui ne reprend ses droits que dans le cercle de la famille. Il ne m'est pas arrivé de rencontrer quelqu'un à Okhrida qui pût comprendre la grosse écriture slave. Au contraire plusieurs étaient exercés à la lecture des livres grecs sur de vieux manuscrits. »

III

RESEN — KOSHANI

La Macédoine serbe : ce cornu d'Archevêque! — La Macédoine valaque : ces voleurs de Grecs!

Au petit jour, nous quittons le Khani, où les chants de deux muletiers valaques, à défaut de la vermine, nous auraient toute la nuit tenus éveillés. Dans les rues, les paysans des environs, accourus pour voir enfin cet Archevêque, dorment en tas sous leurs capes brunes. Les femmes assises par terre, les coudes aux genoux, filent déjà, ou chassent dans la tête de leurs marmots. Autour de grands feux, soixante ou quatre-vingts zaptiehs. La révolte des Dibres est terminée; l'armée va rentrer à Monastir et l'avant-garde est arrivée cette nuit. Uniformes en haillons, fusils de tous systèmes, mines misérables et inquiétantes, ce sont des irréguliers albanais, que le gouvernement fournit d'armes et de poudre, mais qui doivent en retour surveiller les passages d'Albanie en Macédoine. Le muletier ne s'aperçoit que beaucoup trop de cette surveillance.

Le bazar est fermé. La fraîcheur du matin aigrit les violentes odeurs du quartier au poisson. Le coin des platanes, des estrades, des cafés, des barbiers est désert. Nous nous retrouvons sur la grande route, entre les deux lignes de murs en terre séchée, les maisons de bois, les balcons ajourés, les fenêtres grillées, les jardins, les peupliers et les cyprès du quartier musulman. Perdues dans la verdure, parmi les vergers que séparent des haies ondulantes de roseaux, les dix-huit mosquées défilent, dix-huit huttes de terre crépies et badigeonnées de fresques comme la maison des derviches à Kawaja ou le château fort de Demir Bey. Les plus anciens de ces « djamis » datent de trente ans à peine. Les Musulmans les ont échelonnés dans leur retraite, à mesure qu'ils abandonnaient la ville haute aux Bulgares et qu'ils s'éloignaient vers Monastir, comme afin d'être plus tôt prêts au dernier exode. Où sont les belles mosquées de pierre, les coupoles, les dômes et les cloîtres de Pekini et d'Elbassan? L'Islam à Okhrida ne semble plus installé à demeure : il est à peine campé.

Entre la ville et les monts de l'orient, dort une étroite plaine, ancien golfe du lac, unie, humide, où nos chevaux plongent jusqu'au ventre dans un brouillard compact. Les montagnes émergent à trois kilomètres devant nous, lourdes masses rondes, sans forme et sans profil. Ces trois ou quatre cents mètres de roches crétacées tombent en longues cascades de bosses. Nulle part une façade droite ni un talus régulier. La route européenne va un peu au nord chercher le passage de Lieskovetsi. Mais tout droit vers l'est, piétons et cavaliers suivent l'ancienne piste et pénètrent dans la montagne, sur le flanc d'une ravine que les orages ont creusée en plein cœur de la roche friable. Le sol sonore est d'une blancheur de lait. La dent adroite des chèvres y chercherait en vain la moindre pousse. Tous les lits de torrents, toutes les rigoles sont à sec.

Après deux heures de montée, nous atteignons un sommet couvert de chênes rabougris. Des gendarmes, qui ne savent pas lire, essayent de vérifier nos passeports. Mais ils abandonnent ce travail fatigant aussitôt qu'Abeddin leur a conté notre noblesse, et que le pourboire donné par Kostas leur a prouvé notre vertu. Ils ont allumé un grand feu. Derrière nous, un autre feu brille au sommet des monts d'Albanie, près du poste de gendarmes où nous avons passé l'autre matin : les *dervendjis* sont revenus des Dibres et gardent la route ; nous avons eu raison de nous hâter.

*
* *

L'autre versant est boisé. La grand'route que nous retrouvons bientôt descend lentement vers le sud-est, au long d'un ruisseau herbu, entre deux pentes de hêtres et de chênes. Des prairies. Un moulin. Des arabas geignantes. Des prés inondés où folâtrent des cochons, — inutile d'interroger : nous sommes en pays chrétien. Par un étroit défilé de saules et de coudriers, nous débouchons dans une immense plaine, brûlée, éblouissante, sans une ligne d'ombre, où le vent du nord soulève des nuées de poussière et noie les horizons d'une épaisse buée. A perte de vue, dans les lignes droites des sillons moissonnés, quelques bœufs glanent les derniers chaumes.

Le premier village que nous rencontrons est, au milieu de la plaine, Resnia ou Resen, à cinq heures d'Okhrida. Un regard dans ces rues encombrées de porcs et une question à ces lourds paysans, qui ne parlent que slave, nous renseignent sur la race et la religion des Resniotes, tous Slaves et presque tous Chrétiens. Le bourg se compose d'un vieux quartier de terre et de bois, dans le coin habité par vingt ou trente agas musulmans, et d'une rue bordée d'échoppes neuves.

Le bazar de Resen, durant ces dix années, a brûlé plusieurs fois, comme il sied à tout bazar chrétien. Rues et boutiques béantes sont désertes. La chaleur et la poussière rendent l'air irrespirable; et la sieste, et toujours l'attente de la Panagia, et ce jeûne affaiblissant, qui dure depuis une semaine, ont vidé les rues. Seul, devant la porte du Khani, un pope aux longs poils gris, trogne rouge luisante au soleil, se précipite pour nous tenir l'étrier. A coups de pied, il a réveillé les gens du Khani, qui dormaient en tas, en plein air, sous leurs capes; et, puisque nous sommes Français, il fait venir du raki le plus fort, de l'eau presque tiède et tout à fait corrompue, la plus fraîche de Resnia. Et il nous entoure de ses mains velues, de son haleine, nous parle dans les yeux, nous roule des cigarettes qu'il mouille de sa propre salive!

Nous avons reconnu tant de bons procédés, en lui disant que son accueil nous touchait sans nous surprendre; qu'à Strouga, Okhrida, partout, les popes bulgares avaient été pour nous des frères; et que, du fond du cœur, nous leur souhaitions en retour l'arrivée de cet Archevêque.

Le pope, dont toutes les veines de la face se sont d'abord gonflées, a fini par sourire : il sait bien que nos Noblesses plaisantent, que ces cornus de Bulgares sont appréciés à leur juste valeur par nous autres Français, et que jamais, au grand jamais, nous n'aurions, nous, fait obtenir les bérats à ces hérétiques, ces schismatiques et ces maudits...

Qu'il est difficile en Macédoine de hurler à point avec les loups! Nous y mettons tout le zèle et toute la conviction de gens en appétit, dont le dîner dépend souvent des loups eux-mêmes. Pourtant, à Dchoura, des Valaques dans le plus pur grec moraïte nous étonnent par un réquisitoire contre les Grecs, et voici qu'à Resen un pope slave, geignant grec comme une araba bulgare, traite d'hérétique, de schismatique, de maudit, sa Toute Sainteté l'archevêque d'Okhrida.

Une fois lancé, il va, et la suite vaut le début : « Ils sont hérétiques parce qu'ils disent qu'on peut employer en liturgie la langue bulgare, comme si l'inscription sur la croix du Christ n'avait pas été en hébreu, grec et latin, et comme si ces trois langues n'étaient pas les seules admises et comprises de Dieu! »

Nous observons, mais en toute crainte d'hérésie, que, pourtant, les Russes et les Serbes prient dans leur idiome.

— « Ce n'est pas la même chose! Les Russes et les

Serbes ont reçu la permission du Patriarche et des Conciles! Les Bulgares ont été excommuniés par les uns et par l'autre en 1872; et c'est pourquoi ils sont schismatiques... Et puis n'est-ce pas une conduite de maudits d'aller mettre les Turcs dans les choses de Dieu! Ces cornus pour obtenir leurs bérats ont rendu visite au Scheick-ul-Islam et lui ont promis de se convertir bientôt, eux et leurs diocèses... Mais elle peut venir, sa Toute Sainteté! elle peut venir chez notre pope, là-bas, au bord du lac de Presba, dans le village de Podmocjani! Aussi vrai qu'il s'appelle Stoian Kristitch et qu'il est chrétien, il lui fermera sa porte et son église, à la Toute Sainteté! et l'on verra si l'archevêque ose appeler les zaptichs turcs pour forcer l'entrée... Nous, nous devrions ce soir venir à Podmocjani pour attendre cette réception : nous aurions un beau récit à rapporter en Europe.

— « L'Europe, avons-nous répondu, n'a pas besoin de nos récits. Elle connaît les droits des Hellènes. Elle n'admettra jamais les prétentions bulgares sur le royaume d'Alexandre le Grand. »

Le pope nous arrêta.

— « Il est bien certain, reprit-il pour nous donner la note, il est bien certain qu'Alexandre et la Macédoine de son temps avaient été hellénisés. Mais les fils d'Alexandre, le roi Étienne Douschan entre autres, revinrent au langage de leurs ancêtres : et ce furent des Serbes. Tout est serbe en Macédoine, ceux qui parlent slave et ceux qui, hellénisés de langue, parlent grec. Les Bulgares sont bien venus vraiment à revendiquer ces Slaves ! Interrogeons seulement l'aubergiste, le Khandji : comment se dit *nuit* en macédonien ? *Notsch*, et en bulgare c'est *noscht*, tandis que les Serbes prononcent *notsch* eux aussi. Et *maison*! et *fille*! et *citoyen*! *Maison*, en serbe comme en macédonien *Koutscha*; en bulgare *Kouschta*. *Citoyen*, en bulgare *graschdanin*; et *gradschanin* en macédonien comme en serbe. *Gradschanin* et non *graschdanin*, *Koutscha* et non *Kouschta*!... La Macédoine est-elle serbe ou bulgare ?... Quant aux Grecs, les Serbes reconnaissent et respectent le Patriarche. Mais il est bien visible que l'hellénisme ici n'a rien à réclamer. Dans toute la plaine, sauf les popes, on ne rencontrerait pas deux hommes parlant grec. »

Un argument que ne donne pas le pope Stoian, mais dont nous apprécions toute la valeur en l'écoutant, c'est le grec même que parlent les popes, mélange informe de turc, de slave et de quelques mots grecs ; le dernier cancre de nos classes sourirait d'un thème pareil, et Dieu lui-même, s'il est vrai qu'il n'entende que le grec, doit avoir quelque peine avec son fidèle serviteur Stoian.

L'entretien se termine en nombreux verres de raki. Nous ne pouvons accompagner le pope et il doit rentrer au plus vite : si ce cornu d'archevêque survenait en son absence, il trouverait la porte ouverte et pourrait profaner l'église, le schismatique !

Le vent est tombé. Midi règne sur la plaine embrasée. L'air palpite et semble monter du sol en couches ondulantes, comme d'une plaque de métal rougi au feu.

Quelle immense nudité! et quel contraste avec la coupe d'Okhrida, toute riante de verdure et de fraîcheur! A l'ouest, au nord, à l'est, un cirque de collines rondes, nues, arrête à peine le regard. Vers le sud, l'horizon s'ouvre sans bornes; mais rien ne fait soupçonner le voisinage des grands lacs de Presba et de Ventrok, ni arbre, ni souffle frais, ni touffe verte. La plaine désolée étend sa sécheresse à l'infini. Au printemps, cette immensité est une mer d'épis. Les sillons s'allongent maintenant dépouillés, tous parallèles de l'est à l'ouest, partant de la plaine et montant directs, sans un coude, jusqu'au sommet du cirque de collines, pour redescendre derrière, sans doute, dans des plaines toutes pareilles.

Vers le sud-est seulement, une belle montagne de granit, le Péristeri (la Colombe), rompt cette monotonie et, dressant dans l'azur ses trois têtes fines, pose dans la plaine deux hauts contreforts à façades droites, telles les pattes d'un grand Sphinx dans les sables d'Égypte.

Le pope est hors de vue. « C'est un bon vieillard, dit le Khandji, mais un peu fou... Il est toqué de ses histoires serbes. Nous autres, pourvu que nous ne soyons plus sous le Turc, il nous soucie bien de Serbie ou de Bulgarie! Nos pères étaient Hellènes, et personne ne parlait alors de Bulgares. En devenant Bulgares, nous avons gagné que le Turc nous respecte et l'Europe nous soutient. S'il faut être Serbes, rien n'empêchera. Mais pour l'heure, Bulgares vaut mieux. »

A ce sage scepticisme, à cette façon familière de

mettre en jeu l'Europe, au grec très pur de notre homme, il était facile de reconnaître un civilisé : Eustathios Gotochi a vécu dix ans à Salonique.

⁂

Dans les deux cents maisons de Resen nous avons en vain frappé à toutes les portes, pour quêter une tête d'agneau, une jatte de lait, un pain, un œuf. Qui songerait à manger aujourd'hui? C'est après demain la grande Panagia ! Seigneur, votre droite est terrible au pauvre voyageur. Sans vous, malgré les brigands et les préfets turcs, la route serait encore facile; mais nous vous avons rencontré en travers de tous nos chemins. Ceux qui vous adorent par le Prophète nous ont fait, en Asie Mineure, mourir de soif pendant tout un mois, parce que la soif de l'homme vous est agréable sous la lune de Ramazan ; et ceux qui vous adorent par le Christ nous font, en Macédoine, mourir de faim depuis deux semaines, parce que la faim de l'homme vous est agréable du 1er au 15 août !

⁂

De Resen à Monastir, où nous avons hâte d'arriver, quarante kilomètres en deux étapes.

Nous avons quitté Resen en plein midi brûlant, et traversé la grande plaine. Pas une herbe et pas un être, qu'un fin nuage blanc accroché aux sommets du Péristeri et deux corbeaux qui se sont envolés d'une carcasse de mulet.

La route franchit les collines orientales un peu au nord du Péristeri. La montée du versant est aisée quoique assez rapide. Un poste de zaptiehs garde le col et, pour lire nos passeports, nous impose une longue contemplation du pays. Derrière nous, la plaine de Resnia, où le vent du nord s'est levé, n'est qu'un brouillard de poussière jaune ; la vue du lac de Presba nous est cachée par le massif énorme du Péristeri. Devant nous, mais très loin, un autre brouillard jaune indique la plaine de Monastir que le même vent du nord balaie. Mais jusqu'au bord de cette plaine, le versant qu'il nous faudra descendre est très épais, large d'une vingtaine de kilomètres à vol d'oiseau, et formé d'un chaos de collines, de gorges, de sillons de fleuves, de petites plaines intérieures, — un triste chaos sans grandeur dans les bouleversements, sans couleur dans les éventrements du sol : collines, plaines et gorges, tout est arrondi et mou, d'un pauvre relief, et nu. Le soleil déclinant allonge sur ce désert l'ombre découpée et svelte du Péristeri.

De petits hameaux et quelques champs cultivés occupent le fond des gorges et des plaines. Mais, de loin et au premier regard, ils ne font aucune tache ; les sillons moissonnés ne se distinguent pas du sol inculte, ni les maisons en boue, de la terre jaune. Au milieu de la descente nous nous sommes arrêtés pour la nuit dans le plus grand de ces villages, à Koshani.

C'est un gros bourg d'une centaine de maisons. Nous découvrons tout à coup, au fond d'une cuvette, sur le bord d'un affluent du Karasou, la Semnitcha, ce village de laboureurs, entouré de sillons, encombré de buffles et d'arabas. Les terres sont aux mains de deux beys musulmans. La population chrétienne se compose de deux peuples, les Slaves qui se disent Bulgares et attendent, eux aussi, l'arrivée de cet Archevêque, mais d'une attente fort placide, sans les fleurs, les fusils, les cierges et l'encens d'Okhrida, — et les Valaques. Les Valaques sont de beaucoup les plus nombreux.

Nous avons retrouvé chez ces Valaques l'esprit de nos muletiers de Dchoura. Ils parlent un grec que leur envierait plus d'un Athénien; mais ne leur donnez pas le nom d'Hellènes et évitez la Grande Idée, Alexandre le Grand et la question des bérats. Ils ne veulent pas être Grecs, mais Valaques.

« Nous n'avons que du sang latin, nous », disait le soir un cafetier, chez qui nous causions en attendant la vermine et l'insomnie de la nuit. *Nous*, c'était lui et nous-mêmes. Dans leur école on n'enseigne aux enfants que le turc, le valaque et un peu de français, — Valaques et Français, deux frères de mère, fils de la vieille Rome!

Leur nouveau patriotisme est de date récente : en 1878, ils étaient encore Hellènes et leur école valaque ne s'ouvrit qu'en 1881. Mais ils ont aujourd'hui le zèle et, pour tout dire, le fanatisme des nouveaux convertis.

— « Qu'est-ce que la Grèce? une pauvre montagne rongée par la mer, où les chèvres ne mangent pas à leur faim. Et les Grecs? Un ramas de bavards et de fripons. Ils parlent et ils volent. Ils ont la prétention de représenter le christianisme et la civilisation, contre le Turc barbare et infidèle. Mais par le pain, *ma to psomi*, au nom du Christ leurs évêques exploitent et tuent les nationalités; au nom du progrès leurs bacals empoisonnent et endettent le paysan.... Peu à peu on apprend à les connaître. Le Bulgare s'est détaché déjà du Patriarche et de l'hellénisme. Restent l'Albanais et le Valaque que ces cornus voudraient manger : le poisson aura des arêtes... »

Notre hôte prend ces belles pensées dans une feuille d'impression, dont il nous a montré le titre : *Thirje mi kombin Sqipetar. Proclamatione catre natiunea albaneza...* Voilà ce que nous devons lire si nous voulons connaître les affaires de Macédoine et en particulier les *Choses valaques*.

Enfin! ces *Choses valaques* que nous poursuivons depuis notre descente d'Albanie! Nous en tenons donc un indice, un fragment, et peut-être tout l'exposé. Mais *Thirje mi kombin Sqipetar* est de l'albanais, et *Proclamatione catre natiunea albaneza* du roumain : et la lecture de ce roumain, que nous finirions bien par comprendre, est difficile à page ouverte sur l'exemplaire de notre ami : « Je le lis toute la journée », nous dit-il. La page prouve, en effet, une fréquentation journalière de ses mains habituées aux tonneaux d'olives, aux outres d'huile et aux sacs de beurre ou de fromage aigri. Patience! à Monastir, tout le monde pourra nous donner cette Proclamation au Peuple albanais.

IV

MONASTIR

La capitale de la Macédoine. — Turcs, Bulgares, Serbes, Grecs,
Albanais et Valaques.

Nous avons eu la chance d'entrer à Monastir un jour de marché. Il faut se reporter, par le souvenir, aux ponts de Constantinople, ou mieux, aux bazars de Damas et d'Alep, pour revoir un pareil mélange de peuples, une telle bigarrure de races et de costumes : Albanais en culottes blanches, en braies rouges, en fustanelles, — leurs petites vestes soutachées, leurs pistolets, leurs fusils, leur ceinture luisent d'or, toutes leurs personnes étincellent comme des soleils; Slaves courts, boueux, traîneurs de bottes molles et de vêtements poilus, vautrés dans la paille de leurs arabas; vieux Osmanlis à gros turban et grande barbe, enfourchés tout au bout de l'échine de leurs petits ânes : depuis Koshani jusqu'à Monastir, c'est une file ininterrompue.

La grand'route est sortie par une courte montée de la plaine de Koshani, dont les eaux s'ouvrent un passage vers le nord, tandis que nous allons au sud-est. Sur le flanc de croupes rondes, nous redescendons vers la grande plaine de Monastir que nous dominons. Malgré l'heure matinale, le vent du nord soulève déjà des tourbillons de poussière. Nous tournons un contrefort du Péristeri. A notre droite, la haute et fine montagne granitique s'élance dans l'azur, aussi svelte, aussi découpée du sommet, aussi puissante de la base et largement assise que du côté de Resen, aussi nue. Un village aux maisons blanches avec les arbres de son cimetière et de ses jardins est juché là-haut. Au pied, mais tout à fait dans la plaine plate, Monastir s'éveille parmi les peupliers et les cyprès.

Depuis une heure, nous piétinons sur place. Le fleuve humain qui coulait vers le marché semble figé pour un instant. Coups de cornes des bœufs attelés aux arabas; jurons et menaces des Albanais, la main au revolver; vociférations des femmes bulgares; âcre poussière de macadam et de charbon : c'est un convoi de charbonniers albanais dont une charrette renversée obstrue le passage.

Survient un galop de chevaux, une volée de cravaches, des cavaliers en uniformes, l'avant-garde de l'armée qui rentre des Dibres et d'Okhrida. Derrière eux, nous coupons la foule, écrasant quelques chiens, bousculant quelques ânes et recueillant, de-ci de-là, quelques bonnes paroles des femmes : « Chiens de Francs! Giaours! Cornus! »

Sur un gazon usé, des cyprès, d'énormes platanes et de très vieux peupliers couvrent de leur ombre des nattes, des estrades de bois, des divans aux coussins crevés et un canapé en acajou où de vieux Turcs accroupis fument le narghilé. Ils devisent, mais sans bruit, le chapelet dans les doigts. La fumée des narghilés et des cigarettes, jointe à la poussière de la route, les entoure d'un nuage si épais qu'à chaque aspiration le bout des cigarettes apparaît lumineux dans le brouillard.

Des gendarmes, derrière une poutre qui tombe et se relève en bascule, barrent la route : Nos passeports?... Des Français! Mais il n'y a pas de consul français à Monastir!.... nous ne pouvons pas être Français.... Autrichiens?.... non?.... Anglais? Russes?.... Et le tchaouch (sergent) albanais s'entête dans son raisonnement : nous ne sommes pas Français, puisqu'il n'y a pas de consul de France à Monastir.

Tout le poste approuve. Abeddin, lui-même, notre fidèle zaptieh, qui nous croit Français, qui nous a vus en compagnie des consuls de France, Abeddin hésite dans sa foi. Il faut que nous soyons Russes, Anglais ou Autrichiens : le tchaouch ne nous laisse que l'alternative.

Un complet européen — jaquette noire, gilet jaune brodé de fleurettes bleues, pantalon rayé rose — un beau complet européen, avec un grand fez coquelicot, est intervenu : « La France n'a pas de consul ici, mais elle a des *fréridais*, des religieux, des prêtres. »

Et Kostas ayant ouvert sa bourse, tout le poste, la main au cœur, puis à la bouche et au front, s'incline.

*
* *

A travers le quartier musulman, l'Européen nous conduit chez les *Fréridais* dont il nous chuchote le plus grand mal dès qu'il nous entend parler grec : « Ces cornus se disent Français, mais ils sont Autrichiens, Valaques!... Ils soutiennent Apostolo Margariti. » Il se dit Hellène et tout à notre service : il est banquier au bazar, près du grand Khani, il a une carte de visite en français :

Eustathios....
Négosian.

Je suis trop reconnaissant à Eustathios..... pour transcrire ici le nom.

Les *Fréridais* habitent une longue maison de pierre, à volets verts, qui porte l'écusson du consulat austro-hongrois. Un vieillard en soutane nous a reçus. Nous sommes chez les Lazaristes français. Ils nous auraient logés, si leur pauvreté ne les forçait à louer la moitié de leur couvent au consul d'Autriche. Mais Monastir est ville de ressources. Le français est ici d'un usage courant. En face de nous s'ouvre un *Xenodochion Anatolis, Otel d'Orian*, avec un restaurant *O pyrgos Ephail — la tour Efel.* — Hôtel et restaurant sont pleins : nous nous étions trop tôt réjouis.

Il faut nous rabattre sur le Khani ordinaire, la grande auberge turque, avec ses murs de terre et ses galeries de bois.

A l'intérieur, quatre façades, à trois étages de galeries, entourent une cour carrée. Dans la cour, des fumiers, des flaques d'eau et des arabas, des groupes de Turcs, d'Albanais et de Slaves, toujours causant et fumant. Cent ou cent cinquante chevaux hennissent et se battent dans les écuries ouvertes du rez-de-chaussée. Les étages sont divisés en cellules s'ouvrant toutes sur les galeries. Ainsi chacun a sa chambre, mais une chambre qu'une natte encombre, et tout le monde vit sur les galeries, les uns occupés à leur cuisine, les autres à leurs affaires ou à leur toilette, — très sommaire.

Jour et nuit le Khani bourdonne de conversations, de poules juchées sur les fumiers, de cafetières bouillantes, de fritures, de flûtes, de guitares à trois cordes, d'hommes chantant devant un feu, autour d'une pastèque ou d'un verre de raki A la pompe, près du puits, des barbiers ont ouvert boutique en plein air et rasent du même instrument les joues du Chrétien, les crânes et les aisselles musulmanes. C'est la vie turque dans tout son désarroi : aucune heure, aucun lieu fixé pour aucune besogne. Tout se fait toujours et partout, ou plutôt il est impossible de rien faire. Le barbier rase ses clients dans l'eau que tout le monde boit. L'écœurante odeur des fritures flotte dans toutes les fumées. A l'aube, des Juifs assiègent notre porte, avec de vieilles armes, de vieilles broderies, de vieilles défroques qu'ils appellent antiquités. Le soir, des muletiers, qui ont dormi le jour, chantent jusqu'à la minuit passée. Toute la journée, une lourde chaleur met en joie la vermine, que la senteur de nos peaux européennes attire des quatre coins de Monastir.

Nous nous sommes reposés quelques jours dans ce Khani. Ce repos fut plus pénible que les plus dures marches et pourtant je me souviens de ces journées avec un charme indicible. Cette vie turque, si peu confortable, a des recoins étranges. Le réveil faisait oublier les tortures de la nuit, — le réveil du Khani à l'heure où dans le ciel blanc les cigognes passent silencieuses, toutes ailes épandues. Les galeries sont jonchées de dormeurs. Dans la cour, quelques feux achèvent de s'éteindre parmi des traînées de brouillard. Un cri de coq, des hennissements de chevaux annoncent le soleil; et d'une galerie, un derviche se penche, les pouces aux oreilles, pour jeter en haut et en bas l'appel à la prière. Sa voix aiguë, chevrotant les hautes notes, monte dans l'air calme et froid : Allah li Allah! En une minute, les dormeurs ont pendu leurs matelas et leurs couvertures aux balcons des galeries. Pieds et bras nus, ils courent aux puits pour les ablutions, et dans la cour chacun étend son tapis de prière, et les génuflexions commencent, les accroupissements rituels, les contemplations, debout, assis, agenouillés. Derrière le derviche prieur, ils sont tous alignés. Les Albanais eux-mêmes sont devenus graves : passage de mulets, ébrouements de chevaux allant boire, réveil de Chrétiens, entrée d'attelages, frôlement de cavalcades, rien ne peut les distraire...

Le soir, quand le crépuscule avait éteint ses dernières lueurs et quand sous les claires étoiles la nuit sans lune s'était approfondie, autour des grands feux de pins la cour se remplissait de gestes et de discours.

Les ombres grandies dansaient aux murs en silhouettes folles. C'étaient des Albanais hâbleurs, joues creuses et profils aigus, la bouche toujours fendue par le rire, des mines de brigands ou de diables en belle humeur, qui se contaient tout haut quelques coups inédits. Leurs récits ne venaient à nous que par lambeaux et Kostas traduisait : « *tora, vré tou ipa, tha se skotoso*, alors, mon vieux, que je lui ai dit, je te vas tuer ». La main portée à la ceinture, à la garde des poignards, à la crosse des revolvers, achevait suffisamment l'histoire. Et c'étaient aussi entre Grecs et Bulgares d'interminables discussions théologiques, où la Trinité, saint Paul et M. Stambouloff intervenaient souvent, où *Christos* (Jésus-Christ) alternait sans cesse avec *Kérata* (cornu).

Trois nuits presque entières, deux muletiers valaques ont, autour de leur feu, rassemblé tous les Chrétiens du Khani : ils savaient tant de tragoudies et ils tragoudisaient si bien du nez! Le succès reste toujours aux belles choses. Toutes leurs tragoudies nouvelles ne faisaient pas oublier une ancienne chanson, que l'auditoire finissait toujours par réclamer et que tout le Khani nasillait en chœur, des heures à la file. C'est un vieil air italien : tous les Grecs le chantent; ils l'appellent le « minore des îles »; un vieil air italien qu'ils ont arrangé pour leur nez, brodé de leurs fausses notes et recouvert de paroles grecques :

> *Tris phonous ekama dia se*
> *Ke ekama tria taxidia.*
>
> *Pour toi, j'ai fait trois meurtres*
> *Et j'ai fait trois voyages.*

Dans l'Archipel, en Macédoine, sur l'Adriatique et jusqu'au fond de l'Asie Mineure, cet air m'a si longtemps persécuté que mes oreilles habituées l'ont retenu. Et mes souvenirs lui rattachent aujourd'hui tant de lentes journées à la rame à travers les rochers des Cyclades, et tant de clairs matins dans les monts de Lycie, qu'il a pour moi la douceur de tous ces regrets.

Le dernier soir — c'était un vendredi, jour consacré des Musulmans — tous les feux se réunirent en un bûcher, et tous les groupes en un grand cercle. On venait de tous les Khanis voisins, de toute la ville. Une foule respectueuse, accroupie qui sur sa natte et qui dans le fumier, débordait jusque dans la rue. Suleyman le meddah (conteur), l'illustre chaïr (poète) Suleyman devait chanter.

La Turquie possède encore de ces poètes errants, allant de bazars en bazars, de Khanis en Khanis, tantôt chantant de vieux airs populaires, sur une longue guitare à trois cordes, et tantôt improvisant en prose ou en vers des contes, de petites scènes dialoguées, des apologues et des chansons. Leur musique est insaisissable, à nos oreilles : pas une note précise, des sons filés sur un rythme qui part et finit brusquement, à pic. Dans leurs vers, il est encore plus difficile de comprendre ce qu'ils entassent entre le mot initial toujours le même et la rime. « Mais c'est très beau », disait Abeddin. Le morceau de bravoure de Suleyman était une chanson amoureuse que, sans fatigue pour lui ni pour son auditoire, il répéta quelques heures en ajoutant toujours de nouveaux couplets:

« *J'ai dit aux belles filles : Pourquoi ces lèvres alanguies ?*

Elles m'ont dit : Douleurs d'amour. »

J'ai dit, elles m'ont dit, tous les vers commençaient par ces mots, *didim, didi*, qui résonnent en turc comme une corde de guitare brusquement pincée :

« *J'ai dit aux belles filles : Quelle dure vie !*

Elles m'ont dit : Non pour toi qui ne sais les artifices des mauvais. »

Suleyman connaît de beaux poèmes, surtout il a une belle voix : les raffinés de l'auditoire sont unanimes. Le front plissé, les yeux clos, Suleyman chasse de ses narines une voix de tête, hachée, chevrotante, aiguë, tombant soudain aux plus basses notes de poitrine, et coupée de hoquets : « La belle voix ! » dit Abeddin, un peu jaloux.

Mais Suleyman est bien plus un meddah (conteur) qu'un chaïr (poète). Il improvise et une tempête de rires ébranle le Khani. Il imite tous les patois, tous les accents, tous les gestes de tous les peuples ottomans, européens ou asiatiques, le Turc de Mentesché, le Turc de Kastamouni, l'Arménien, l'Albanais, le Grec, le Persan, le Frandgi, le batelier (khaidji) du Bosphore, le Juif du bazar... Un khaidji raccolait au bout du Grand Pont pour la traversée de Péra à Scutari : « Khaidji Khara guidisi-i-in ! » C'est un Persan en haut bonnet et robe flottante qui demande nasillant et traînant les finales en « in » chères à son peuple : « Khaidji, où allons-nous ? » Le khaidji, Turc anatoliote de la mer Noire, répond avec le débit uniforme et lent, les roulements graves que connaissent tous les familiers du turc : « Siguidera guidion, je vons à Siguidera. » Le geste et le ton sont reproduits, paraît-il, avec une telle justesse que l'auditoire nomme aussitôt les interlocuteurs. Toute la Turquie défile dans cette barque : l'Albanais protecteur et sa familiarité gentilhomme : « Où vas-tu nous porter, frère? », le Juif fertile en compliments que le meddah transpose à sa façon : « O khaidji, votre figure est comme une tomate! » et le Grec qui bredouille, embrouille et se débrouille aux dépens du pauvre monde. Le caïque est plein et va se détacher, quand voici venir un *cosol franc*, un consul européen avec son verre dans l'œil et son chien en laisse. Un chien en laisse dans la libre Turquie, — libre pour les chiens! Et le cosol parle petit nègre, comme les consuls réels dans la vie orientale : « Caïque, où toi mener nous? toi, combien demander? » — Si l'Europe, que l'Oriental semble respecter, pouvait savoir tout le mépris qu'au fond du cœur il nourrit pour elle! Le *cosol* devient la bonne tête de l'expédition : à deux brasses du bord, il est déjà malade et invoque à son aide tous les bateaux européens qui remplissent le port; mais n'ayant point de drogman, il ne peut se faire comprendre. Le Juif lui vend une recette contre le mal de mer, et le Grec s'offre à traduire toutes les langues d'Europe, qu'il ignore également et qu'il remplace par du grec habillé à la française... Puis c'est le chien du cosol qui veut boire, et le chapeau du cosol qui tombe à la mer... Le conte s'arrête quand la voix du meddah ou l'attention de l'auditoire est épuisée. Mais durant des heures, les mésaventures du cosol, du frandgi, soulèvent des tourbillons de rires. C'est la revanche de ces races que l'Europe découpe, enveloppe dans ses protocoles et vend sur le comptoir de ses congrès...

*
* *

Monastir, ou, comme disent les Grecs, Bitolia, occupe une très grande superficie dans la plaine, sur les deux rives du Dragor. Cette rivière de boue, d'immondices et d'eaux noires, traverse la ville du nord au sud entre deux quais européens, œuvre de l'avant-dernier vali, — de beaux quais de pierre, que, deux ans après leur construction, il a fallu remparer de pieux et de palissades, des quais européens à la mode turque. Dans l'eau fétide grouillent des bandes d'enfants; des peaux se tannent parmi les chiens et les ânes morts. Toutes les races de la ville ont tenu à l'odeur de ces pourritures. Monastir n'est pas divisé par son fleuve en quartiers distincts, mais au nord les Musulmans, au sud les Chrétiens et les Juifs habitent l'une et l'autre rive.

Nous avons traversé, le matin de notre arrivée, tout le quartier musulman : grands palais de bois, au milieu des arbres; moucharabiés; galeries ouvertes; fenêtres grillées; balcons de bois; toits avançants, — les maisons musulmanes de toute la Turquie.

Le palais du gouverneur, le *konak*, est à lui seul une autre ville. Sur le quai un pavillon, flanqué de deux ailes et régulièrement percé d'innombrables fenêtres, lui fait une longue façade blanchie, soigneusement crépie, européenne : une gouttière du toit a fait tomber un peu de ce placage, et l'on peut voir en dessous les cubes de terre séchée, seuls matériaux de cette bâtisse. Pour régulariser nos passeports, qui depuis deux mois nous auraient attiré bien des ennuis si les fonctionnaires de Sa Hautesse savaient lire, nous errons dans des corridors où circule la foule ordinaire de soldats, de solliciteuses, de derviches, de popes et de loqueteux. De chambre en chambre nous allons, poussant les portières de cuir ou les tapis usés qui servent de portes. Des gens dignes en haut fez ou en turban nous accueillent et nous font place sur le divan où ils fument à demi couchés. Ils signent sur le revers de la main des paperasses qu'ils déchiffrent à grand'peine et qu'ils repoussent ensuite du pied ; le secrétaire, un giaour, les ramasse humblement et se retire à reculons, les yeux baissés, la main sur le cœur. On nous sert du café et des cigarettes, puis on nous prie de nous adresser au voisin. Au bout de deux heures, un scribe valaque nous conseille de ne pas insister : nos passeports seront toujours assez bons, puisque nous avons un peu d'argent.

Derrière le nouveau konak, s'étendent des jardins, des kiosques de bois, des turbés, le harem de son Excellence, et dans un vieux cimetière les prisons. Les prisons regorgent. Aux fenêtres ingénieusement et bizarrement grillées, de joyeux Albanais chantent tout le long du jour ou se disputent autour d'un d'un jeu de cartes. Une chambre est pleine de popes grecs, une autre de popes bulgares : le Vali est impartial. Des treilles couvrent les murs. Des rosiers grimpent au bord des fenêtres. Un gendarme prépare du café pour les prisonniers qui ont encore quelque argent.

Dans le quartier des Chrétiens, il est impossible de ne pas sentir le Grec dès les premiers pas. Les grandes maisons carrées à toits de zinc, longues et hautes, les baies vitrées, les bow-windows, les balcons de pierre révèlent au premier regard l'amour de l'Hellène pour le soleil et la lumière : les quais de Smyrne et les places d'Athènes ne sont pas autrement bâtis. La maison du Turc cachée, retirée, le plus souvent de biais sur la rue, ne vaut que par ses divans cerclant toutes les chambres, et par un confort particulier qui souvent nous déroute, mais qui pour le Turc est le vrai confort. La maison du Grec, toute en façade, en portes, en fenêtres, peut être mal commode à son propriétaire, mais paraît si grande, si belle, si enviable au passant! Pour une cervelle grecque, la véritable mesure des choses est dans l'envie qu'elles suscitent chez le voisin. Dans la vie, comme à la Bourse, tout est affaire d'offre et de demande, et non d'estimation personnelle.

Musulmane au nord, dans les jardins, les peupliers, les cyprès, les platanes couvrant de leur ombre les narghilés et les turbans; Hellène au sud, dans les hôtels d'Orient, les cafés Eiffel, les bacals aux devantures multicolores, les batteurs de denéké, les vendeurs d'olives, de sardines et de pétrole; Juive dans quelques rues d'un vieux ghetto, noires, tendues de linge et de défroques, bordées de femmes aux yeux tout pleins de vice : telle est la Monastir que l'on voit.

Mais interrogez le marchand du bazar... ou ce muletier valaque qui chante depuis deux heures son *tris phonous*... ou ce pope noir assis aux marches du Khani et attendant depuis une semaine l'arrivée de son archevêque.. : « Monastir est bulgare! Monastir est serbe!... Monastir est valaque! » Un Albanais, cawas du consul d'Autriche, conclut négligemment en tirant sa moustache : « *Diko mus meros tha ine.* Monastir! mais ce sera à nous! » — à nous Albanais? ou à nous Autrichiens?

*
* *

Monastir étant la capitale de la Macédoine, il est tout naturel que les peuples qui se disputent cette province, et les autres, en aient fait le centre de leurs intrigues. La Russie, l'Autriche, la Grèce et la Serbie y entretiennent des consuls, la Bulgarie des agents. Il est non moins naturel que la France n'ait point ici de représentant : il est entendu que nous avons bien d'autres soucis que les affaires orientales; c'est au consul de Grèce que nous remettons le soin de nos intérêts. Croyez bien pourtant que cette absence de consul français n'empêche ni les Turcs, ni les Grecs, ni les Albanais, ni les Serbes, ni les Bulgares, ni les

Valaques d'espérer notre appui en toute circonstance et surtout au jour de la grande liquidation.

Je ne rapporterai pas nos entretiens, nos discussions, nos contes, nos calculs, notre vie de Monastir heure par heure. J'ai entendu Serbes, Valaques, Grecs et Bulgares ; mais leurs paroles rempliraient une vie d'homme et une bibliothèque. Tâchons de résumer les prétentions de chacun et de délimiter la place que chacun occupe dans la Macédoine.

TROISIÈME PARTIE

LE COMBAT MACÉDONIEN

Les races de la péninsule des Balkans se classent en trois groupes principaux : groupe turc, groupe slave et groupe pélasgique ou gréco-latin.

Dans la Macédoine ces trois groupes sont représentés : c'est une des rares vérités admises de tout le monde. Consultons, en effet, les cartes ou les documents de tous les partis : chacun prétend à la majorité ; mais aucun n'a pu nier la présence de quelque adversaire. Les cartes imprimées à Sofia font la part aussi restreinte qu'on peut l'imaginer aux races gréco-latines. Sur les cartes d'Athènes, qui ne sont pas en reste d'inexactitude, les taches slaves, étroites et rares, d'une couleur peu sérieuse (un tendre violet), disparaissent dans l'immense teinte bleue des Hellènes triomphants. Les géographes serbes, à leur tour, repoussent les Bulgares vers le Rhodope, les Albanais au delà du Pinde, les Grecs jusqu'aux frontières de Thessalie. Mais des scrupules arrêtent Serbes, Grecs et Bulgares et leur imposent le respect de quelques îlots étrangers, de-ci de-là, aux endroits trop éloignés du royaume actuel ou trop connus de l'Européen. Le Turc, plus digne, ne colore d'aucune teinte son droit de possession : l'ethnographie est une science de giaour qu'il méprise. Mais, en donnant des bérats à des évêques, il avoue par là même la survivance de quelques Chrétiens au milieu des « Rouméliotes », et ses hésitations entre évêques bulgares et évêques grecs nous renseignent, au surplus, sur sa pensée intime que peut-être il possède en Macédoine des Chrétiens slaves et des Chrétiens grecs. L'existence des trois races en Macédoine n'est donc contestée de personne et les disputes ne commencent qu'à la minute précise où chacun dessine ses droits.

Il faut remarquer cependant que Serbes, Bulgares et Grecs restent en un point d'accord, même dans leurs cartes les plus fantaisistes, et c'est pour attribuer aux Turcs à peu près la juste place qui leur revient. Pour ces trois bons Chrétiens, le Turc est si réellement abandonné de Dieu, voué à la ruine et secoué déjà par les derniers râles, que l'on ne risque plus rien à reconnaître ce qu'il fut : il n'est plus. Le Turc d'ailleurs rend aux uns et aux autres quelques services. Quand la conscience slave recule devant une annexion trop effrontée, l'attribution aux Turcs de districts hellènes sert presque autant la bonne cause qu'une annexion pure et simple; et de même, quand l'intelligence hellène comprend que des prétentions sur un pays authentiquement bulgare entacheraient d'exagération tout le reste des comptes grecs, vite un badigeon turc! l'adversaire n'en est pas moins affaibli. Cette bienveillance pour le Turc est vue d'un très bon œil par l'Européen. Une carte de Chrétiens si charitables pour l'Infidèle reçoit plus de créance. L'Europe est ainsi flattée dans ses désirs les plus secrets. Elle aimerait tant que tout fût turc en Turquie et que les ethnographes n'eussent jamais inventé ce terrible casse-tête de la Question d'Orient.

1

LES TURCS

Les Turcs en Macédoine : soldats et laboureurs. — Causes de la survivance des Turcs. — Turcs et Musulmans : Albanais; Macédoniens.

L'apparition des Turcs en Macédoine est antérieure à la conquête. Bien avant l'établissement d'un empire Ottoman ou même Seldjoucide en Asie Mineure, des Turcs avaient pénétré en Macédoine par mer et par le continent. Vers le milieu du ix° siècle, disent les auteurs byzantins [1], des Persans, chassés de leur pays par des guerres intestines, demandent et obtiennent de l'empereur Théophile un asile dans l'Empire. On les établit en colons sur les bords du Vardar. Ils deviennent chrétiens, mais conservent toujours leurs mœurs militaires et leur vie à moitié nomade. Sous le nom de Vardariotes, ils fournissent à la garde impériale une cohorte qui veille aux portes du Palais. Ces prétendus Persans étaient des Turcs, suivant l'opinion émise par M. Rambaud (*L'Empire grec au X° siècle*, p. 215) et

---

1. Codinus, *De Officiis* (Édit. de la Patrologie, vol. 157), p. 66-75.

généralement adoptée. Il est impossible de limiter l'emplacement exact de leurs colonies.

Les successeurs de Théophile durent accueillir bon nombre de pareils hôtes. En 1065, les Ouzes — tribu turque — passent le Danube, renversent une armée gréco-bulgare, et au nombre de six cent mille [1] inondent la péninsule jusqu'à Salonique. En 1123, c'est une autre tribu que les Byzantins appellent Patzinaks : de leurs cantonnements entre le Dniéper et le Danube, ils passent incessamment de ce côté du fleuve et courent jusqu'à l'Archipel [2]. En 1243, nouveaux Turcs sous le nom de Komans, Ouzes ou Oghouzes, qui viennent raser en Macédoine ce que les Bulgares et les Croisés latins avaient laissé debout.

La politique des Byzantins, à l'endroit de ces envahisseurs, fut toujours la même. Ces masses flottantes étaient divisées en un grand nombre de hordes, les Ouzes de 1065 en 8, les Patzinaks de 1123 en 12. Ces hordes tiraient chacune vers son intérêt ou sa fantaisie. Les négociateurs byzantins amenaient sans peine la désunion de cet agrégat de familles et de clans. Les tribus restées hostiles étaient peu à peu exterminées ou réduites en esclavage. Les autres, prises à la solde de l'empire, étaient transportées à Constantinople ou établies sur des terres en friche, et fixées.

Ce fut la Macédoine qui presque toujours servit

---

1. Jean Skylitzès (Éd. de Bonn, à la fin du 2ᵉ vol. de Cedrenus), p. 654-656.
2. Nicetas (Ed. de Bonn), p. 20-21.

à ces établissements. L'Église et le fisc y possédaient des domaines étendus, des biens confisqués autrefois aux races slaves ou des terres sans possesseurs après la chute de l'empire latin et du second royaume bulgare. Ravagée et dépeuplée par les invasions continentales et maritimes, orientales et occidentales, la Macédoine offrait tous les demi-siècles, après le passage des Bulgares, des Latins, des Serbes, des Albanais et des Valaques, ses grandes plaines à la colonisation. Nous avons déjà vu comment les Persans de Théophile devinrent des *Vardariotes*. Les Ouzes furent envoyés sans doute dans la plaine d'Okhrida, où Anne Comnène signale des colonies turques antérieures au règne de son père (1081). Les Patzinaks reçurent les champs de Karaferia, témoins de leur défaite. Les Komans furent dispersés, partie en Thrace et en Macédoine, partie en Asie Mineure, sur les bords du Méandre et dans la Phrygie [1].

Quand aux XIVe et XVe siècles les Turcs ottomans envahirent la Macédoine, ces avant-gardes turques subsistaient-elles encore? Avaient-elles été assimilées par les races voisines?... Il est probable qu'au milieu de populations différentes, elles avaient peu à peu disparu. Païennes et non encore mahométanes, elles avaient aussitôt embrassé le christianisme, premier pas vers l'hellénisation. Puis, attirées par les charmes d'une civilisation plus molle, elles avaient quitté leurs habitudes nationales, leur langue. Nous savons par

---

1. Nicéphore Grégoras, Éd. de Bonn, p. 36.

les auteurs que plusieurs fils de ces Komans devenus sénateurs de Byzance occupèrent de hauts emplois à la cour, et que rien, pas même leurs noms, ne les distinguait plus du Byzantin, fils et petit-fils de Byzantin. Ce premier apport de sang turc fut donc partagé entre toutes les populations macédoniennes. Cependant Pouqueville [1] semble prétendre que des restes de ces premiers Turcs subsistaient au début du siècle dans le sud du lac d'Okhrida, reconnaissables par leur type et par les Évangiles en langue mogole qu'ils avaient conservés. Mais cette découverte, dont son auteur lui-même paraît bien peu sûr, n'a jamais été confirmée. Il nous suffira de savoir que plus d'un Macédonien, bon Chrétien, et bon Slave ou bon Hellène, a dans ses veines infidèles du sang turc, du sang de ces cornus de Turcs! La politique des races devrait, en fin de compte, reconnaître au Grand Seigneur représentant de la race turque autant de droits et aussi véridiquement historiques sur la Macédoine, qu'aux Hellènes, aux Serbes et aux Bulgares.

***

Les Turcs que nous rencontrons aujourd'hui à l'ouest du Vardar sont venus pour la plupart d'Anatolie. Les premiers arrivèrent par mer. En 1331, soixante-dix vaisseaux du bey de Karasi jettent sur la côte de Salonique des bandes qui vont piller Karaferia. En

---

[1]. Pouqueville, *Voyage de la Grèce*, III, 74.

1343 et 1352, nouvelles descentes. Suit la grande conquête avec les invasions des Mourads et de Bajazet : vingt ans ne sont pas écoulés que toute la Macédoine est soumise (1370).

Les Sultans établirent leurs soldats dans ce nouveau domaine, de la même manière et pour les mêmes raisons que les empereurs byzantins avaient établi les Ouzes et les Komans. Bajazet apporta même des Turcs Seldjouks de Koniah, d'où le nom de Koniarides donné par les voyageurs aux Turcs macédoniens. Puis des tribus mogoles, qui erraient au nord du Danube, lui ayant demandé, comme autrefois aux souverains de Byzance, l'entrée dans l'empire, Bajazet les accueille en frères, fait massacrer leurs chefs, dont il soupçonne une conspiration contre son autorité, et Mourad II cantonne ces *Scythes* dans la plaine inférieure de l'Axios.

De Bajazet et de Mourad, date le partage de la Macédoine en grandes et petites terres féodales, *timars* et *ziamets*, origine de la grande propriété des beys et des pachas actuels. Bajazet multiplia ces fiefs dans la Macédoine méridionale et en Thessalie, sur les frontières de son Empire. Astreignant en effet leurs possesseurs au service militaire et à l'entretien de troupes réglées, ces fiefs assuraient au Sultan une armée toute prête pour l'invasion ou la défense des frontières grecque et épirote. Le Pinde fut longtemps pour la Turquie une véritable limite. Longtemps, l'Albanais demeura tout à fait indépendant et jamais la race turque ne franchit cette frontière. Avant Ali de Tebelen, en somme, l'autorité de la Porte au delà du Pinde était nominale : les *timars* et les *ziamets* de Macédoine représentaient dans l'Empire ottoman les *Marches* du Saint Empire.

*
* *

La race turque forme à l'ouest du Vardar deux taches principales.

L'une, dans la plaine maritime du fleuve, a pour centre Yenidje-Vardar, pour limites à l'est et au sud le Vardar et le Karasmak, à l'ouest et au nord la Moglenitza et les pentes des monts Pajik. La fertilité de cette plaine attira tout naturellement le Turc laboureur : le tabac de Yenidje est célèbre dans toute la Turquie.

L'autre tache, beaucoup plus étendue, est de forme presque carrée. Ses limites orientales iraient de Vodena au nord jusqu'au mont Kapha ou Labanitza au sud; ses limites occidentales, du coude de la Vistritza vers Domenitza, jusqu'à Banitza dans la plaine de Monastir. Cette colonie militaire gardait ainsi les passages de Vodena et de Verria entre l'est et l'ouest, et la grande route Nord-Sud de Monastir à Larissa. Au bord de cette route, des sortes d'avant-postes débordent vers le nord et montent jusqu'à Monastir par Florina, Kletsina, Lesec; de même vers le sud, les îlots turcs d'Elassona et Tirnavo unissaient autrefois les Turcs de Servia au groupe très important de Larissa et de Thessalie.

Entre les quatre angles de Vodena, Labanitza, Domenitza et Banitza, toute la population et tout le pays ne sont pas turcs. Les conquérants n'ont pris que les meilleures terres, les plaines et les rives des fleuves, abandonnant la montagne au Chrétien. Même dans la plaine, le paysan chrétien est resté attaché au sol pour le service de l'aga ou du bey. Au milieu des hameaux, le plus souvent chrétiens, les Turcs se sont groupés dans les bourgs ou les villes : Servia, leur plus grand centre, Velvendos, Veria, Niausta, Vodena, Kailar, Dchouma et Koshani. Encore ces bourgs et ces villes ne leur appartiennent pas entières. Pour le commerce et l'industrie ils ont bien dû supporter l'existence de quelques Chrétiens, puis l'invasion ou la concentration d'Hellènes et de Valaques : Servia est chrétienne au tiers, Verria et Niausta à moitié, Vodena et Koshani aux trois quarts.

Dans tout le reste de la Macédoine, il n'existe pas d'agglomération turque comparable à celles que nous venons de décrire. Les Turcs se sont dispersés à travers le pays, se fixant par petits groupes, soldats ou laboureurs, soit aux points stratégiques, soit au centre des terres les plus fertiles.

La ligne du Vardar et de la Morava est ainsi bordée de sentinelles isolées : du sud au nord, Asiklar, Boimitza, Majadala, Pardovitza, Gradec, Gradsko, Veles, Uskub, Koumanovo. De même, les places qui gardent les frontières ou commandent l'intérieur : au nord, Pristina, Ipek et Prizrend ; à l'ouest, Okhrida, Strouga, Kastoria et Grevena ; à l'intérieur, Prilip et Monastir. Mais ces stations militaires, occupées le jour de la conquête, ne sont plus tenues aujourd'hui, comme à Strouga et Okhrida, que par quelques survivants qui s'apprêtent, eux et leurs fils, à la retraite : déjà ils se retirent un à un, vers les grandes villes, auprès des gouverneurs, des préfets et des armées de Sa Hautesse. Pareillement, les beys ou agas propriétaires de champs féodaux émigrent ; on peut rencontrer les derniers aux environs de Monastir ou dans la vallée de Kastoria. Sauf Monastir et sa plaine, Veles et son confluent de fleuves, la Macédoine du Nord se vide peu à peu de Turcs. Encore, près de Veles, les Turcs ont-ils déjà repassé le fleuve et planté, pour quelques générations, leurs huttes de terre entre le Vardar et la Bregalnitza.

∗
∗ ∗

Les causes qui dans tout l'Orient ont travaillé à l'extinction du Turc, ont agi aussi fortement sur la Macédoine. Elles auraient triomphé et, depuis longtemps, fait place nette, si diverses autres forces d'effets contraires ne les eussent combattues. L'armée et la religion, le service d'Allah et du Sultan, surtout les malheurs de l'Empire ramènent sans cesse de nouveaux Turcs dans ce pays.

Les vingt ou vingt-cinq mille hommes qui composent officiellement le corps d'armée de Monastir (Troisième Corps) sont tirés de l'Anatolie. De tout temps, la Porte a cru politique d'envoyer ses Albanais en Syrie ou au Fezzan, et ses Asiatiques sur les frontières d'Europe. Les vilayets d'Aidin et de Koniah fournissent au recrutement du Troisième Corps. Ces Turcs d'Anatolie ne sont en Europe que de passage. Mais ce passage dure toujours sept ans au moins, et j'ai connu à Denizli, Dineir et Ouchak, dans la vallée du Méandre, de malheureux paysans que l'incurie des bureaux, la négligence ou le mauvais vouloir des chefs avaient retenus douze ou quatorze ans sous les drapeaux. Ils avaient servi leur temps d'abord, puis le temps de camarades dont quelque bakchich avait amené la libération précoce...

Un soldat — même un soldat turc avec les mœurs particulières aux casernes du Grand Seigneur — ne reste pas douze ans dans un pays sans y laisser des traces, sans un faux ménage ou même un ménage régulier à la facile mode turque. Et quand cet homme, à peine reparti, est remplacé par un congénère, le compte au bout de cinquante ans ne doit pas être négligé. En outre un grand nombre de ces Anatoliotes pris par de nouvelles habitudes demeurent, une fois libérés, dans ces villes pour eux européennes. Ils dédaignent le foyer lointain, les grandes plaines inondées l'hiver et brûlantes l'été. Ayant eu au milieu de ces populations chrétiennes les privilèges du Mahométan et du porte-sabre, ils ne veulent plus de la terre musulmane où tous les reins sont égaux sous la courbache et tous les biens égaux sous la griffe du fonctionnaire turc...

Les représentants civils, que la Porte répand en Macédoine, malgré leur grand nombre n'ont eu qu'une influence négligeable. Ce sont des Turcs de Constantinople le plus souvent, c'est-à-dire de race grecque, arménienne ou géorgienne par leurs mères et toutes leurs aïeules. Et ils passent éphémères comme leurs protecteurs ou comme les bakchichs qui leur ont valu leurs places. Un préfet est nommé à Koshani ou Kastoria. Il n'avait d'autres titres que la recommandation d'un Ministre, d'un Chambellan ou d'un Pacha... Il est d'usage que, chaque mois, il adresse à son protecteur un témoignage palpable de sa reconnaissance. Or son traitement est dérisoire, — quand encore il le touche : le plus souvent il n'est pas payé. Pour vivre, et pour conserver la bienveillance de son patron, ce préfet doit *manger*, abuser adroitement de son autorité absolue. L'*Art de Manger* en Turquie pourrait s'écrire en trois chapitres : *Routes*, *Justice*, *Dîmes*. Tous les préfets n'ont pas l'aubaine d'une route à construire. La justice souvent est rendue difficile ou d'un maigre rapport, par la présence de consuls européens ou d'évêques grecs et bulgares. Plus souvent encore, les dîmes ne rendent que le taux fixé par le gouvernement, surtout dans ces pays de grande propriété, où les beys et agas musulmans savent défendre leurs droits. Le préfet grappille, sans pouvoir s'enrichir et sans contenter son Ministre ou son Pacha. Un concurrent demande la place, en promettant mieux. Notre homme est révoqué. Comme il s'attendait à un pareil sort, il ne s'était pas installé dans sa préfecture. Il était venu seul, laissant à Constantinople son harem. Il campait dans une des chambres du *Konak* : ce nom, d'allure militaire et qui sonne le nomade, va bien à ces maisons de terre et de bois, où des Turcs en bottes et en uniformes, accroupis sur leurs divans graisseux, signent des chiffons de papier, en buvant du café et fumant des cigarettes. Le successeur agit de même. Cinquante préfets passent ainsi. Leurs noms demeurent quelquefois dans les contes et les chansons locales, quand ils se sont distingués par quelque beau meurtre ou quelque riche procès. Mais rien d'autre ne rappelle derrière eux leur passage.

Il n'en est pas ainsi des imans, muezzins, derviches et autres serviteurs d'Allah dont la province était autrefois couverte. Bajazet et Mourad firent en Macédoine un grand nombre de fondations religieuses. Les beys et pachas, durant les siècles suivants, consacrèrent encore une plus grande étendue de leurs terres. Au temps de Pouqueville, des couvents de derviches bordaient toutes les routes de Salonique à Larissa, de Jannina à Monastir. Les mosquées locales, les ponts, les mosquées de Constantinople ou de Brousse, les couvents de derviches tourneurs et hurleurs possédaient en vacoufs (terres sacrées) un quart de la province. Dans le courant de ce siècle, ces bénéfices ont été sécularisés par le gouvernement, envahis par des Albanais, ou usurpés par les Juifs et les Macédoniens : ils sont allés, pour la plus grande part, grossir la fortune des pachas et des beys. Mais jusqu'au début du siècle, leurs titulaires viagers étaient envoyés par le Scheick-ul-Islam et choisis dans le corps des Oulémas. Ils se recrutaient parmi les Turcs vraiment Turcs de Constantinople, de Brousse, ou même de Koniah, la ville aux derviches. Les quelques vacoufs qui subsistent aujourd'hui amènent encore en Macédoine, dans le sud principalement, tout un personnel clérical, avec femmes, enfants, familles complètes, et c'est un nouvel appoint qui compense les pertes journalières de la Turquerie indigène.

Mais tous ces apports religieux, civils et militaires, ne sont point à comparer avec la masse turque que les dernières guerres ont poussée en Macédoine. La plaine de Thessalie était autrefois peuplée de Turcs. Larissa et Tricala étaient des villes turques. Après l'annexion de la Thessalie à la Grèce, toute cette population émigra. La Porte établit une portion de ces Mohadjirs (émigrés) autour de Brousse et de la mer de Marmara. Mais la plupart, — les riches surtout, ceux qui possédaient des biens à cheval sur l'Olympe, en Thessalie et en Macédoine, — vinrent s'adjoindre au groupe turc de Servia. On parle de trente ou quarante mille hommes émigrés ainsi. De fait, la Thessalie est aujourd'hui déserte.

A ce courant, irrésistible d'abord, succéda une réaction, un mouvement de retour, que le gouvernement grec suscita par son respect des mosquées et des vacoufs, par des négociations avec les imans et les beys, et qu'il favorisa de tout son pouvoir. Quelques émigrés repassèrent la frontière. On vit et l'on entendit un Turc à la tribune du parlement grec... Une contre-réaction est en cours. Le Turc étouffe en terre chrétienne, malgré la sécurité et même la protection dont peuvent l'entourer les autorités grecques. « Nous ne trouvons pas à marier nos filles », me disait un Turc de Larissa.... et c'est l'un des principaux motifs de l'exil pour ces musulmans respectueux, à qui le Prophète interdit de donner leurs filles aux Infidèles. La Macédoine héritera tôt ou tard des derniers Turcs thessaliens.

*
* *

Resterait à évaluer la population turque de la Macédoine. La tâche est à peu près impossible. Presque toutes les statistiques officielles et privées réunissent dans leurs colonnes les Turcs aux autres Musulmans, — et avec raison. Ce sont, en effet, nos théoriciens d'Europe qui ont inventé la question de races dans la péninsule balkanique. Autrefois, la seule religion différenciait le Musulman du Chrétien : et comme le Patriarche grec était chef de la communauté chrétienne, et le Sultan chef de l'Islam, tous les Chrétiens étaient des Grecs, tous les Musulmans des Turcs. Les dissensions dans la communauté chrétienne ont créé les disputes entre Hellènes et Bulgares. Mais dans l'Islam rien ne trouble encore l'union d'autrefois. L'élément turc a toujours été soutenu en Macédoine par les Albanais et les Macédoniens mahométans. — Nous employons ce mot de Macédoniens pour ne rien préjuger : les Serbes peuvent le traduire par Serbes, les Bulgares par Bulgares et les Grecs par Hellènes, suivant l'usage de leurs statistiques; l'intérêt pour le moment n'est pas à ce mot-là. — Aux Albanais et aux Macédoniens il faut ajouter six à sept mille Circassiens (Tcherkesses) émigrés de Russie et que le gouvernement turc a lâchés dans les plaines, et quelques milliers de Tartares nomades (Yourouks, *marcheurs*).

Il est facile de prévoir en quel lieu nous aurons à signaler des Albanais et des Macédoniens mahométans. Contraintes d'abjurer le christianisme après la conquête ou durant les siècles qui suivirent, — surtout aux XVIIe et XVIIIe siècles, — ces populations habitent des endroits ouverts à la tyrannie du vainqueur, et possèdent des terres dont le salut valait bien une circoncision. C'est en effet dans les plaines que se sont formés trois groupes principaux de Musulmans : au nord, dans le bassin de Prizrend-Pristina, et dans la vallée des Drins noir et blanc ; à l'ouest, sur les plateaux autour de Gortcha ; à l'est, tout près du Vardar.

Le groupe de l'est est contigu aux Turcs de Yenidje-Vardar et de Vodena. Il remplit les vallées supérieures de la Moglenitza et de ses affluents, remonte vers le Vardar le long de la Botsova et s'étend sur les deux rives du fleuve de Gradec à Gradzko. Ces Mahométans parlent encore le slave, sauf quelques villages dans les environs de Vodena où le valaque est la langue familière : c'étaient donc primitivement des Chrétiens slaves.

A l'ouest, autour de Gortcha, ce sont des Albanais, tombés de leurs montagnes et répandus dans le bassin supérieur de la Devol, entre la rive méridionale des grands lacs au nord, et le cours du Ljumi de Bérat au sud. Pouqueville raconte comment ces Albanais avaient forcé à l'islamisme des populations helléniques autour du lac de Maliki, et des Slaves sur le lac d'Okhrida. Toujours en progrès, ils ont débordé de leurs plateaux en enfilant la vallée de la Vistritza, et gagné de proche en proche tout le long de cette rivière, jusqu'aux monts de Thessalie. Ils se sont établis dans les bourgs, de Gortcha à Grévéna : Kroupista, Lapchista, Kastoria. Sur leurs terres usurpées, ils n'ont pas toléré le christianisme et les paysans ont dû se circoncire. Les campagnes de Grévéna et d'Anaselitza sont encore habitées par des Musulmans parlant grec : les Chrétiens les désignent ordinairement sous le nom de *Vahallahadais (Va Allah! je jure par Allah)*. La conversion n'a changé que les églises en mosquées. Les mœurs et tous les mots de la langue sont demeurés grecs. Ces Vahallahadais jurent aussi bien par la Vierge que par le pain, *ma to psomi, ma ti panagia*. Leurs imans ne savent de turc que ce qu'il faut d'arabe pour crier du minaret: *La Ilaa Illa'llaou. Il n'y a qu'un Dieu et Mahomet est son prophète*. Encore ai-je entendu raconter que plusieurs de ces imans, les plus vieux, criaient tout simplement en grec comme aux belles années d'autrefois, alors que le Turc était moins exigeant : « *C'est midi* » ou « *C'est le soir* ». *Mesimeri... Vradi!...*

Grâce aux Albanais de Gortcha, aux Turcs de Vodena-Servia, aux Slaves de la Moglenitza et aux Turcs de Yenidje, la Macédoine possède un véritable rempart de Musulmans vers le sud, un rempart continu depuis le Vardar jusqu'aux monts d'Albanie.

Le nord de la province est de même protégé. On peut dire en effet que le troisième groupe musulman occupe tout le nord de la Macédoine depuis Uskub, Kalkandelen et Dibra jusqu'aux frontières de l'empire. Albanais et Slaves mélangés, il est impossible de faire le partage. Les Albanais pourtant dominent par la force du nombre et du sabre. Il est bien entendu qu'entre ces limites très larges tout n'est pas musulman : la montagne, comme dans les terres turques, est restée au Chrétien, et souvent les champs de la plaine, mais sous redevances et à titre locatif en quelque sorte. La carte religieuse du vilayet de Kossovo serait en même temps une carte physique, tous les endroits inaccessibles étant peuplés de Chrétiens, toutes les vallées, plaines, lieux ouverts et cultivables, peuplés de Musulmans. Les villes, Prizrend, Ipek, Pristina, sont toutes au Prophète.

Entre ces murailles musulmanes, dressées aux limites de la province, l'exemple d'Elbassan sert à nous expliquer pourquoi, dans chaque bourg et ville de l'intérieur, nous aurons un quartier de beys et d'agas musulmans. Toute la propriété en Macédoine est entre des mains mahométanes. Pour le vilayet de Monastir, la carte devrait être criblée de petits trous d'Islam sur le fond chrétien du pays. Monastir d'abord, Prilip, Kitchevo et Florina, sont les principaux centres d'attraction...

L'intérêt, qui a poussé ces anciens Chrétiens vers la mosquée, les tient encore au Turc, et ce lien est plus fort que les grandes et belles théories de races et de nationalités. Mais en sera-t-il toujours ainsi ? Et d'abord l'Albanais...

°

Dans notre voyage de l'Adriatique jusqu'à Monastir, nous avons vu ce que l'Albanais demandait à l'Islam. C'est moins l'amour de la terre que le désir du sabre, des broderies d'or, des honneurs, de la puissance, qui l'a entraîné. « Là où est le sabre, là est la foi. » Le premier privilège que l'abjuration ait acquis aux Albanais, est le droit de se tuer les uns les autres, et de traiter à l'occasion les autres races comme des congénères. Le gouvernement turc est impuissant à maintenir un ordre quelconque dans le vilayet de Kossovo. Slaves et Albanais, Chrétiens et Musulmans ne vivent que pour la guerre de clan à clan, de village à village, de maison à maison. Dans cette belle anarchie, l'Albanais pousse et se développe comme un palmier en serre chaude : ils ont rencontré la terre et le climat le plus conformes à leurs besoins. De Scutari et de Dibra, quelque bande monte chaque été là-haut, vers Diakovitza, au bord de la grande plaine, d'où l'on perçoit le bruit de la poudre ou l'odeur des moissons brûlées ; on peut se diriger ensuite vers le point où des cœurs solides et des fusils adroits seront le mieux payés. Tout le pays que les Serbes appellent Vieille Serbie est inondé, couvert d'Albanais. Les cartes serbes sont obligées de semer des taches albanaises tout le long de la frontière du royaume, à Orlaw, Podujewo, dans la vallée entière du Lab. — La Porte a la vertueuse intention d'établir dans toutes les petites villes du nord un représentant, caïmacan ou moudir, avec gendarmes et mission de désarmer tous les particuliers, Chrétiens ou Musulmans. Il faudra, pour venir à bout de cette tâche, autre chose que des firmans et des papiers écrits. Mais on paraît décidé à recourir aux bons moyens. On veut donner tort aux journaux autrichiens qui depuis un an mènent la campagne des *atrocités* en Vieille Serbie. L'expédition de Dibra est le premier effort. Les troupes rentrent victorieuses à Monastir. Les Dibres sont soumises...

Si, par malheur pour elle, la Porte réussit de même dans tout le vilayet, il faut prévoir de grands changements en Macédoine. Ce malheureux gouvernement turc perd toujours ses provinces, non par ses fautes, mais par ses vertueuses intentions. La Turquie, sans les réformes européennes, aurait pu vivre des siècles, vivre à la turque, ce qui n'est pas sans doute vivre à l'européenne. L'Europe a voulu que la Turquie mourût à l'européenne et la Turquie obéit. L'Europe veut aujourd'hui que le vilayet de Kossovo ait des préfets, des sous-préfets, des gendarmes... L'Albanais ne restera pas longtemps à l'Islam. En secret, il a conservé la religion de ses pères. Les environs de Prizrend sont peuplés de faux Musulmans qui voilent leurs femmes, circoncisent leurs enfants, fréquentent la mosquée, et, devant l'autorité turque, ne boiraient pas, même pour obtenir la tête d'un ennemi, un seul verre d'eau dans les plus chaudes journées du Ramazan. Mais à la mort de leur père, à la naissance et au mariage de leur fils, ils font venir de Monastir, d'Alessio ou de Scutari des prêtres catholiques, un missionnaire jésuite ou lazariste, et toute la famille reçoit les sacrements. Le jour où il ne leur sera plus utile de garder le voile sur la tête de leurs femmes et les dehors musulmans sur leur vie, la Porte aura rendu au catholicisme et tourné vers l'Autriche, l'Italie ou quelque autre puissance catholique, une province qui, musulmane, est aujourd'hui la meilleure défense de son Empire contre l'Européen.

Cet avenir des Albanais musulmans apparaîtra certain si l'on se reporte par l'esprit aux événements de 1878-1881, aux ligues albanaises, au congrès de Prizrend, ou si maintenant nous descendons au sud dans l'Islam de Gortcha. Là, une tranquillité, une égalité entre Chrétiens et Musulmans, toutes relatives, ont couronné les vertueux efforts du gouvernement... Un parti *albanophrone* fut aussitôt fondé, sous les beys et les familles féodales, parmi les Chrétiens et les Musulmans : « il fallait songer à l'Albanie, aux pères albanais ; la religion n'était pas en cause ; chacun prierait son Dieu, par le Christ ou le Prophète, mais dans la langue commune des aïeux ». L'albanais n'avait jamais été écrit qu'en caractères grecs ou turcs. Patois méprisé, il n'avait ni alphabet, ni grammaire. Vers 1884, il fut doté de ces deux organes indispensables. Les livres s'imprimaient à Constantinople ; un dictionnaire s'achevait ; la Porte envoya tout ce papier au pilon...

*
* *

Quant aux autres Musulmans, Slaves, Valaques ou Hellènes, ceux que nous appelons Macédoniens, leur conversion et leur adhésion à l'Islam ont été plus complètes. Sauf la langue, ils ont adopté toutes les habitudes, toute la vie des Turcs. Leur fidélité au Khalife semble inaltérable. On trouverait parmi eux un grand nombre de ces *Mohadjirs*, autrefois établis en Bosnie ou en Thessalie, et qui ne voulurent plus habiter ces provinces devenues chrétiennes : comme le Turc, ils émigrèrent. Aujourd'hui encore, dans les bourgs ou les villes que le Turc abandonne, les Macédoniens ne demeurent pas longtemps : ils se concentrent, peu à peu, autour des grandes villes, Uskub, Prizrend et Monastir.

Certaines crevasses montrent pourtant que sous cette fidélité on pourrait retrouver un cœur de bois tout différent du placage. Au dernier conseil du vilayet, deux beys Pomaks (Musulmans slaves) de Prilip s'entretenaient en slave devant le gouverneur. Son Excellence leur fit traduire par son drogman qu'il les trouvait impolis d'abord, mauvais Musulmans en outre, d'employer cette langue bulgare, ennemie du Prophète et inconnue de Son Excellence. « Nous parlons notre langue, ont répondu les Pomaks ; nous aussi, nous sommes Bulgares. » On me dit qu'à Pristina et Ipek, quelques beys tiennent un pareil langage.

Les Macédoniens n'imaginaient jusqu'ici que deux états sociaux, le christianisme et l'islam, l'islam étant la puissance, la richesse, la grande propriété, et, dans l'anarchie, la liberté. Ils commencent à prévoir que l'anarchie disparaîtra, que les biens et les titres féodaux seront respectés par le Serbe, le Bulgare ou le Grec, comme ceux de Thessalie, de Roumélie et de Nisch ont été respectés... Les statistiques pourront dans quelques années séparer les Turcs des autres Musulmans. Les chiffres d'aujourd'hui ne sont qu'approximatifs.

M. Goptchevitch, dans son livre *Macedonien und Alt Serbien* (Vienne, 1889), donne cependant le tableau suivant des populations musulmanes.

	Osmanlis, Yourouks.	Slaves.	Albanais.	Tcherkesses.	Tziganes.	Hellènes.
Mitrowitza .	»	4 500	1 000	250	»	»
Voutchitra .	150	6 500	12 000	150	100	»
Pristina	1 200	26 000	4 500	5 500	800	»
Gilan	100	16 500	5 600	300	1 150	»
Ipek	50	25 000	10 700	»	200	»
Diakovitza .	100	18 800	15 000	»	2 500	»
Gousinie ...	»	5 000	2 000	»	50	»
Prizrend ...	1 000	60 000	12 000	»	600	»
Tetovo (Kalkandelen).	300	20 000	7 000	»	600	»
Skopia (Uskub)	2 500	17 000	3 400	»	»	»
Koumanovo.	500	4 500	4 000	»	1 000	»
Total dans le vilayet de Kossovo..	6 900	203 800	77 200	6 200	7 000	»

	Osmanlis, Yourouks.	Slaves.	Albanais.	Tcherkesses.	Tziganes.	Hellènes.
Monastir...	18 000	8 600	11 500	»	450	»
Kitchevo ...	100	6 000	6 000	»	«	»
Prilip	3 000	10 000	3 000	»	1 150	»
Okhrida....	500	15 000	9 000	»	»	»
Dibra	500	5 000	12 000	»	»	»
Tzermonitza.	»	4 600	300	»	»	»
Resnia	»	700	2 000	»	150	»
Presba	»	700	1 200	»	»	»
Florina.....	3 000	9 500	3 500	»	400	»
Kastoria....	2 000	6 000	7 000	»	»	300
Dchouma...	11 500	3 500	»	»	»	»
Koshani	1 000	3 500	»	»	»	2 200
Servia......	5 000	2 300	»	»	100	1 000
Gortcha	200	500	5 000	»	»	»
Total dans le vilayet de Monastir.	44 800	75 600	60 500	»	2 250	3 500
Yenidje [1]...	7 000	1 000	»	»	»	»
Vodena [1]...	6 000	14 000	»	»	»	»
Veria (Karaferia [1]....	3 000	»	»	»	»	»

Avant d'examiner ces chiffres de M. Goptchevitch, je préviens le lecteur que j'ai traduit par *Slaves* le mot *Serben* que l'auteur avait mis en tête de l'une de ses colonnes. Nous verrons plus loin que M. Goptchevitch n'a écrit son livre que pour établir les droits de la Serbie sur la Macédoine. Aussi ne rencontre-t-il pas un Bulgare, et seulement 3 500 Hellènes à l'ouest du Vardar. Nous réunirons ses Hellènes à ses Serbes sous le nom de Macédoniens.

M. Goptchevitch a donc trouvé dans la Macédoine : 85 100 Turcs, Tcherkesses, Tziganes, etc. ;

[1]. Districts du vilayet de Salonique, en deçà du Vardar.

103 200 Albanais ;

297 300 Macédoniens.

En tout, une population musulmane de 485 600 individus. Sa Hautesse le Grand Seigneur a dû être désagréablement surprise : c'est au moins 100 000 sujets que M. Goptchevitch lui ravit.

Le nombre des Musulmans dans la Macédoine occidentale paraît être en effet d'au moins 600 000. Voici les chiffres que j'ai obtenus de plusieurs sources différentes, non officielles d'ailleurs ; ces chiffres m'ont été donnés en nombre de maisons et non d'individus ; suivant l'usage, j'ai compté 5 individus par maison :

Vilayet de Salonique en deçà du Vardar. .	45 000
Vilayet de Monastir.	225 000
Vieille Serbie.	350 000

Nous reviendrons plus loin sur ces chiffres et nous pourrons en détailler les éléments. Je les cite en renvoyant le lecteur, pour la comparaison, au tableau donné par un observateur impartial. A la veille de la dernière guerre turco-russe, M. Stein (*Petermann's Mittheilungen*, 1876) reconnaissait :

Dans le vilayet de Monastir. .	126 000	Mahométans.
—	Gortcha . .	53 000	—
—	Prizrend. .	281 000	—
—	Uskub. . .	110 000	—
—	Dibra . . .	225 000	—
		795 000	—

Les divisions administratives différaient de celles d'aujourd'hui et enclavaient tels et tels districts que nous n'avons pas compris dans notre Macédoine. Les cantons d'Egri Palanka, de Velès et d'Istib, augmentaient d'un très fort contingent la population mahométane du vilayet d'Uskub; de même le pays d'Elbassan et la vallée moyenne du Drin pour le vilayet de Dibra. Par contre, le vilayet de Janina et celui de Salonique enlevaient à la Macédoine les cantons de Grévéna et les districts de Vodena et Yenidje. Ajoutez que depuis les statistiques de M. Stein, les émigrations de Bosnie et d'Herzégovine ont notablement majoré les Musulmans de la Vieille Serbie. Si donc l'on se reporte au chiffre de 600 000 à 700 000 Mahométans que j'ai trouvé pour la Macédoine, on verra que je suis resté fort au-dessous des estimations de M. Stein, quoique fort au-dessus des fantaisies de M. Goptchevitch.

Laissez dans ces 700 000 Musulmans les Albanais et les Macédoniens à qui plus tard nous rendrons leur place. Les Turcs unis aux Yourouks et aux Tcherkesses atteindraient 120 à 130 000 individus, soit : 15 à 20 000 dans le groupe de Yenidje; 50 à 60 000 dans celui de Vodena-Servia; une vingtaine de mille dans la plaine de Monastir dont au moins dix mille dans la ville même; 4 500 à Prilip; 1 500 à Kastoria; 3 000 à Uskub; tout près de 4 000 à Prizrend; un millier à Ipek. Si l'on met encore 7 ou 8 milliers à Pristina, on aura les principales taches d'Osmanlis sur la carte macédonienne. Le surplus, 10 à 20 000 environ, est une poussière semée dans tous les bourgs de la province.

Tels sont du moins les chiffres que j'ai obtenus en additionnant les statistiques détaillées que, ville par ville, un Macédonien m'a remises. D'autres renseignements m'inclinent à penser que le nombre des Turcs est même un peu plus grand. Voici du moins un tableau des Turcs méridionaux qui, dans le seul groupe de Vodena-Servia, nous donnerait tout près de 100 000 individus (5 par maison) :

District de Vodena......	2 500 maisons.		
— Karaferia....	1 800	—	
— Servia	4 200	—	dont près de 2 000 maisons de Mohadjirs.
— Koshani.....	1 450	—	
— Kastoria.....	1 300	—	
— Florina.....	2 800	—	
— Kaliari......	2 000	—	

Ces derniers chiffres me semblent un peu exagérés.

*
* *

Mais quand nous les adopterions encore, la faiblesse des Turcs en Macédoine n'en ressortirait pas moins grande, ni moins grande la nécessité pour la Porte de suivre une politique, qui lui assure à tout jamais l'attachement des Albanais et des Macédoniens musulmans. Réduit à lui-même, le Turc en Macédoine n'est rien. Uni aux autres Musulmans, il est encore et peut longtemps rester le maître. La Porte devrait être convaincue de ces deux vérités; et si l'Europe désire, comme elle semble, maintenir le Turc sur le Vardar, elle doit accepter, elle aussi, les conséquences de sa politique, les anomalies nécessaires, l'administration turque et non européenne d'une province turque.

Je voudrais surtout que l'on se gardât de certaines déclamations. Quand un journal de Pest ou de Vienne organise une campagne contre les *Atrocités* de Macédoine, n'oublions pas que l'intérêt y peut avoir autant de part que la philanthropie. La situation de la Macédoine n'est pas causée par l'incurie de son possesseur actuel, mais par la barbarie des peuples qui s'y pressent. En changeant de maître, ils ne changeraient nullement de mœurs et de façons. Cette barbarie peut avoir ses cruautés et même ses horreurs. Mais, au fond, est-elle plus dure pour les individus que l'absolutisme de nos lois européennes, la complication de nos règlements, la multiplicité de nos obligations gouvernementales et tout le mécanisme de notre vie civilisée? Nous ne pourrions vivre, avec nos habitudes ordonnées, dans cette tempête macédonienne. Mais tous les Albanais et la plupart des Macédoniens étoufferaient aussi dans notre domesticité... Il ne faut pas que les chiens, dit la fable, aient trop de pitié pour les libres loups vivant sans niche et sans collier.

Et si l'on considère l'intérêt général, il est bien certain que cet état de civilisation fait une assez grande consommation de vies humaines, que les individus périssent en grand nombre, victimes des *choses albanaises* ou des *choses turques*. Mais il est non moins certain que tous ces peuples, hellène, valaque, bulgare, serbe, albanais, peuvent subsister, et tout changement en Macédoine amènerait infailliblement la disparition de quelques-uns. Or les individus se peuvent remplacer et, dans la réalité, ils se remplacent facilement et incessamment par les nouvelles générations de ces races fécondes. Mais la disparition d'une race est pour l'humanité un irréparable dommage. C'est une perte que l'on ne peut calculer, mais que l'on ne saurait exagérer non plus, quand il s'agit de ces peuples jeunes au sang tout fumeux encore d'appétits et d'ardeurs, que les premières lampées de civilisation ont enivrés d'espoirs. Qui sait quelle place le sort leur réserve peut-être dans le labeur commun des siècles à venir?

II

LES BULGARES

Le patriotisme chrétien. — La propagande bulgare. — Exarque et Patriarche. — Les écoles et les bérats.

En notre qualité de Français, nous sommes à Monastir les protégés du consul grec. Notre amour-propre national en peut souffrir, mais notre instruction en profite. Nous vivons en compagnie d'Alexandre le Grand, d'Aristote, des vrais Macédoniens. Ce matin, le consul nous lisait le chant de Rhigas, Rhigas le Macédonien, l'hétairiste du siècle dernier, qui voulut soulever les Provinces Danubiennes et mourut livré par l'Autriche au bourreau turc :

> Souliotes et Maniates, lions de gloire,
> Tigres du Montenegro, aigles de l'Olympe,
> Vautours de l'Agrapha, ne soyez plus qu'une âme!
> Braves Macédoniens, levez-vous tous ensemble,
> Et vous, frères chrétiens de la Save et du Danube,
> Allons tuer les loups qui nous oppriment
> Et qui osent tyranniser des Hellènes...

Il fut un temps où, du Matapan au Danube et de l'Adriatique à la mer Noire, *Chrétien* et *Hellène* étaient deux mots synonymes. Les aigles du Magne et les tigres du Montenegro, les vautours de la Save et les Macédoniens acceptèrent le nom de Grecs, longtemps encore après la mort de Rhigas (1797) dont nous venons de citer les vers. Autour de Belgrade, un peuple serbe avait tenté de se former. Mais ce parti n'avait guère trouvé d'adhérents en dehors de quelques familles féodales et de leurs clans. Jamais l'idée serbe n'était sortie du pays proprement serbe ou bosniaque. Sur tout le reste de la péninsule, le Patriarcat avait jeté, par ses évêques grecs, un filet d'hellénisme : le Musulman était turc, le Chrétien était grec.

> Bulgares et Albanais et Serbes et Roumains,
> Épirotes, Insulaires, d'un seul élan,
> Tirez le sabre pour la liberté...
> L'Hellade vous ouvre tout grands ses bras,
> Pour vous donner la vie, l'honneur et la gloire.

Il est superflu de discuter aujourd'hui si cette union hellénique était ou n'était pas plus favorable à l'avenir de la civilisation et de la paix européennes.

*
* *

Dans le courant du siècle dernier, un Macédonien avait eu le pressentiment d'un autre patriotisme. Au fond de son cœur hellénisé, il avait retrouvé le souvenir de sa race et l'orgueil de sa nationalité : « Moi Paisy, prêtre régulier et proigoumène de Khilendar [1], j'ai composé et écrit ce livre et je l'ai transporté de la

---

1. Monastère de l'Athos.

langue russe dans la langue bulgare. J'étais dévoré de regrets et je pleurais sur mon peuple bulgare... Souvent les Grecs et les Serbes nous insultaient en disant que nous n'avons pas d'histoire... Je n'ai pas tenu compte des douleurs de tête qui m'ont longtemps poursuivi et des souffrances que j'endurais, et cela à cause du regret qui me dévorait. Et j'ai réuni à grand' peine les souvenirs de plusieurs siècles ensevelis et oubliés [1]... »

C'est ainsi que, vers 1762, Paisy terminait son Histoire Slovène-Bulgare des Peuples, des Tsars et des Saints de la Bulgarie.

On sait comment la Russie se chargea de recueillir cette étincelle. Des universités russes, sortirent pendant quarante ans les apôtres du nouveau patriotisme slave. A Paisy succéda Veneline (1802-1839), puis Aprilow et les disciples de ce dernier. L'Europe ne commença qu'en 1840 à connaître le nouveau peuple par le livre de Cyprien Robert, *Les Slaves de Turquie*. L'œuvre d'érudition et de restauration historique se poursuivit vingt ans encore; mais après la guerre de Crimée, en 1857, on en put voir tout à coup les premiers effets.

Le Hatt-Houmayoun de 1856 avait, dans son second article, ordonné une enquête sur la situation et les privilèges des Chrétiens de l'Empire, et sur leur organisation en communautés. Tous les Chrétiens orthodoxes de Turquie formaient encore la communauté

---

[1]. *Histoire des littératures slaves*, de Pypine, traduction par Denis Leroux, Paris, 1881.

grecque ; mais la tyrannie du haut clergé grec semblait insupportable aux autres races. Le Patriarcat — les véritables intérêts de l'Église l'occupaient moins peut-être que son patriotique souci d'helléniser tous ses fidèles — le Patriarcat réservait les dignités et tous les bénéfices à des Hellènes purement Hellènes, ou à des Slaves hellénisés. Des prélats grecs occupaient tous les sièges épiscopaux et métropolitains de la péninsule. Leur conduite rien moins que vertueuse, leur administration rien moins que canonique, surtout leur avidité et leur avarice, grands défauts des gens d'Église, avaient abusé de tout. Malgré leur persécution systématique du slavisme, des livres, de la langue et même des personnes, leur simonie avait vendu la prêtrise à un grand nombre de Slaves. En Bulgarie surtout, le bas clergé tout entier était indigène et, de ce bas clergé, quelques hommes s'étaient élevés à des honneurs plus hauts. Soit que leur mérite ou leur influence les imposât au mauvais vouloir du Patriarche, soit qu'ils eussent appelé à leur aide des moyens plus pratiques, l'intrigue et la corruption, quelques-uns étaient devenus évêques ou abbés. Ce furent ces prélats bulgares qui organisèrent la résistance contre le Patriarcat.

Quand, en 1857, le Patriarche rassembla les délégués de toutes ses provinces, les Bulgares demandèrent à se séparer en Église et Communauté indépendantes. Le Patriarche protesta, invoquant les privilèges accordés à son siège par Mahomet II. La Porte penchait pour les Slaves que soutenait la Russie. Mais elle n'osait ouvertement prendre leur parti : leur triomphe aurait peut-être été mal vu de la France et de l'Angleterre. Un rapport du Grand Vizir avait constaté la tyrannie du haut clergé grec, dont se plaignaient les peuples : « Parmi les abus que j'ai constatés, je crois de mon devoir d'en signaler un qui demande une répression prompte et efficace, je veux parler de la conduite peu édifiante de quelques-uns du haut clergé grec en Roumélie... Je ne puis m'empêcher d'avancer, qu'il y en a qui méconnaissent la nature de leur mission religieuse et se livrent à des abus indignes en tous points du caractère dont ils sont revêtus [1]. »

Mais la lutte devait durer dix ans encore entre le Patriarche et les Bulgares (1860-1870). La patience des Slaves était à bout. D'eux-mêmes, ils seraient allés au schisme. Les menées européennes précipitèrent le mouvement. D'une part la France, et d'autre part les Russes travaillaient contre le Patriarche.

Les Jésuites et les Lazaristes français de Constantinople rêvèrent une merveilleuse conquête pour la papauté. Ils firent entrevoir aux Slaves l'espérance d'une communauté et d'une vie nationales, que la France leur obtiendrait après leur adhésion au siège de Rome. De son côté, l'ambassade française espérait dans la Bulgarie catholique le meilleur rempart entre Constantinople et la Russie. On entreprit de catholiciser les Slaves par des missionnaires slaves, par des prêtres polonais. On fonda des missions dans toute la Turquie européenne. C'est en 1859 que nos Lazaristes

1. Rapport du Grand Vizir Mehemet Kiprioli au Sultan (*Arch. diplomatiques*, 1861, p. 160).

s'établirent à Monastir. On réussit d'abord. Les conversions avaient atteint le chiffre de 14 000 et, le 9 juin 1861, la communauté *bulgare-unie* était reconnue par la Porte. Mgr Sobolski, ancien igoumène d'un monastère bulgare, avait reçu du pape la consécration épiscopale dans la chapelle Sixtine, le 14 avril : il devint le chef de la nouvelle communauté.

Mgr Sobolski administra pendant une semaine les Bulgares catholiques : le 18 juin 1861, il disparaissait emportant la bulle du Pape, le bérat du Sultan et les présents de la France. Jamais personne ne le revit. Jamais on ne connut sa retraite ni sa fin.

La conversion des Slaves au catholicisme s'arrêta brusquement. Ils revinrent aux Russes et aux demandes d'Église autocéphale. Deux évêques de race slave, Auxentios et Hilarion, dirigeaient le mouvement. Excommuniés par le Patriarche (décembre 1860), ils avaient répondu dans un long manifeste (janvier 1861). Le Patriarcat, ému des apostasies catholiques, paraît alors céder et, comme gage de conciliation, offre la création d'un séminaire bulgare, d'évêques bulgares, et le concours de la population bulgare dans l'élection de ces évêques (25 février 1861). Mais, soutenus par la Russie, Hilarion et Auxentios refusaient tout. Un concile les excommunie (mars 1861) et les exile dans les îles des Princes. La Porte, que toute cette dispute fatigue et qui n'aime pas tant d'agitation parmi ses sujets et surtout parmi ses Chrétiens, les déporte l'un à Koniah, l'autre à Volo (mai 1862). Mais la patiente Russie obtient leur rappel à Ortakeui (1864).

Elle travaille en Bulgarie. Elle fait signer par les Bulgares et remettre au Sultan une demande formelle d'Église autonome (décembre 1866) : l'évêque grec de Tirnovo est chassé par ses prêtres (avril 1867).

Enfin, en mai 1867, le « Comité secret central bulgare » ose poser au Sultan l'ultimatum : 1° la Bulgarie aura une administration indépendante et le Sultan prendra le titre de roi des Bulgares; 2° la Bulgarie aura son Église, son synode et son patriarche de Tirnovo. Pour appuyer cette simple demande, des bandes armées surgissent; profitant de la révolution crétoise, les Bulgares menacent de franchir en armes les Balkans...

C'était en effet au nord des Balkans que les agents russes avaient le plus tôt suscité le patriotisme slave. En Macédoine, les premiers essais de conversion ne datent que de 1865. Petko Rojcov Slavejkov fonde alors à Constantinople son journal *la Macédoine*. « C'était un des journaux les mieux faits de tous ceux qui se publiaient dans la Bulgarie turque et l'un des plus lus. Il s'efforçait, autant que le permettait la censure, de travailler au succès de la cause nationale. Il essayait de réveiller le sentiment patriotique chez les Bulgares de Macédoine, parmi lesquels l'influence phanariote était encore entière et la grécomanie à l'ordre du jour. Slavejkov insérait dans son journal, à côté d'articles bulgares, des articles *écrits en grec*, ou même des articles en slave, mais en dialecte macédonien et composés avec des caractères grecs, parce que nombre de Bulgares en Macédoine, surtout ceux qui avaient un certain âge, ne connaissaient pas l'alphabet slave [1]. »

En Macédoine comme en Bulgarie, le terrain avait été préparé de longue date par les exactions du clergé grec.

« Ils ont revêtu leurs longues et respectables robes de prêtres, ils étalent leurs longues barbes, ils montent sur leurs chevaux bien soignés et partent pour ramasser argent, orge, froment, seigle, maïs, avoines, oignons, aulx, raves, choux, poivre, fèves, haricots, pois, lentilles et fruits de toutes sortes, et aussi du chanvre, de la laine, des peaux de chèvre et de mouton, — tout ce qu'ils peuvent trouver. Les voilà ces popes, ces religieux grecs, ces bienfaiteurs de la nation, ces pieux adorateurs du Sinaï, du tombeau du Christ et de la Sainte Montagne [2]! »

De tous les vices du paysan, c'est l'avarice qui domine chez le Slave de Macédoine : lui rappeler l'argent, les orges, froment, seigle, maïs, haricots, etc., etc., qu'il payait au clergé grec, lui faire espérer qu'un nouveau clergé ne demanderait plus rien, il n'en fallait pas davantage pour décider de son patriotisme...

Midhat Pacha, détaché dans le vilayet du Danube pour rétablir l'ordre, conseilla en rentrant, sa mission terminée, de céder sur un point aux réclamations bulgares. Le Sultan « roi de Bulgarie » était impossible. Mais l'Église autonome ne portait atteinte qu'aux privilèges du Patriarche, et si les querelles entre Raïas en devaient être éternisées, la Porte ne pouvait

---

1. Pypine, *Histoire des littératures slaves*, trad. Denis, p. 167.
2. *Id., ibid.*, p. 165.

que gagner aux dissensions du giaour. En octobre 1868, un plan fut dressé par le conseil d'État et remis au Patriarche. Un mois plus tard (16 novembre et 16 décembre 1868), le Patriarche répondait par une longue réfutation. Il expliquait à la Porte comment les prétentions bulgares étaient contraires non seulement aux privilèges de son Église, mais encore aux lois de Dieu, aux règles établies par les Apôtres et aux canons des conciles. Il faisait appel aux connaissances théologiques de Sa Hautesse et de ses ministres, — grands docteurs, comme on sait, en religion chrétienne. Il citait contre le premier article du projet, le deuxième canon du deuxième concile, le sixième canon du concile d'Antioche, et contre les articles III, IV et V, les canons III et IX du premier et du quatrième concile.

La Porte dépensa toute une année à feuilleter les conciles et à consulter aussi les grandes puissances. L'appui du synode et de la diplomatie russes n'avait jamais déserté les évêques bulgares. L'Angleterre et surtout la France n'eurent pas d'avis. L'Église autonome était un premier pas vers la Bulgarie indépendante ; mais la Bulgarie révoltée — et la révolte aurait suivi de près le refus d'une Église — était aussi le premier pas vers la guerre générale. On laissa donc la Porte libre de choisir. Le 10 mars 1870, le Sultan signait le firman qui suit. Cette pièce n'a jamais été publiée en français que dans les journaux *la Turquie* du 17 avril 1870 et *la Bulgarie*, juillet 1890 ; je crois utile de la donner ici tout entière pour épargner à mes successeurs les peines que m'en a coûtées la recherche.

Firman

Le plus cher objet de nos vœux est que les habitants de notre empire, nos fidèles sujets, jouissent librement de leur religion et de leur culte, aussi bien que, sous tous les rapports en général, d'une paix et d'une sécurité parfaites; qu'ils se rapprochent les uns des autres par l'échange des meilleurs sentiments, ainsi qu'il convient à des hommes enfants d'une patrie commune; et qu'à la faveur de ce bon accord et de cette entente mutuelle, ils puissent prêter leur concours, chacun pour sa part, aux efforts que nous consacrons constamment à la poursuite de ces deux œuvres importantes : l'accroissement de la prospérité de nos États et leur avancement dans la voie du progrès et de la civilisation.

C'est pourquoi nous n'avons pu envisager qu'avec regret les dissentiments et les contestations qui se sont élevés depuis quelque temps entre le Patriarcat grec et les Bulgares orthodoxes à propos de la définition des liens qui doivent rattacher au patriarcat les métropolitains, évêques et clergé bulgares.

Les pourparlers et les négociations, qui ont eu lieu pour résoudre ce différend d'une manière satisfaisante, ont abouti à l'adoption des mesures qui suivent :

Art. I. — Il est formé sous le titre d'*Exarchat bulgare* une administration spirituelle séparée, qui comprendra les sièges métropolitains et épiscopaux ci-dessous mentionnés avec quelques autres lieux. La direction des affaires religieuses et spirituelles de cette administration est exclusivement réservée à cet Exarchat.

Art. II. — Le plus ancien par rang des métropolitains prendra le titre d'exarque et aura, à permanence, la présidence légale du synode bulgare qui lui sera adjoint.

Art. III. — La direction spirituelle intérieure de cet Exarchat devra être présentée à l'approbation et confirmation de notre gouvernement impérial. Ses attributions seront définies par un règlement organique qui devra être en tous points conforme aux lois établies de l'Église orthodoxe et à ses principes religieux. Ce règlement sera fait de manière à écarter entièrement des affaires ecclésiastiques et plus particulièrement de l'élection de l'exarque et des évêques, toute ingérence directe ou indirecte du Patriarcat. Dès que l'élection de l'exarque aura été faite, le synode bulgare en donnera avis au patriarche, qui délivrera, sans le moindre retard, les lettres de confirmation nécessaires, suivant les lois de l'Église.

Art. IV. — L'exarque sera nommé par bérat impérial. Il sera astreint, conformément aux règles ecclésiastiques, à commémorer le nom du patriarche de Constantinople. L'élection de l'exarque devra être approuvée et reconnue valable par notre gouvernement impérial avant la consécration religieuse.

Art. V. — Pour toutes les affaires des localités sises dans les limites de son administration et où les lois et les règlements lui donneront le droit d'intervenir, l'exarque pourra recourir directement aux autorités locales et même à ma Sublime Porte. Nommément, les bérats du clergé bulgare ne seront délivrés qu'à la demande de l'exarque.

Art. VI. — Pour toutes les affaires du culte orthodoxe exigeant une entente et un concours mutuels, le synode de l'Exarchat devra recourir au patriarche et à son synode; mais ceux-ci devront s'empresser en retour de prêter l'assistance nécessaire et d'expédier les réponses aux demandes et questions proposées.

Art. VII. — Le synode bulgare est tenu de demander les Saintes Huiles au Patriarcat.

Art. VIII. — Les évêques, archevêques et métropolitains du Patriarcat pourront librement traverser le pays de l'Exarchat, et réciproquement les évêques et métropolitains de l'Exarchat dans les pays du patriarche. Ils pourront à volonté séjourner pour l'expédition de leurs affaires dans les chefs-lieux des vilayets et autres résidences des autorités gouvernementales. Mais, en dehors de leurs diocèses et autorité, ils ne pourront ni convoquer de synodes, ni intervenir dans les affaires de Chrétiens non soumis à leur juridiction, ni officier sans la permission de l'évêque du lieu.

Art. IX. — Comme le monastère des Lieux Saints, situé au Phanar, dépend du patriarcat de Jérusalem, de même le monastère et l'église bulgares du Phanar seront placés sous la dépendance de l'exarque. Toutes les fois que ce dignitaire aura besoin de venir à Constantinople, il est autorisé à séjourner au monastère bulgare. Il se soumettra aux règles et usages que suivent les Patriarches de Jérusalem, d'Alexandrie et d'Antioche pour venir à Constantinople et officier durant leur séjour dans la capitale.

Art. X. — L'Exarchat comprendra les villes et districts de : Routschouk, Silistrie, Choumla, Tirnovo, Sofia, Vratcha, Loftcha, Widdin, Nisch, Charkeui, Kustendil, Samakoff, Veles (à l'exception de 20 villages sur la mer Noire entre Varna et Kustendje qui ne sont pas bulgares ainsi que Varna, Messembria, Ahiolou), le sandjak de Slimno, sauf quelques villages du littoral, le district de Sosople, la ville de Philippopolis, Stanimaka, moins les villages de Koklisse, Vodina, Arnaoutkeui, Novo-Selo, Leskovo, Ahlian, Bastchkovo, Belatchiza, et le diocèse métropolitain de Philippopolis, sauf les monastères de Batchkovo, Saint-Anarghir, Parascève et Georges. Le quartier de la Panagia, dans Philippopolis, dépend de l'Exarchat mais les habitants qui le voudront pourront s'en détacher. Les détails seront réglés par accord entre le patriarche et l'exarque, suivant les lois de l'Église.

Ailleurs que dans les endroits énumérés ci-dessus, si la totalité ou au moins deux tiers des habitants désirent l'autorité de l'exarque et si leurs demandes ont été légalement examinées et constatées, il leur sera permis de passer à l'Exarchat, moyennant toutefois le bon accord et le consentement de la totalité ou d'au moins les deux tiers de la population. Si l'on prend ce prétexte pour semer la discorde et le trouble parmi les habitants, les coupables de pareilles menées seront punis selon la loi.

Art. XI. — Les monastères compris dans les limites de l'Exarchat, mais relevant directement du patriarche seront soumis aux mêmes règles que par le passé.

Les dispositions énoncées ci-dessus, donnant satisfaction aux deux partis, doivent mettre fin aux disputes actuelles. Notre gouvernement approuve ces dispositions et le présent ordre souverain lui donne force de loi; que l'on se garde d'y contrevenir.

Écrit à Constantinople le 8 zilhidje 1286.

Tel est ce firman du 10 mars 1870, qui créait un exarque bulgare, avec une demi-indépendance vis-à-vis du Patriarche et une complète autorité sur certaines provinces ecclésiastiques.

Toutes les localités et circonscriptions cédées aux Bulgares étaient comprises dans le vilayet du Danube (Bulgarie actuelle), un pays que le Patriarcat lui-même considérait depuis longtemps comme perdu pour l'hellénisme. Le firman fut discuté. Mais il eût été accepté peut-être, le Patriarche se résignant, si les Bulgares n'eussent eu la prétention d'user immédiatement de tous leurs nouveaux droits.

« Ailleurs que dans les endroits énumérés ci-dessus, disait l'article X, si la totalité ou au moins les deux tiers des habitants désirent l'autorité de l'Exarque et si leurs demandes ont été légalement examinées et constatées, il leur sera permis de passer à l'exarchat. » Les Bulgares réclamèrent un dénombrement et un vote des Chrétiens dans les différents évêchés de Thrace et de Macédoine. Le Patriarche n'osa pas accepter, — il connaissait sa popularité. Mais il prit toute l'orthodoxie à témoin de cette double violation des saints canons : un exarque, un métropolitain dont la juridiction n'est pas enfermée dans des limites fixes (concile II, canon 2; concile IV, canon 6); et un suffragant du Patriarche ne voulant plus mentionner à l'offertoire le nom de son primat (concile I, canon 3; concile IV, canon 9).

La Porte proposant un concile œcuménique pour décider du tout (25 décembre 1870), puis refusant son autorisation (mars 1871), la lutte et l'échange de notes continuèrent deux années. Le Grand Vizir Ali Pacha sut maintenir jusqu'à sa mort cet état de choses, — en bon Turc : un exarque, promis, mais non reconnu par un bérat d'intronisation, était au moindre écart une menace suspendue sur la tête du Patriarche, et, pour les Slaves, une satisfaction tout illusoire.

Mahmoud Neddim, successeur d'Ali, fut vivement intéressé par le général Ignatieff à la cause bulgare. Le 16 avril 1872, Mgr Anthimos, l'exarque élu par les évêques, recevait son bérat, huit jours plus tard le grand cordon de Medjidié, et quelques semaines après (28 mai) le Patriarche ajoutait à ces titres un bref d'excommunication.

Pendant un mois en effet l'Exarque s'était adressé au Patriarche pour être reconnu et consacré. N'ayant rien obtenu, il avait en grande pompe officié le 24 mai dans l'église du couvent bulgare, en plein Phanar, sans faire mention du Patriarche dans la liturgie.

Puis son archimandrite avait lu le firman d'indépendance de l'Église bulgare... Pendant qu'autour du Patriarche un concile se réunissait et déclarait, malgré l'opposition du Patriarche de Jérusalem, tout le clergé bulgare schismatique et séparé de l'orthodoxie, la Porte autorisait, dans les évêchés de Macédoine, le plébiscite prévu par l'article X du firman.

*
* *

La Macédoine avait été creusée et retournée par une propagande que la Russie et son général Ignatieff avaient organisée, régulière, militaire et surtout bien payée. Nous avons connu à Strouga un de ces prédicateurs laïques, aux sentiments trop bulgares dans sa veste grecque et son langage des îles. C'est bien le type de tous ces agents. Ce furent des Hellènes ou des Slaves hellénisés qui prêchèrent cet Évangile, pour leur plus grand profit.

En 1867, de l'avis des Bulgares eux-mêmes, tout était grec dans la Macédoine : Slavejkov imprimait son journal en caractères grecs. En 1872, les évêchés d'Uskub, de Veles et d'Okhrida votaient, aux deux tiers de leurs habitants, leur réunion à l'Exarchat. Les communautés grecques protestèrent et, avec elles, le Patriarche : les votes avaient été extorqués ou frauduleux, les électeurs terrorisés. Midhat Pacha, qui survint au pouvoir, gardait de son vilayet du Danube la haine du Bulgare et la crainte de la grande Bulgarie. Les bérats ne furent pas accordés aux évêques macédoniens.

Les menées slavistes en Macédoine subirent un très court arrêt (1872-1876). Les moyens violents employés par Midhat Pacha contre les Bulgares, exils, confiscations, fermetures d'églises et d'écoles, firent oublier les violences semblables que les agents slaves employaient eux-mêmes contre les Grecs dans certains districts. La persécution couronna, comme toujours, ses victimes de l'auréole des saints, et la revanche se leva bientôt pour les Bulgares.

Après la guerre russo-turque, le traité de San Stefano dicté pour eux et presque par eux, — car Ignatieff était le plus Bulgare des Slaves, — leur donnait toute la Macédoine; du moins ce qu'il en restait au Turc n'était qu'un mince lambeau :

« Tournant vers l'ouest, la frontière suivra les limites occidentales des cazas de Koumanovo, Kotchani, Kalkandelen jusqu'au mont Korab. De là, par la rivière Velestchitza jusqu'à sa jonction avec le Drin noir, se dirigeant vers le Sud par le Drin et la limite occidentale du caza d'Okhrida vers le mont Limas, la frontière suivra les limites occidentales des cazas de Gortcha et Starovo, jusqu'au mont Grammos. Ensuite par Kastoria la ligne frontière rejoindra la rivière Moglenitza et, après avoir suivi son cours et passé au sud de Yenidje-Vardar, se dirigera vers l'embouchure du Vardar[1]. »

En nous reportant aux cartes administratives de la Turquie à cette époque, les limites physiques de la principauté vers l'ouest étaient les suivantes : partant de la trouée qui unit le Vardar au bassin de Prizrend,

1. *Traité de San Stefano*, art. VI, *Archives diplomatiques*, 1882-1883, II, p. 24.

dans les environs de Kaçanlik, la frontière suivait le Schar Dagh jusqu'au pic de Korab, gagnait la vallée du Drin noir en descendant vers le Nord par la rivière de Radomir et la Kljesela Velesichitza. Le Drin et la rive occidentale du lac d'Okhrida la continuaient. Puis coupant la Devol presque au sortir du lac de Maliki, elle s'en allait du mont Grammos à la Moglenitza et au Vardar par Kastoria. On remarquera combien cette frontière méridionale était mal déterminée.

Nous avons dans cet article de San Stefano le programme des revendications bulgares en 1878. Le congrès de Berlin reprit ce que San Stefano avait donné. Mais les Bulgares ont gardé intactes leurs espérances et leurs affirmations de légitime propriété. Et même, depuis sept ans, ils se sont attribué de nouveaux cantons. Dans la Macédoine bulgare, M. Ofeikov [1] enferme les districts de Kolonia, d'Anaselitza et de Servia, c'est-à-dire toute la vallée supérieure et moyenne de la Vistritza ; la Grèce ne peut plus prétendre qu'au revers septentrional de l'Olympe et à un pan de côtes, de Tempé à l'embouchure de la Vistritza.

Ce passage d'Ofeikov n'est pas l'expression d'une fantaisie passagère et personnelle. A l'occasion du millénaire de Saint-Méthode fêté par tous les peuples slaves au printemps de 1885, un petit livre fut publié à Philippopolis : *La Macédoine, exposé de l'état présent du Bulgarisme en Macédoine* [2]. Inspiré par le gou-

---

1. Ofeikov, *Les Bulgares de Macédoine.*
2. Traduction grecque de D. Koumarianos, Philippopolis, 1885.

vernement bulgare, il peut être considéré comme le manifeste officiel des demandes de l'exarchat.

« Tout notre avenir, est-il écrit à la page 3, gît dans la Macédoine, dans le réveil et le relèvement des Bulgares macédoniens... Sans la Macédoine, l'État bulgare et le Bulgarisme dans la péninsule des Balkans est sans signification, sans valeur. »

Et cette Macédoine va jusqu'aux frontières grecques actuelles, ne laissant guère à l'hellénisme, pour théâtres de ses luttes futures, que le massif de l'Olympe et peut-être la vallée de Koshani :

« Dans la Macédoine bulgare nous comptons (p. 100) Veria, Schatista et Gortcha. »

On veut bien reconnaître pourtant que, dans certains centres, les Slaves ont été détournés par la mauvaise compagnie, comme des enfants mineurs, et hellénisés, à Kastoria de ce côté du Vardar, à Salonique et Serres au delà (p. 18). Et pour la honte de l'Europe qui les tolère, du xixᵉ siècle qui les voit, ces détournements continuent : « Salonique, Kastoria, Serres ont été hellénisés autrefois et presque entièrement; mais en d'autres villes, si le grec n'a pas triomphé, la majorité des habitants, la jeunesse surtout, le préfère à la langue maternelle » (p. 28). Les deux meilleurs exemples sont Stromnitza dans la Thrace, Vodena en Macédoine, « ces villes qui ne comptent pas une âme grecque, et qui n'usent que de la langue et des écoles helléniques! » (p. 58-59) : « Prenez encore Serres ou Monastir; la population de ces villes était il y a quelques années bulgare et purement bulgare :

aujourd'hui, c'est par occasion seulement que dans leurs bazars on entend le slave, les jours où viennent les paysans du dehors. »

Toute la Macédoine occidentale, du Schar Dagh aux monts de Thessalie, est néanmoins bulgare, sauf Kastoria entièrement grecque, Monastir, Vodena, Florina à demi hellénisées (p. 38), et quelques chefs-lieux de sandjaks où le grec usurpe le rang de langue domestique parce que les jeunes femmes ont été élevées dans des écoles grecques (p. 29). La conclusion de l'auteur n'est pas très optimiste :

« Croyez-vous que les Bulgares l'emporteraient si par hasard la question macédonienne, mise sur le tapis, recevait aujourd'hui une solution radicale?... Les Macédoniens ne peuvent l'emporter, éviter le double péril d'une chute dans l'hellénisme ou d'un esclavage autrichien, qu'en prenant conscience d'eux-mêmes et de leurs devoirs... Or supposez qu'aujourd'hui les Bulgares de Macédoine aient à témoigner de leur bulgarisme! Ah! c'est un aveu amer et humiliant! mais il faut confesser que la majeure partie de la Bulgarie macédonienne n'a pas encore de conscience nationale, et si l'Europe permettait au peuple de Macédoine de choisir une patrie, je suis bien sûr que la majorité nous échapperait... A l'exception des sandjaks du nord, les autres populations sont toutes prêtes, sous la moindre pression, à déclarer, à signer qu'elles ne sont point bulgares, qu'elles veulent, qu'elles reconnaissent le Patriarcat, qu'elles préfèrent les écoles grecques, les professeurs grecs. Toutes les campagnes sont bulgares, mais toutes les villes, sauf dans le nord, sont grecques, et les campagnes se laissent inspirer et mener par les villes... »

*
* *

Les craintes du patriote bulgare étaient sans doute partagées par le gouvernement de Sofia. Depuis 1885, la propagande bulgare a pris en Macédoine une vie intense. Aux écoles grecques qui s'étendaient partout et détournaient la jeunesse, garçons et filles, les Bulgares opposèrent leurs gymnases, leurs écoles enfantines, primaires et supérieures.

En 1885, on ne comptait guère plus de 150 établissements bulgares dans toute la Macédoine, dont :

	Écoles de garçons.	Écoles de filles.
Vilayet de Kossovo.........	50	8
Vilayet de Monastir.........	83	7

En l'espace de quatre ans, 67 écoles nouvelles s'ouvrirent ; et comme les Bulgares se croient bien sûrs des sandjaks du nord, tout leur effort s'est porté sur le vilayet de Monastir où ils possèdent aujourd'hui 117 écoles de garçons et 17 de filles. C'est dans les villes surtout qu'ils ont attaqué l'hellénisme : « Les campagnes et les femmes sont à nous ; nous n'avons pas grand besoin d'écoles de filles ni d'écoles de hameaux », me disait un pope de l'Exarque. Mais pour la conquête ou la sauvegarde des citadins, ils ont ouvert : à Monastir, un gymnase avec internat, une école préparatoire au gymnase, une école primaire, six écoles enfantines, en tout neuf établissements ; des écoles supérieures de garçons à Uskub, Prilip, Veles, Vodena,

Okhrida, Resnia, Florina, Kitchevo, Dibra, Kalkandelen ; des écoles supérieures de filles à Vodena, Veles, Uskub et Prilip. Ces diverses écoles supérieures réunissent, paraît-il, 700 à 800 garçons, et environ 150 filles [1]. C'est en elles que la Bulgarie met sa plus grande espérance; elle aura, pense-t-elle, cause gagnée quand la classe moyenne, *le bazar*, sera pour l'Exarque.

Le programme de ces écoles est plus étendu qu'on pourrait croire; outre le catéchisme et l'histoire religieuse, commencement de toute instruction orientale, outre l'histoire de la Bulgarie et la géographie du bulgarisme, seconde espèce de dogmes presque aussi sacrés que les précédents, on y trouve la géographie et l'histoire générales, les éléments des sciences physiques et naturelles, l'étude de la langue turque et même quelques heures pour le français. Dans tout l'Orient, une école sans français ne serait point une école supérieure et encore moins une école à la mode.

Dans les bourgs, les écoles primaires sont ainsi réparties :

1. Écoles supérieures.	Garçons.	Filles.
Uskub	150	15
Monastir	140	50
Prilip	100	30
Vodena	30	10
Veles	80	30
Resnia	10	
Florina	20	
Dibra	5	
Kalkandelen	20	
Okhrida	80	
Kitchevo	100	

Districts.	Garçons.		Filles.	
	Écoles.	Élèves.	Écoles.	Élèves.
Yenidje-Vardar..	2	140	1	12
Vodena.........	10	160	1	12
Dchouma.......	4	100	1	30
Uskub..........	20	850	2	90
Monastir........	25	1 300	4	170
Prilip...........	15	900	3	200
Resnia..........	20	450	2	80
Kitchevo........	4	100	1	30
Dibra...........	25	1 100	1	40
Okhrida	20	1 000	4	150
Florina.........	8	500	1	50
Kastoria........	13	640	1	50
	166	7 240	22	914

A prendre ces chiffres, voilà une armée déjà forte par le nombre. Mais la puissance du bulgarisme réside encore moins dans le nombre des écoles que dans la discipline qui unit militairement tout le personnel et pousse tous les efforts individuels vers le point utile et dans le moment nécessaire. La Macédoine a été divisée en quatre circonscriptions scolaires : Okhrida, Dibra, Veles et Monastir. A la tête de chacune, un Chef des écoles, assisté d'un conseil, dirige les chefs et les conseils locaux des différents districts de la circonscription. Il relève lui-même du Chef des écoles de toute la Macédoine, du représentant de l'Exarque, directeur du gymnase bulgare à Salonique. C'est à Salonique que les chefs de circonscription adressent leurs demandes d'argent ou de professeurs. Le gymnase de Salonique fondé par un riche négociant bulgare, M. Geld, doit servir au recrutement du personnel pour toute la province. Dans chaque district les popes ou les représentants de l'Exarque choisissent donc une élite de jeunes gens que l'exarchat élève dans ce séminaire, qu'il transforme en Bulgares et qu'il renvoie évangéliser leurs concitoyens. D'après M. Goptchewitch, voici quelle était en 1888 la composition de ce gymnase :

Jeunes gens de Kastoria......................	27
— — de Prilip..................	25
— — d'Okhrida................	24
— — d'Uskub.................	12
— — de Vodena	10
— — de Monastir.............	10
— — de Dibra................	8

Les autres étaient des Bulgares de Thrace.

Si l'on compte : que dans ces diverses écoles professent 200 ou 250 maîtres ou maîtresses ; que chacun d'eux est payé de 5 à 600 francs ; que les livres et souvent la nourriture sont fournis aux élèves ; que pour n'avoir jamais de difficultés avec les autorités turques, il faut toujours laisser un peu d'argent dans les Konaks, on ne trouvera pas excessif le chiffre de 400 000 francs que les Bulgares me donnaient à Monastir comme total annuel des dépenses bulgares en Macédoine. L'argent est, pour la plus grande part, tiré des biens ecclésiastiques, des revenus, des fondations que l'Exarchat possède dans la péninsule. Sofia contribue aussi, mais pour fort peu.

*
* *

En même temps que les maîtres d'école dans les villes, le clergé travaillait dans toute la province. Les sièges d'Okhrida, d'Uskub et de Veles n'avaient pas été occupés par des évêques bulgares. Mais dans ces trois circonscriptions, un grand nombre d'églises et de paroisses étaient aux mains des prêtres de l'Exarque. Des alphabets et des bibles slaves étaient partout distribués. Les Macédoniens reprenaient conscience d'eux-mêmes. Néanmoins les craintes du gouvernement bulgare n'avaient pas diminué. Depuis l'affaire rouméliote et la brouille avec la Russie, il sentait contre lui cette armée d'agents russes, qui jadis avaient bulgarisé la péninsule, et qui travaillent aujourd'hui à Prizrend pour les Serbes, dans le sud pour les Grecs, — et l'Autriche par ses consuls gagnait chaque jour de nouveaux partisans.

M. Stambouloff essaya d'abord une entente avec le cabinet d'Athènes. Dans le courant de cette année 1890, le docteur Voulcowitch, agent de Bulgarie auprès de la Porte, fit un voyage en Grèce pour étudier l'administration grecque. On ne sait ce qu'il apprit dans ses entretiens avec les ministres hellènes. Mais, quand il rentra, on put sentir en Macédoine un nouvel afflux de prédicateurs bulgares.

Il y a deux mois (juillet 1890), Mgr Théodore, évêque de l'exarchat, venait dans le vilayet de Kossovo pour consacrer un certain nombre d'églises et pourvoir à la vacance de quelques autres. Il apportait une lettre officielle, un bouyouroultou de recommandation pour le Vali, Eyoub-Pacha. Arrivé à Uskub, le prélat rencontra tant d'obstacles en travers de sa route et dans les rues mêmes de la ville, qu'à peine sur 44 églises qu'il devait bénir, en put-il consacrer une. La communauté grecque avait intrigué auprès du Vali, mis en mouvement toutes les *choses turques*, envoyé une protestation au Patriarche qui s'était plaint au Grand Vizir : le Vali invita l'évêque bulgare à retourner chez son Exarque...

La prompte réponse des Bulgares fut cette étrange note de M. Stranski, ministre bulgare des affaires étrangères, à M. Voulcowitch, agent de Bulgarie à Constantinople (4-16 juillet 1890), cette note d'allures dégagées où le gouvernement de Sofia rappelait : comment depuis cinq ans il avait été le modèle des vassaux, et la Porte le pire des suzerains; comment la Principauté avait toujours rempli ses obligations internationales et ses devoirs envers la cour suzeraine, et comment cette cour s'était soustraite à toutes les charges de la suzeraineté; la Porte avait mal agi : 1° en ne reconnaissant pas elle-même et en ne faisant pas reconnaître par l'Europe le prince élu, le prince légitime, Ferdinand de Cobourg; 2° en ne soutenant en aucune occasion l'Exarque bulgare, alors que 28 muftis musulmans recevaient du gouvernement princier un traitement régulier et généreux. Et pour finir, cette conclusion où le vassal montrait à nu son respect du suzerain : « Si la Porte ne veut rien faire, le gouvernement princier se trouverait, à son grand regret, obligé de chercher dans ses propres forces le moyen de sortir d'une situation pleine d'incertitudes et de dangers... »

En communiquant cette Note, M. Voulcowitch ajouta que le gouvernement princier ne chercherait pas dans ses propres forces le moyen, etc... 1° si le prince Ferdinand était reconnu ; 2° si les bérats étaient accordés aux évêques bulgares de Samakovo, Veles, Uskub et Okhrida. Il promit d'ailleurs que, si quelqu'un en Europe blâmait cette justice rendue par le Sultan à ses fidèles Bulgares, le gouvernement princier serait tout disposé à signer une alliance offensive et défensive avec son bien-aimé Suzerain.

Les journaux d'Europe ont raconté par le menu les intrigues et contre-intrigues russes, autrichiennes, allemandes et anglaises autour de la Note bulgare. Pour ne point offenser la Russie, la Porte ne reconnaît pas le prince de Cobourg ; — pour contenter l'Autriche et les Bulgares, accordera-t-elle ces fameux bérats? ne sont-ils pas accordés déjà?

Dans le bazar d'Okhrida que nous avons traversé l'autre jour, les hommes attendent toujours pour tirer leurs fusils, les femmes pour brûler l'encens, les enfants pour jeter les fleurs, les diacres pour allumer les cierges. Viendra-t-il cet archevêque? Le Khani de Monastir se remplit de popes, venus au-devant de Sa Béatitude et qui parlent de descendre vers Salonique et Constantinople.

III

LES SERBES

Une grande théorie. — Histoire serbe de la Macédoine. — Inertie des Serbes. — La proie pour l'ombre.

Si le hasard n'avait mis à Resnia, en travers de notre route, le pope Stoian Kristitch, nous aurions traversé la Macédoine sans nous douter que la Serbie y avait des partisans, des écoles, une propagande. Il existe à Monastir un consul que toute la ville connaît, que toute la ville aime, que toute la ville salue d'un sourire, M. le consul de Serbie! Quand on annonça au Vali l'arrivée de ce consul : « Nous avions ici trois partis (Bulgares, Grecs et Valaques) qui dépensaient chacun 100 livres par mois; nous en aurons maintenant quatre », répondit le Turc satisfait. Le Vali s'était trompé. Le consul serbe n'a jamais dépensé 100 livres par mois pour lui ni pour sa cause: « C'est un très honnête homme et la Serbie une très honnête monarchie; mais ils viennent à la quatorzième heure », nous disait le consul grec en jetant dédaigneusement le bout de sa cigarette éteinte.

Ce n'est donc pas aux Macédoniens qu'il faut demander des renseignements sur les Serbes de Macédoine, et l'Europe les ignorait, quand M. Goptchewitch [1] fut chargé de nous les faire connaître.

M. Goptchewitch, durant la guerre serbo-bulgare, avait, de cœur, pris parti pour les Bulgares et même écrit pour les Bulgares un livre sur la Bulgarie et la Roumélie orientale. Mais un jour qu'assis devant sa table M. Goptchewitch pensait aux peuples de Macédoine, à son livre de la Roumélie, si partial pour les Bulgares, à son autre livre de « L'Albanie supérieure et ses ligues », si partial pour les Albanais, un inconnu vint lui proposer de le conduire en Macédoine et de lui prouver sur le terrain, que tous ses prétendus Bulgares et Albanais étaient Serbes, parlaient serbe, rêvaient d'être Serbes un jour...

M. Goptchewitch accepta le voyage et c'est au retour qu'il put écrire en in-quarto, son volume de « La Macédoine et la Vieille Serbie » pour répudier ses erreurs passées.

* * *

Le récit du voyage lui-même occupe la première moitié de l'ouvrage. M. Goptchewitch, de Belgrade à Salonique, de Salonique à Dibra, a sillonné toute la Macédoine. Il est obligé d'en convenir : il n'a rencontré que des Serbes. Pour nous convaincre nous-mêmes, il a photographié en dix villes différentes dix ou douze Macédoniens qui n'ont d'ailleurs aucun trait de res-

---

[1]. Goptchewitch, *Macedonien und Alt Serbien*, Vienne, Seidul, 1889.

semblance, sauf les titres de *Serbe de Kastoria* ou *Femme serbe de Monastir*, que M. Goptchewitch leur a uniformément attribués.

En outre M. Goptchewitch a dressé des tableaux complets, exacts, historiques, de la population dans chaque bourg, village, hameau, tchiflik des vilayets, sandjaks et cazas de la Macédoine. La Macédoine est peuplée de 992 000 Serbes, 188 000 Albanais, 75 000 Turcs, 47 000 Grecs, 90 000 Valaques, 10 000 Juifs et Tziganes.(Voir ci-après les comptes détaillés).

*
* *

Dans la seconde moitié de son livre, M. Goptchewitch expose comment la Macédoine est non seulement serbe, mais encore ne doit, ne peut être que serbe. La philologie et l'histoire concordent pour établir les indéniables droits de la Serbie. Le pope Stoian ne nous avait pas trompés : *gradschanin* et non *graschdanin* !

La langue bulgare se distingue de la langue serbe et de toutes les autres langues slaves : 1° en ce que le substantif dans la première est toujours accompagné de l'article; chez les autres jamais; 2° en ce que les substantifs bulgares ne changent jamais leurs terminaisons, tandis que les Serbes déclinent; 3° enfin, et c'est le point capital, le prénom *je* est *ja* en slave, *as* en bulgare.

Les Macédoniens n'ont pas l'article. Les Macédoniens déclinent. Les Macédoniens disent *ja*; ce n'est

Vilayet de Kossovo.

Sandjacks et Cazas.	Serbes.	Albanais.	Turcs, Yourouks, Tcherkesses.	Grecs.	Zinzares (Valaques).	Juifs.	Tziganes
Mitrovitza...	18 000	1 000	250	—	—	—	800
Voutchitra...	16 000	12 000	300	—	50	—	—
Pristina.....	50 000	5 000	6 700	—	100	400	2 400
Gilan........	41 000	7 000	400	—	—	—	2 800
Ipek.........	55 000	12 500	50	—	50	—	1 000
Djakovitza...	20 000	20 000	100	—	200	—	2 500
Goussine....	14 000	2 000	—	—	—	—	250
Uskub.......	68 000	5 000	2 500	—	400	1 200	1 600
Prizrend....	84 000	20 000	2 000	—	800	—	1 700
Tetovo (Kalkandelen)..	50 000	7 000	300	—	50	—	2 000
Koumanovo.	45 000	4 000	500	—	50	200	1 500
	461 000	95 500	13 100	—	1 700	1 800	16 550

Vilayet de Monastir.

	Serbes.	Albanais.	Turcs, Yourouks, Tcherkesses.	Grecs.	Zinzares (Valaques).	Juifs.	Tziganes
Monastir....	80 000	12 000	18 000	50	37 000	4 000	700
Kitchevo....	30 000	6 000	100	—	—	—	—
Prilip.......	62 000	3 000	3 000	800	250	150	1 300
Okhrida.....	46 500	9 000	500	—	2 000	—	700
Dibra.......	15 000	12 000	500	—	1 000	—	—
Tzernovitza.	19 600	300	—	—	—	—	—
Resnia......	13 000	2 500	—	—	4 000	—	500
Presba......	8 000	1 500	—	—	—	—	—
Florina......	48 000	4 000	3 000	—	3 300	—	1 800
Kastoria....	79 000	18 000	2 000	4 300	8 250	1 500	—
Dchouma...	17 500	—	11 500	—	—	—	—
Servia.......	2 500	—	5 000	13 000	7 000	—	500
Koshani.....	6 500	—	1 000	3 000	17 000	—	—
Gortcha.....	1 500	25 000	200	3 000	4 000	—	200
	373 300	100 300	46 800	48 150	83 800	5 650	5 700

Vilayet de Salonique.

	Serbes.	Albanais.	Turcs, Yourouks, Tcherkesses.	Grecs.	Zinzares (Valaques).	Juifs.	Tziganes
Yenidje-Vardar......	40 000	—	9 000	500	—	—	—
Vodena,......	54 000	—	6 000	—	3 500	—	—
Veria (Karaferia).......	8 000	—	3 000	23 000	1 000	—	—
	102 000	—	18 000	23 500	4 500	—	—

que de l'autre côté du Vardar, près d'Istip et de Melnik, que l'on pourrait entendre *jas*, et plus loin vers l'est, mais sur les frontières mêmes de la Bulgarie actuelle, *as*. La conjugaison des verbes est plus concluante encore :

Je tourmente : en bulgare *mltschu*, en serbe et macédonien *mutschim* ; quelques Macédoniens disent aussi, mais rarement,*mltschim*.

Nous allons : en bulgare *idem* ; en serbe et macédonien *idemo* ; quelques Macédoniens disent aussi *ideme*.

Nous jouons : en bulgare *igrajem* ; en serbe et macédonien *igramo* ; quelques Macédoniens disent aussi *igram*.

Si maintenant à la question « Qu'es-tu ? » le premier paysan venu de Prilip ou d'Okhrida vous répond : « Ia sam Bougarin (Je suis Bulgare) », c'est qu'il méconnaît le passé de sa race et la nationalité de ses ancêtres. M. Goptchewitch excuse, mais rectifie cette erreur :

« Il est bien connu que ce fut au IIIe siècle après J.-C. que des tribus slaves parurent pour la première fois dans les Balkans. Au VIe siècle, la péninsule tout entière était occupée par ce peuple slave. Au commencement du VIIe, survinrent les Croates, Serbes et Slovènes, peuple unique et de même langue, malgré ce triple nom ; *et cette langue, unique le plus vraisemblablement du monde, était celle aussi que parlaient les Slaves établis déjà parmi les Byzantins.* Au VIIe siècle, la péninsule est donc peuplée entièrement de Vieux Serbes.

« C'est alors (679) qu'apparaissent ces hordes *non slaves* des Bulgares, qui passent le Danube et inondent la Bulgarie actuelle, du fleuve aux Balkans. Mais le nombre de ces

Bulgares était si restreint, qu'ils furent absorbés par les Slaves établis, — les Vieux Serbes, voulons-nous dire. Il ne survécut d'eux que leur nom et quelques mots non slaves, qui font aujourd'hui la seule différence entre les langues serbe et bulgare. Ces Bulgares — non slaves — n'avaient jamais, pas même une heure, pénétré dans la Roumélie orientale. A plus forte raison dans la Macédoine ne s'égara-t-il aucun Vieux Bulgare ; toute la population demeura slave, c'est-à-dire vieux serbe. Mais au IXe siècle, l'amalgame des Bulgares et des Slaves dans la plaine danubienne était parfait : un nouveau peuple en était sorti, qui prenait le nom de Bulgares, parlait un vieux serbe mêlé de quelques tournures bulgarisantes, et possédait, en héritage des Bulgares belliqueux, un esprit guerrier inconnu des autres Slaves. La lutte entre eux et les Byzantins commença et ne s'arrêta plus. En 809, les Bulgares descendent l'Isker et prennent Sofia, en 811 la Roumélie orientale, en 812 la Thrace. Ces conquêtes, il est vrai, ne furent pas de longue durée et durant un siècle la Roumélie orientale, la Thrace, la Serbie orientale et la Macédoine passèrent des Grecs aux Bulgares, à plusieurs reprises. En 917, l'empire bulgare atteint son apogée; à l'exception de Constantinople, de la Serbie et de quelques villes maritimes, il comprend toute la péninsule.

« Un peuple aussi peu nombreux ne pouvait embrasser un aussi grand espace. D'ailleurs au moyen âge les conquérants ne se soucièrent jamais de dénationaliser les peuples vaincus. Les Bulgares n'eurent donc aucune influence sur les Serbes de Macédoine, puisqu'eux-mêmes ne s'établirent jamais dans la province. Les Macédoniens préservèrent leur langue et leur nationalité aussi bien de la bulgarisation que de l'hellénisme.

« En 963, révolte à Tirnovo du boyard bulgare Schischman contre l'empereur bulgare Pierre : Schischman se réfugie en Macédoine et se fait proclamer *Empereur des Macédoniens et des Albanais*. L'usurpateur étant bulgare, son royaume fut nommé Royaume Bulgare Occidental, appellation combien fausse! puisque le peuple n'était aucunement bulgare, mais serbe. Pierre laissa Schischman jouir en paix de son usurpation. Mais, en 1018, les Byzantins reconquièrent toute la péninsule jusqu'à la Serbie.

« En 1186, soulèvement de la Bulgarie danubienne qui se délivre du joug grec. En 1206, seconde apparition — mais sans résultat — des Bulgares en Macédoine : le Bulgare Iovan Asen II soumet en 1231 tout le pays macédonien. Mais quelques années, et les despotes d'Epire ont ressaisi la Macédoine. Puis de 1258 à 1277, le prince serbe Konstantin gouverne le bulgarisme. Puis des usurpations, des changements de possesseurs, une succession d'événements qui n'ont pu avoir aucun effet sur la nationalité ni la langue des Macédoniens...

« A la fin du xiiie siècle, les Serbes, qui, par suite de leurs divisions en innombrables petits peuples, avaient jusque-là été incapables, tout comme le Saint Empire Romain, de former un plus grand État, les Serbes commencent à s'unir : ils gagnent une subite force d'expansion. En 1282, ils ont conquis Uskub, Dibra, Serres. Partout des congénères les accueillent avec joie. Quatre ans plus tard, c'est la Bosnie, terre originellement serbe, mais que jamais roi serbe n'avait possédée. L'empereur bulgare Michel Schischman craint — crainte légitime — que la Serbie n'attire à elle le reste des contrées parlant serbe, à l'ouest de l'Isker et du Rhodope; il ameute contre elle Bulgares, Byzantins, Roumains, Finnois et Tatares. En vain : la bataille de Kostendje (28 juin 1340) anéantit l'armée bulgare, et les Bulgares d'eux-mêmes demandent leur incorporation au royaume de Serbie. Le roi serbe Ourosch III pense, malgré tout, ne pas pouvoir contenir les Bulgares danubiens; il laisse à son protégé Stéphan Schischman II la couronne bulgare. Mais la Macédoine et tous les pays de langue serbe, à l'ouest de l'Iskra et du Rhodope, restent unis sous le roi serbe.

« En 1346, Stéphane Douschan est couronné empereur

des Serbes, des Grecs, des Bulgares et des Albanais. Son empire allait de la Drave à la Morée, et de l'Adriatique à l'Isker et à Kavala. Le centre n'en était point l'actuelle Serbie, mais la Macédoine, — et la capitale Uskub. Peut-on raisonnablement supposer que l'empereur *serbe* ait fait sa résidence d'une ville *bulgare*, et d'un pays *bulgare* le centre de son Empire?

« On le voit : la Macédoine ne fut jamais qu'en passant entre les doigts — et le bout des doigts — du Bulgare. La domination serbe ne dura qu'un demi-siècle (le Turc survint), et une si courte domination ne put suffire à serbiser le pays : il est d'ailleurs bien connu qu'il ne vint jamais à l'esprit d'un conquérant au moyen âge de dénationaliser sa conquête. Si donc nous ne rencontrons que le serbe comme langue de la Macédoine, — et malgré dix ans d'écoles bulgares et de propagandes bulgares, — le serbe dans les mœurs, les coutumes, le costume et les chants du Macédonien, qu'en faut-il conclure sinon que de toute éternité la Macédoine fut peuplée de Serbes?

« Maintenant, si malgré toutes ces preuves le lecteur reste à son étonnement et à ses demandes : « Est-il donc possible, et comment est-il possible que tout le monde ait jusqu'ici attribué les Macédoniens aux Bulgares? » la réponse sera facile. De tous les voyageurs qui jusqu'ici ont visité la Macédoine, pas un, pas un seul ne connaissait à la fois la langue serbe et la langue bulgare. Entre eux et la Macédoine, il y eut toujours quelque intermédiaire, et les mœurs, les coutumes, les chants populaires leur demeurèrent étrangers; ajoutez comme dernière cause d'erreur que les Macédoniens eux-mêmes se proclamaient « bougari » et prétendaient parler « bougarki ». Cette erreur des Macédoniens est étrange au premier abord.

« Il faut remarquer cependant qu'en serbe les Bulgares sont appelés « bougari » et leur langue « bougarki », et que les Bulgares se donnent à eux-mêmes le nom de « bolgari » et à leur langage celui de « bolgarski ». Cette simple remarque éclaire toute l'histoire du bulgarisme macédonien. Après la conquête de la péninsule, les Serbes furent le seul peuple qui s'entêta dans sa résistance aux Turcs. Les Turcs, partout où ils le pouvaient, s'efforcèrent donc de réduire l'élément serbe et de le contraindre à l'Islam. En Bosnie ils réussirent. Mais ils échouèrent partout ailleurs contre l'obstination des vaincus. Aussi tout ce qui se disait serbe fut-il traqué. Pendant que les habitants de la Serbie actuelle ne se laissaient ébranler par rien, *les Macédoniens conçurent l'idée de se débarrasser de l'oppression turque en se donnant pour des Bulgares.* Ceux-ci, en effet, depuis leur asservissement, ne s'étaient jamais révoltés; ils étaient les raïas les mieux venus, les plus aimés de la Porte. Que les Turcs trompés n'aient pas saisi la différence entre le Macédonien et le Bulgare, ou qu'à dessein ils aient favorisé chez leurs raïas cet éloignement de la Serbie rebelle, il nous suffit de constater aujourd'hui encore ce titre de *Bulgares* pris en *langue serbe* par les Slaves de Macédoine... »

* *
*

On me pardonnera cette longue citation de M. Goptchewitch. Nous ne pouvions traverser la Macédoine sans nous buter quelque part aux grandes théories historiques de races et de nationalités : il fallait passer par là. Défilé pour défilé, j'ai choisi le plus pittoresque et le plus typique.

Tous les partis qui se disputent la Macédoine reconstruisent à leur tour l'histoire de ce pays et en tirent la preuve irréfutable de leurs droits. Comme il est malheureusement historique que la Macédoine fut grecque, bulgare, serbe, albanaise, valaque et même française, la difficulté reste toujours grande pour chacun des réclamants d'obscurcir les règnes passés de ses rivaux et de ne mettre en lumière que l'expansion de son peuple. Mais Bulgares et Grecs rencontrent dans la Macédoine des familles, des hameaux, des districts revendiquant le nom d'Hellènes ou de Bulgares. M. Goptchewitch ne se faisait pas d'illusion : pour les Serbes, la Macédoine moins accueillante, n'offrait rien de pareil. Les droits historiques étaient les seuls appuis des prétentions serbes.

Je ne discuterai pas mot par mot l'histoire macédonienne de M. Goptchewitch. Le lecteur a dû sentir toute la valeur de certains arguments. Que dire, par exemple, de cette ruse des Macédoniens *serbes* à s'appeler *bulgares* pour échapper à l'oppression, de ce bon tour joué au Turc, à moins que le Turc lui-même n'ait voulu paraître dupe (il est si malin dans sa barbe de Géronte) et n'ait favorisé ce mensonge qui, somme toute, servait ses véritables intérêts? Ailleurs, l'apostrophe de M. Goptchewitch est peut-être fort éloquente : « *Quoi! Stéphane Douschan, l'empereur serbe, eût fixé sa résidence en une ville bulgare et fait d'un pays bulgare le centre de son Empire!* » Il n'est pas certain, je crois, que jamais conquérant n'établit sa capitale dans ses conquêtes, qu'Alexandre ne pensa jamais à prendre Babylone, ni les Khalifes arabes Damas, pour résidences de leurs royautés.

L'histoire macédonienne de M. Goptchewitch a du moins une très grande qualité : en une ligne, elle résume parfois deux siècles : « *En l'année 1018 la péninsule est reconquise par les Byzantins jusqu'aux frontières serbes; en 1186 la Bulgarie danubienne se révolte.* » Nous avons le mérite de deviner que, de 1018 à 1186, toute la péninsule appartient aux Byzantins. Mais dans ces brefs résumés quelques faits disparaissent nécessairement et M. Goptchewitch est entraîné à des erreurs presque involontaires : « *les Bulgares ne purent avoir aucune influence sur les Serbes macédoniens puisqu'ils ne s'établirent jamais en personne dans le pays* ». Il suffit pourtant d'ouvrir Cedrenus et les auteurs contemporains pour revoir cette Bulgarie macédonienne du xe siècle, Presba que le czar des Bulgares, Samuel (976-980), construit sur la rive aujourd'hui déserte du lac de ce nom; qu'il peuple à grand renfort de violences et de razzias en Thessalie; où il amène de force les artisans et les marchands de Larissa; dont il chasse les reliques de saint Achille, un soldat romain suivant les uns, un archevêque grec suivant les autres; et dont, en un mot, il fait le centre du bulgarisme, la capitale, la ville bulgare. La Bulgarie au nord des Balkans avait été soumise par Jean Zimiscès (971). La nationalité et l'indépendance bulgares ne vivaient plus qu'en Macédoine. Quand Presba parut incommode au bord de son lac fiévreux, peu sûre dans le voisinage trop rapproché de la frontière byzantine, ce fut à Okhrida que Samuel transporta le siège de sa royauté.

M. Ofeikov [1] avait, d'avance, développé certains résumés trop brefs de M. Goptchewitch et rectifié

---

1. *Les Bulgares de Macédoine*, Constantinople, 1888.

les petites erreurs. Les Bulgares ont été maîtres en Macédoine, quoi qu'en disent les Serbes. Sous leur roi Samuel, ils occupèrent et possédèrent le pays. Le royaume de Samuel dura cinquante ans (963-1018). Dès l'an mille Basile II, le Bulgaroktone (tueur de Bulgares) attaquait la frontière orientale, prenait Vodena, puis Uskub et Prilip; mais il fallut dix-huit ans pour parvenir à la dernière brèche d'Okhrida (1018). La Macédoine fut ensuite durant près de deux siècles aux mains des Byzantins (1018-1186). Puis elle passe par les vicissitudes que nous a racontées M. Goptchewitch : le second royaume bulgare, les Épirotes, les Albanais, pour arriver aux Krals serbes et au roi Stéphane Douschan, enfin aux Turcs (1356).

Dans cette mobilité des rois, des frontières, des noms de peuples et de pays, une seule chose demeurait toujours debout en Macédoine, — et M. Goptchewitch l'a oubliée dans son résumé : c'était une Église bulgare autonome. Les Bulgares, lors de leur conversion au christianisme, avaient reçu de la Papauté un patriarche national qui ne relevait que du siège de Rome, au même titre que les patriarches de Constantinople ou d'Alexandrie. A l'origine, ce patriarche résidait à Preslov (près de Choumen). Après la conquête de Preslov par les Russes, il se transporta à Silistrie. Quand Jean Zimiscès reprend pour les Byzantins la Bulgarie danubienne, ce patriarche de Silistrie est supprimé. Silistrie devient une simple métropole relevant du patriarche de Constantinople. Mais, dans la Bulgarie macédonienne, Samuel veut avoir son patriarche; il attache cette dignité d'abord au siège de Presba, puis à celui de Vodena, enfin, après le choix définitif de sa capitale, à celui d'Okhrida. Le métropolitain d'Okhrida fut dès lors *Patriarche de Bulgarie.*

Ce patriarche, durant sept siècles (1018-1767), s'appela Patriarche des Bulgares et non Patriarche des Serbes : la tyrannie turque ne fut pour rien dans le choix de ce nom. En 1767, Cyrille signait encore « archevêque ou exarque de Bulgarie ». C'était un Grec comme ses derniers prédécesseurs. Depuis Mahomet II, le Patriarcat d'Okhrida ne subsistait qu'en titre : en réalité, il dépendait du Patriarche œcuménique et faisait partie de la communauté orthodoxe dont le Phanar était la tête. Mais Cyrille fut encore élu par ses suffragants et non pas nommé par le Phanar. Ce fut le dernier exarque des Bulgares. Tombé en disgrâce auprès de la Porte, il fut rappelé à Constantinople. Les évêques suffragants, à l'instigation du Patriarcat, demandèrent en une grande pétition à être rattachés, pour leur bonheur dans cette vie et leur salut dans l'autre, au seul et vrai Patriarche, à l'Église de la Nouvelle Rome, sans intermédiaire. Le Phanar nomma dès lors les archevêques d'Okhrida.

« On voit par cet historique, conclut M. Ofeikov[1], que les Bulgares ont dominé la Macédoine depuis 914, époque à laquelle commencent les conquêtes de Schischman, jusqu'en 1018, puis, dans un second empire, de 1196 à 1241. Quant à la domination serbe

---

1. Ofeikov, p. 100 et suivantes.

en Macédoine, elle ne commence qu'après 1273 et finit avant 1375. »

Il ne demeure donc plus à la Serbie comme fondement de ses droits que ces quatre-vingt-dix ans de domination, et le nom de son kral Stéphane Douschan.

M. Goptchewitch aurait dû s'en contenter. Le royaume de Stéphane Douschan pourrait suffire aux ambitions serbes : de la Save, il allait jusqu'aux golfes d'Arta et Lamia, et de l'Adriatique aux environs de Kawala. Stéphane s'intitulait à la vérité roi des Serbes, des Grecs, des Bulgares et des Albanais, avouant ainsi la survivance, entre ses frontières, de peuplades non serbes.

M. Goptchewitch, qui connaît l'histoire, tient un juste compte de cet aveu. Pour lui, les droits de la Serbie ne dépassent guère : à l'ouest, les monts d'Albanie, en laissant jusqu'à l'Adriatique une place aux Albanais de Stéphane; à l'est, le cours du Strouma, où commencent vers l'orient les Bulgares avoués; au sud, les Serbes n'apparaissent qu'avec des intermittences, dans les districts de Gortcha, Kastoria, Niausta et les Grecs peuvent revendiquer les contreforts de l'Olympe. Chacun retrouve ainsi sa place. Il reste acquis aux Serbes eux-mêmes à peu près tout le pays que nous appelons Macédoine et en outre une bonne part de la Thrace.

Il va sans dire que cet équitable partage du royaume de Douschan n'est point accepté par les Grecs, non plus que par les Bulgares. Les arguments philologiques de M. Goptchewitch n'ont convaincu personne. Les Bulgares ont entendu les Macédoniens prononcer *graschdanin* et non *gradschanin*; *idem, igrajem* et non *idemo, igramo*; « le signe qui démontre le plus clairement la différence entre la langue bulgare et les autres langues slaves est l'article; à Scopia, Dibra, Okhrida, partout, on constate cette particularité[1] ». Je renvoie le lecteur au livre de M. Ofeikov pour les coutumes, mœurs, usages, chants et cérémonies purement bulgares — et non serbes — de toute la Macédoine.

Au bout des contes, M. Ofeikov nous ramène à l'argument décisif : interrogez un Macédonien, il vous répondra : *Ja sam Bougarin. Je suis Bulgare.* Les Macédoniens slaves se disent Bulgares — et depuis un siècle se sont toujours dits Bulgares.

Dans l'assemblée réunie par le Patriarche en 1857, les Slaves orthodoxes de Bosnie et d'Herzégovine sont classés parmi les Serbes, mais tous ceux qui habitent au sud du Schar Dagh se proclament Bulgares.

Les Macédoniens de 1860 à 1870 ont été exilés, persécutés, mis à mort comme Bulgares.

Durant la dernière guerre russo-turque, une légion de Macédoniens formée en pleine Serbie, à Belgrade même, prit le nom de légion bulgare.

Durant la guerre serbo-bulgare, les volontaires macédoniens sont allés à Sofia et non à Belgrade.

Si les Macédoniens sont des Serbes, comment et pourquoi leur patriotisme a-t-il sommeillé si longtemps,

---

1. Ofeikov, p. 117.

même après la constitution d'une principauté serbe, et comment ne s'est-il éveillé qu'au contact de la patrie bulgare ?

Comment les Serbes eux-mêmes ont-ils tardé si longtemps à revendiquer leurs droits [1] ?

Il est bien certain que les prétentions serbes sur toute la Macédoine ne datent que de quelques années. Jusqu'au congrès de Berlin, les Serbes parlaient de leurs frères de Bosnie ou d'Herzégovine, et du pays de Prizrend-Pristina qu'ils nommaient Vieille Serbie : ils donnaient comme limites à leur ambition l'Adriatique à l'ouest, le Schar Dagh et le Drin supérieur au sud. En un mot, la frontière bulgare tracée par le traité de San Stefano, de Katchanlik au Drin noir, semblait n'offusquer en rien les rêves les plus grandioses de la Serbie future. La conquête de la Macédoine par les imaginations serbes concorde avec la mainmise de l'Autriche sur la Bosnie et l'Herzégovine. Voulant sans doute se dédommager de cette perte imaginaire par une imaginaire annexion, les Serbes ont poussé leurs cartes bien loin au sud du Schar Dagh, jusqu'à l'Archipel, jusqu'aux monts de Thessalie. En échange de Fiume, Raguse et Cattaro irrévocablement perdues, ils ont en rêve pris Salonique.

*
* *

A l'appui de ces revendications, la Serbie possède en Macédoine des consuls et des projets d'écoles. Depuis

---

[1]. Ofeikov, p. 14 et suivantes.

deux ans, un gymnase serbe doit s'ouvrir à Monastir; un autre à Uskub est tout prêt aussi : il ne manque guère plus que l'argent et les élèves. Quant aux écoles primaires, leur nombre sur le papier dépasse 90, en comptant pour écoles des bâtiments vides où la Serbie entretint un professeur il y a vingt ans, avant l'exarchat bulgare. Pour trouver des écoles serbes entretenues et fréquentées, il faut aller au nord du Schar Dagh, dans la Vieille Serbie.

C'est dans le bassin de Prizrend seulement, ce n'est qu'en Vieille Serbie, que les Serbes existent, ont une influence et peuvent espérer quelque jour réveiller dans le cœur des orthodoxes le patriotisme serbe. Il faudrait bien nous garder pourtant d'admettre les chiffres merveilleux donnés par M. Goptchewitch. On se souvient de ces chiffres, que nous avons rapportés plus haut : Serbes 430 000, Albanais 53 000, Turcs, Grecs, Zinzares, etc., 150 000 environ.

L'anarchie dans le vilayet de Kossovo est si complète que nous ne saurions trop admirer M. Goptchewitch d'avoir pu dresser maison par maison la statistique de toute la province. Mais, en même temps que lui, un autre voyageur, qui garda l'anonyme et écrivit sans parti pris serbe ou bulgare, publiait dans les Mémoires de la Société Anthropologique de Vienne (1885) des résultats sensiblement différents. La population de la Vieille Serbie ne serait que de 438 000 âmes, dont 2/3 de Musulmans et 1/3 de Chrétiens ou, pour la race, 57 p. 100 d'Albanais et 43 p. 100 de Slaves. Les renseignements que m'ont fournis un commerçant d'Ipek et un correspondant de Prizrend concordent avec cette seconde statistique. Le chiffre total, un peu majoré, s'élèverait à 480 000 âmes. D'autre part, voici le tableau dressé par un ancien consul général de Grèce en Albanie, M. Aristide Roukis. M. Roukis n'écrivait pas pour l'Europe mais pour ses compatriotes, en grec, dans un journal d'Athènes, l'*Acropolis*, et sur un pays que les prétentions grecques n'annexent pas à l'hellénisme : son témoignage me semble donc acceptable.

Districts.	Slaves.		Albanais.	
	Mahométans.	Chrétiens.	Mahométans.	Chrétiens.
Prizrend......	13 000	15 000	35 000	1 700
Diakotvitza...	—	500	25 000	7 800
Ipek..........	—	15 000	20 000	2 200
Kalkandelen..	2 500	25 000	52 000	—
Tonouma.....	—	—	32 000	—
Pristina......	11 000	—	19 000	—
Gilan.........	21 300	1 200	22 000	1 300
Uskub........	30 000	3 000	18 000	—
Mitrovitza....	5 000	—	—	—
Koumanovo ..	2 000	29 000	10 500	—
	84 800	87 700	232 500	13 000

On aurait en Vieille Serbie 235 000 Albanais et seulement 172 000 Slaves, en outre 60 000 Turcs, Tcherkesses, Tsiganes, Valaques, etc... Cette dernière proportion est peut-être faussée et le nombre des Slaves un peu trop faible.

Et pourtant si, au lieu de nous arrêter aux chiffres, nous voulons connaître la puissance réelle et l'influence de chacune des deux races en Vieille Serbie, la proportion de M. Roukis est encore la plus juste. La Vieille Serbie est aux deux tiers albanaise, en ce sens que dans les deux tiers de la contrée les Albanais sont maîtres, tyrans, rois absolus; ils font ce qu'il plaît à leur sabre. L'histoire du congrès albanais de Prizrend et des trois années de rébellion (1878-1881), les prétentions des beys et des agas d'avoir une administration albanaise, de former une sorte de principauté albanaise, vassale mais séparée, le souvenir de toute cette ligue nous reporte à dix ans à peine. Durant ces dix années, l'élément albanais n'a rien perdu. Au contraire, l'invasion de la plaine de Kossovo a continué. Les frontières mêmes de Serbie ne peuvent arrêter les bandes en quête de mouvement ou de profits. C'est un sujet de conflits perpétuels entre la Porte et Belgrade que ces incursions albanaises. Dans cette dernière semaine (11-17 août) un négociant serbe de Nisch, qui descendait à Monastir, fut tué sur le territoire serbe par des irréguliers albanais, et, en Turquie, un consul serbe, M. Martinowitch, fut assassiné dans les rues de Pristina. Un grand bey albanais, qui vient de Kalkandelen, racontait ce soir au Khani ces deux nouvelles : l'autorité turque lui avait conseillé, à lui, de s'éloigner pour quelques jours.

Mais supposons encore que les Albanais rentrent dans leurs montagnes et laissent aux Slaves tout le pays. Ces Slaves parlent serbe, je le concède à M. Goptchevitch; mais, Chrétiens comme Musulmans, ils n'ont pas tous le patriotisme serbe : et depuis vingt ans qu'a fait la Serbie pour les tirer de leur torpeur?

Avant 1876, 101 écoles serbes étaient répandues dans la Serbie turque [1], entretenues par les communautés sur les biens ecclésiastiques. Le livre de M. Goptchewitch nous donne la liste de ces 101 écoles avec leur date d'ouverture depuis celle de Pristina en 1853, jusqu'aux plus récentes qui remontaient à 1874. Géographiquement, ces écoles étaient semées dans toutes les grandes villes : Uskub, Monastir, Okhrida, Prilip, Kalkandelen; la plus méridionale était celle de Kastoria fondée en 1867. Dans les campagnes, deux points semblaient acquis à la propagande serbe : au nord, la plaine de Kossovo et au sud les cantons de Dibra et d'Okhrida; ces deux derniers comptaient à eux seuls près de vingt écoles.

Tous ces établissements sont aujourd'hui fermés; les écoles de l'exarque ont pris leur place et leurs élèves. Aujourd'hui les Serbes de Vieille Serbie et de Macédoine n'ont plus qu'une école supérieure, à Belgrade, « la Svetosarska Scola » : en Turquie, quelques-unes des plus importantes communautés entretiennent seules des écoles populaires et ce sont les communautés au nord du Schar Dagh.

Que l'on ne m'accuse pas d'exagération ni de malveillance, je cite textuellement les paroles de M. Goptchewitch.

Ce livre de M. Goptchewitch a 500 pages. L'exposé de la propagande serbe avec le dénombrement de ses écoles défuntes occupe une page et demie à peine. Le

---

1. Goptchewitch, *Macedonien und Alt Serbien*, p. 320.

reste est le compte de ces droits historiques et philologiques qui nous ont si longtemps retenus. Ce livre donne un tableau très exact du mouvement serbe en Macédoine, beaucoup de paroles et pas d'actes : au sud du Schar Dagh, rien; au nord, des consuls et des paperasses. Nous venons donc trop tard en Macédoine : les Serbes macédoniens ne sont plus, et le pope Stoian reste seul de son espèce, fossile témoin d'une époque disparue. L'avenir sera-t-il plus clément aux Serbes? Une résurrection est-elle possible? Ces 101 écoles se rouvriront-elles quelque jour?...

Les Bulgares se sont bornés très longtemps aux limites septentrionales que leur donnait le traité de San Stefano. Mais, voyant la Serbie élever des désirs sur leur Macédoine, ils se sont crus libres de tout engagement envers ces frères perfides. Les communautés slaves qui bordent le chemin de fer d'Uskub à Pristina commencent à être sollicitées par eux. Quelques maîtres d'école bulgares ont franchi le Schar Dagh; quelques paroisses ont demandé leur réunion à l'exarchat. Si l'Exarque obtient le bérat pour son évêque d'Uskub, il est vraisemblable que le bulgarisme fera de rapides conquêtes vers le nord, et la Serbie, pour l'ombre de la grande Macédoine, aura quitté la proie certaine de la Vieille Serbie.

Il faut ajouter, à l'excuse des Serbes, qu'ils se rendent bien compte de leur impuissance personnelle en Macédoine, et qu'ils espèrent tout le succès d'un secours étranger. Depuis la brouille survenue entre Saint-Pétersbourg et Sofia, les consuls et les agents russes encouragent les prétentions serbes; en haine du Bulgare, le Patriarcat tourne volontiers vers Belgrade les espérances des orthodoxes de la Vieille Serbie. L'appui des Russes et l'entente avec le Grec apparaissent aux Serbes comme les deux gages de leur victoire.

Le Bulgare n'attend rien que de lui-même, de son Église, de sa propagande et de ses écoles. Les Serbes, ayant prouvé par l'histoire et la philologie que les Macédoniens doivent être Serbes, se reposent. Le Bulgare travaille, et de ce lent travail opiniâtre qui fait dire au proverbe : « Le Bulgare chasse le lièvre sur son araba et finit par le prendre ». De quel côté sera le succès? La réponse pour moi ne saurait être douteuse, et j'en reviens toujours à ces trois mots slaves appris dans ma traversée de Macédoine : Ja sam Bougarin. Les Slaves macédoniens se disent Bulgares : Strouga est bulgare, Okhrida bulgare, et bulgare aussi Resnia. Le vilayet de Kossovo peut encore être un champ de lutte entre Bulgares et Serbes; mais, dans le vilayet de Monastir, les Bulgares savent bien qu'ils n'ont plus qu'un ennemi, et cet ennemi, c'est l'Hellène.

IV

LES HELLÈNES

Aristote. — Les écoles grecques. — Évêques et consuls. — Les bienfaiteurs. — L'Hellène et l'Idée.

« Pantelante durant cinq cents ans sur le Caucase de l'esclavage, l'Hellade n'a puisé sa force qu'en l'espérance de ce renouveau national, qu'annonçait la vaillante poésie populaire et que prépara la lutte sur terre et sur mer des héros de notre sang. Sept ans de sublimes combats élevèrent ce premier abri de la vie nationale, notre Grèce libre, que l'heureuse royauté de Votre vénéré Père agrandit des Sept Iles et de la Thessalie. Mais le rêve national reste aux trois quarts inachevé. L'Hellade esclave encore, et surtout la Macédoine, a les yeux sur Votre Royaume... Puisse l'Hellénisme, qui fête aujourd'hui dans la joie cette date mémorable, voir par vous l'accomplissement de ses intimes désirs et puisse la Grande Idée rencontrer en vous, notre Diadoque adoré, son prêtre et son hiérophante. »

C'est en ces termes que Jean Kallostypis dédiait au Diadoque (prince héritier) Constantin de Grèce son livre de la Macédoine [1], à l'occasion de la majorité du prince. L'auteur écrivait pour satisfaire sa conscience, pour remplir un devoir. Il connaissait l'ignorance de

---

1. Joannou Kallostypi, *Makedonia*, Athènes, Vilberg, 1886.

ses compatriotes touchant les choses macédoniennes. Il voulait y remédier :

« Dans notre singulier pays, nous avons l'habitude de parler et d'écrire sur beaucoup de belles et utiles choses, mais aussi de ne traiter à temps aucune des plus importantes questions et surtout de ne rien connaître à fond de ce que nous écrivons d'une plume si rapide... Nous parlons de la guerre, nous écrivons sur la Macédoine, nous tonnons sur le péril national, nous sommes merveilleux d'orgueil sur nos droits héréditaires... La Macédoine, disons-nous, est le cœur de l'hellénisme... La Macédoine est en danger... Sans Macédoine, point d'Hellade, ni grande, ni petite. — Ces nobles prédications font grand honneur, sans doute, à l'écrivain, à l'orateur ; elles prouvent surtout notre faconde. — Oui, la Macédoine est vraiment le fondement de l'Hellade unie et grande, la Macédoine est le boulevard de la liberté grecque, le gage de son avenir. Mais si vous cherchez la source de tant d'éloquentes tirades, les chiffres, les faits que contiennent ces patriotiques phrases, vous le verrez, plus lumineusement l'intérieur de l'Afrique ou le fond de la Polynésie est connu de nous, que les contrées helléniques aux portes de ce royaume [1]. »

M. Kallostypis offre donc à ses concitoyens une étude économique, géographique, historique et ethnologique de la Macédoine.

*
* *

Voyons d'abord ce que réclament de la Macédoine les patriotiques orateurs et les cartes patriotiques.

---

1. Kallostypis, p. 7, 8.

Nous prendrons ensuite l'étude de M. Kallostypis pour être renseignés sur l'état actuel et sur l'avenir du combat macédonien.

La *Carte Ethnologique de la Turquie d'Europe et de la Grèce*, publiée en 1876 à Londres par Edward Stanford, et traduite en français [1], m'a été donnée par le Syllogos des Études Grecques d'Athènes comme la carte officielle en quelque sorte des réclamations helléniques : l'Hellade future y contient toute la Macédoine jusqu'à une ligne presque droite, allant de Strouga à Katchanlik sur le Vardar, puis rejoignant par Kustendil le Balkan et le suivant jusqu'à la mer Noire.

Le traité de Berlin et la révolution rouméliote auraient donc fortement écorné le patrimoine grec. Les Grecs eux-mêmes ont un peu rabattu de leurs prétentions. Dans la *Carte des Pays Helléniques* dressée par Kiepert sur la demande et aux frais du *bienfaiteur* Stéphanos Zaphiropoulos et sur les données du Syllogos des Études Grecques (Berlin, Reisen, 1881), la frontière rêvée quitte le Drin un peu au nord de Strouga et rejoint le Vardar à Veles en passant par Kroutchevo. Le bassin de Prizrend-Pristina resterait donc en dehors de l'Hellade future. Mais ce bassin est pour les Grecs peuplé d'Albanais, de frères en Pélasgos l'ancêtre commun, d'alliés sinon de compatriotes, et les espérances slaves ne doivent guère dépasser Pristina et Novibazar. La conquête grecque en Macédoine n'est

---

1. Dentu, 1877.

pas moins envahissante, on le voit, que la conquête bulgare.

Je n'ai pas besoin de rappeler ici de quels droits philosophiques, archéologiques et religieux, les Grecs appuient leurs prétentions, — les Grecs, petits-fils de Philippe et d'Alexandre, neveux de Rome et fils de Byzance. Je regrette autant que M. Kallostypis « que la mort prématurée d'Alexandre ait ruiné l'unité de son empire et dissipé son rêve idéal d'un royaume universel et d'une fraternité humaine ». Mais laissons Héraklidès, Perdiccas, Philippe, Alexandre et leurs successeurs; ils n'ont plus grande influence en Macédoine. D'autant que les Bulgares ont découvert une histoire plus ancienne où la Macédoine était slave avant cette première conquête grecque : M. Bielovski en rapprochant le nom des Lekhs (Linchitae des Chroniqueurs latins) de celui de Lyncestes, peuple de Macédoine, est arrivé à cette découverte [1]. Personne n'ignore que Lekhs est le seul nom que les Slaves se soient jamais donnés entre eux.

※
※ ※

Mais les Grecs, malgré leur amour de l'éloquence et de la chicane, sont beaucoup trop pratiques pour se payer de mots et de droits historiques. La Macédoine était à leurs pères : pour l'avoir eux-mêmes, ils ont compris qu'il fallait la conquérir, tout au moins la défendre.

1. Viquesnel, *Voyage dans la Turquie d'Europe*, appendice, I, p. 486; — Kallostypis, p. 44.

« L'édifice granitique de l'hellénisme macédonien a bien été ébranlé par les secousses de l'Encelade barbare, mais il a toujours survécu même au tourbillon que de l'Orient le Turc déchaîné poussa vers l'Europe. Nous avons admiré dans la Macédoine la puissance de production, nous avons admiré son harmonie géographique et son importance militaire, nous avons admiré son art et sa grandeur dans les œuvres de la guerre et de la paix, nous avons admiré [1]... »

M. Kallostypis admire encore sa courageuse résistance aux violences des peuples *barbarophones* et finit par admirer, ce qui nous importe ici, son amour de l'instruction, — de l'instruction hellénique, s'entend.

« La Macédoine est la digne fille d'Aristote : gymnases complets, écoles primaires, séminaires, écoles de filles, demi-gymnases, écoles helléniques, démotiques, enfantines, mutuelles, versent le vin brillant des lettres, des grandes villes aux moindres hameaux. »

Entre Aristote, pourtant, et mon ami Joanni Lagopati, le didaskale de Monastir, M. Kallostypis est bien obligé de reconnaître une interruption, un trou noir où, durant trois siècles, l'instruction hellénique n'est distribuée à la Macédoine que par quelques écoles de couvents et de cathédrales, derniers refuges contre la fureur turque. Et ces écoles elles-mêmes n'avaient d'hellénique que la langue enseignée.

La première école véritablement hellénique date d'un siècle et demi. Elle fut ouverte à Koshani vers 1740,

---

1. Kallostypis, p. 55.

par Eugenios Voulgaris, aux frais des riches marchands koshanites établis à Pest. Les legs patriotiques dotèrent cette école de revenus nombreux, surtout d'une bibliothèque qui aujourd'hui encore passe pour la plus riche de la Macédoine. Eugenios Voulgaris, « le grand didascale de la Race », le traducteur en hexamètres et en langue homérique de l'Énéide, resta trois ans à Koshani. Il forma tout un personnel enseignant qui dès 1745 avait peuplé d'écoles Schatista, Serres, Naousa, Karaferia, Salonique : la Grèce propre n'avait alors que deux écoles rudimentaires à Dimitzana dans la Morée, et Athènes.

De 1745 jusqu'à nos jours, chaque année a vu s'étendre ce réseau scolaire. En 1877, M. Edward Stanford [1] donnait à la fin de sa brochure le tableau suivant :

Évêché de Kastoria.

	Écoles helléniques (2).	Écoles primaires.	Écoles élémentaires.	Écoles de filles.	Nomb. des élèves.
Grevena et Kastoria.	6	10	—	—	350
Sisamion	1	1	—	—	170
Schatista	1	1	—	—	450
Dans 32 villages	—	29	20	3	700
Évêché de Pelagonia.					
Monastir et environs.	1	3	3	1	1 200
Prilip	1	1	—	—	189
Magarovo	—	1	—	1	322
Kitchovo	—	1	—	—	35
Nicopolis	1	1	—	—	102
Évêché de Velussa	1	1	—	—	198
A reporter :	12	49	23	5	3 716

1. Ouvrage cité.
2. Dans le monde grec, l'école hellénique est une école primaire supérieure assez semblable aux Realschulen allemandes.

	Écoles helléniques.	Écoles primaires.	Écoles élémentaires.	Écoles de filles.	Nomb. des élèves.
Report :	12	49	23	5	3 716
Évêché de Gortcha..					
Gortcha............	1	1	1	1	550
3 villages..........	—	3	—	—	92
Moschopolis........	1	1	—	1	80
Évêché de Vodena.					
Yenidje Vardar......	1	1	—	1	270
Vodena............	1	1	1	—	307
Giumenitza.........	1	1	—	—	60
Gergeli.............	—	1	1	—	76
Okhrida............	1	1	—	—	210
	18	59	26	8	5 361

Total : 5 361 élèves des deux sexes dans 111 écoles.

Durant les dix années suivantes, on peut juger de l'effort vraiment gigantesque de l'hellénisme macédonien, en comparant à ces chiffres de 1877 ceux que donne M. Kallostypis pour 1887. J'ai tout lieu de ne pas douter de leur exactitude, les ayant contrôlés pour le vilayet de Monastir et les ayant reconnus véridiques :

	DIRECTIONS	
	Bitolia	Koshani
Gymnases	1	»
Écoles helléniques.........	20	7
Écoles primaires..........	58	14
Écoles mutuelles..........	156	20
Écoles de filles	22	4
Écoles enfantines.........	27	4
Total....	284	49
Élèves	15 871	2 670

Soit un total de 333 écoles, peuplées de 18 541 élèves : en dix ans le nombre des écoles et celui des élèves a triplé. De 1887 à 1890, il semble qu'il y ait eu arrêt : on ne peut signaler que quelques écoles nouvelles dans le district de Gortcha, et une autre tentative plus sérieuse vers le district d'Uskub, où neuf écoles ouvertes reçoivent aujourd'hui 400 élèves environ.

Et pour apprécier toute la valeur de l'effort, il faut bien tenir compte des véritables auteurs de cette propagande. Le Gouvernement grec et le Patriarcat ont contribué sans doute pour une part, mais une très faible part. Ce sont les communautés indigènes qui le plus souvent ont appelé et entretenu les maîtres d'école d'Athènes. Surtout, ce sont les Macédoniens enrichis par le commerce et établis à Constantinople, Alexandrie, Odessa ou Marseille, dans tout le monde méditerranéen, qui de leur argent ont travaillé au réveil, à l'éclairage (c'est le mot courant) de leurs compatriotes. Athènes, le plus souvent, soit par le Ministre des Affaires Étrangères, soit plutôt par l'Alliance pour la diffusion de la langue grecque (Syllogos pros Diadosin tôn Hellenikôn Grammatôn), n'a fourni que le personnel. Le Patriarche et les Évêques n'ont abandonné que quelques biens meubles, immeubles et fonciers, une maigre portion des dîmes et des droits ecclésiastiques. C'est Tositzas du Caire, Averof d'Alexandrie, Stéphanos Zaphiropoulos de Marseille — pour ne citer que les tout grands bienfaiteurs — qui ont payé matériel, livres, professeurs, et souvent même la nourriture des élèves.

Chaque bourg de Macédoine porte inscrit au fronton de son école le nom de l'avocat, du capitaine marchand, du banquier ou du bacal, qui toute sa vie peina pour gagner une fortune dont son amour de la Race et de la Gloire ne lui laissa pas chercher d'autre emploi.

*
* *

Il est certain que cet effort n'a pas été mal appliqué, que ces forces ne se sont pas dépensées à la poursuite de chimères. Les cartes patriotiques peuvent annexer toute la Macédoine à la Grèce future, de l'Olympe jusqu'à Kalkandelen et Uskub. Les gens sages, même en Grèce, pour mieux étreindre, n'embrassent point autant. Écoutez M. Kallostypis discuter les prétentions du Saint Exarchat sur toute la Macédoine : « Quoi! les villes suivantes sont Bulgares! je ne nomme que les villes pour ne pas défiler tous les villages, bourgs et hameaux! Schatista est Bulgare! et Anaselitza! et Grévena, Kastoria, Klisoura, Gortcha, Florina, Magarovo, Tirnavo, Bitolia, Kroutchovo, Moschopolis, Vodena, Naoussa, Karaferia, et Salonique! »

Après les conquêtes chimériques, voilà les vraies revendications. Toutes les villes que vient d'énumérer l'auteur, sont comprises au sud d'une droite tracée de Gortcha au Vardar par Florina et Vodena; seules, Bitolia, Tirnavo et Kroutchovo dépassent vers le nord. Une ligne brisée, ayant Monastir pour sommet et allant par Gortcha s'appuyer au Pinde et par Vodena au Vardar, représente le front d'attaque de l'hellénisme vers le nord; et c'est dans ces limites que la propagande scolaire a remué tout le terrain. Les écoles d'Uskub, enfants perdus de la grande armée, ne doivent servir aujourd'hui qu'à ennuyer l'ennemi dans ses terres et demain qu'à fournir un thème de négociations, une matière d'échange si quelque coin d'hellénisme tombait aux mains du Bulgare.

Mais, appliquée au point utile, une force peut encore être mal dirigée. La propagande grecque vit matériellement dans les innombrables comités locaux, que les communautés helléniques chargent de surveiller leurs écoles : l'inspiration vient de deux sources, de Constantinople et d'Athènes. Le Patriarche et ses représentants, les évêques, chefs religieux, ont seuls de par les lois turques le droit d'ouvrir et de gouverner des écoles chrétiennes. Les consuls grecs, dispensateurs de l'argent, représentants de la Race, du Syllogos d'Athènes et des bienfaiteurs étrangers, ont le pouvoir effectif.

Ces deux puissances alliées, amies intimes le plus souvent, ont parfois de malheureuses rivalités. Jamais, si l'on compare la propagande grecque à sa rivale bulgare, il n'est possible de retrouver dans celle-là l'organisation militaire, la discipline immédiate et indiscutée de celle-ci. Le clergé fanatique et les consuls autoritaires n'ont pas tiré de la lutte contre le Bulgare tous les avantages que l'amitié des populations devait leur assurer. Un petit fait entre mille est survenu avant-hier, ici même, juste à temps pour nous éclairer.

Personne à Monastir, sauf peut-être les autorités, n'a la naïveté de confier ses lettres à la poste turque. Une lettre met tant de mois à traverser les cabinets clairs ou noirs! et les postiers, tant de jours à rejoindre le chemin de fer de Salonique! Chrétiens ou Musulmans, tous les négociants chargent un ami en partance, un charretier, de porter leurs lettres à Salonique, ou de les jeter à la boîte de Gradsko, la gare voisine, à douze heures d'ici... L'autorité turque, jalouse de son monopole, a fait saisir et condamner les porteurs. Un compromis est intervenu. Le colportage des lettres est toléré désormais, pourvu que toute lettre soit affranchie au départ, et que le timbre soit oblitéré par le bureau de Monastir. C'est, comme on voit, un système de poste économique : le gouvernement ne fournit que le timbre, les particuliers pourvoient au transport.

L'archevêque de Monastir envoyait donc avant-hier tout son courrier à la poste pour faire oblitérer ses timbres. L'employé — un Byzantin élevé à la franque — arrêta une enveloppe trop lourde adressée au Patriarche et affranchie d'un seul port. Le directeur, plus zélé et plus turc, brisa le cachet pour voir un peu quels papiers pesaient si lourd... L'enveloppe contenait deux lettres, l'une pour le Patriarche, l'autre pour le premier ministre grec, M. Tricoupis. Dans celle-ci, l'archevêque demandait la révocation immédiate du consul grec, un « athée, un traître, un vendu, un catholique ». Le consul grec, Corfiote de descendance italienne, comme son nom de Fontana l'indique, est un des agents les plus instruits et les plus corrects que dans mes nombreux voyages à travers l'hellénisme j'aie encore trouvés au service du roi Georges; mais il est catholique! Reconnaître le Pape! faire le signe de croix de gauche à droite! Dieu ne préfère-t-il pas les Turcs aux Catholiques? Pour l'archevêque c'est une question douteuse. Et l'avenir de l'orthodoxie était aux mains d'un catholique !... Monseigneur, mandé au Konak, a été menacé d'un procès de haute trahison. Fonctionnaire public, il entretenait une correspondance avec une puissance étrangère... On parle de 500 livres turques que l'archevêque de Monastir aurait prié S. E. le Vali de distribuer en bonnes œuvres.

L'autorité turque exploite ainsi, et très souvent, les rivalités des chefs de l'hellénisme. Combien de cinq cents livres dont Monseigneur eût trouvé un meilleur emploi dans les écoles que dans les Konaks!

Les torts sont presque toujours du côté du clergé. La dure leçon du schisme bulgare n'a pas guéri le Phanar de son amour exagéré de l'or ni de son fanatique formalisme. Les témoins oculaires prétendent cependant que ces vices ont notablement diminué durant ces quinze années dernières : l'ignorance du bas clergé est allée s'amoindrissant. Il faut, en effet, reconnaître les efforts du Patriarche pour l'instruction de ses prêtres. Une école hiératique (séminaire), fondée à Monastir et peuplée de 42 élèves, fournit la Macédoine de popes, très savants, si l'on songe aux prêtres et aux moines d'autrefois : on connaît la belle réponse d'un moine à Pouqueville cherchant des manuscrits dans la bibliothèque d'un couvent : « Nous avons brûlé toutes les paperasses de ces Juifs d'Hellènes. »

Quels que soient les torts du clergé, le personnel consulaire n'est pas à l'abri de tout reproche. Toute nomination à un emploi public étant en Grèce affaire de parti, le corps consulaire n'est recruté que parmi les commatarques (chefs de parti) du Ministre au pouvoir. Ces consuls, éphémères comme leurs protecteurs, souvent sans grande moralité, plus souvent encore sans habileté, sont presque toujours sans habitude de leur métier, sans tradition, sans savoir-faire. Apathiques ou trop zélés suivant leur tempérament, ils ne laissent que trop d'occasions au Turc d'intervenir dans leurs affaires, soit qu'ils n'aient pas la conscience et le souci de leurs privilèges, soit qu'en les dépassant ils fournissent à l'autorité turque un prétexte plausible de remontrances. On vient de saisir à Kastoria chez l'agent grec toute une caisse de correspondances (c'est du moins ce que l'on racontait ce soir au Konak du Vali; en tenant compte de la distance entre Monastir et Kastoria, nous réduirons cette caisse à un paquet de lettres), et un plan détaillé d'une conjuration idéale que, par des fonds à trouver, on susciterait parmi les beys de Gortcha. Le Vali ne vendrait pas au poids de l'or cette trouvaille! Le Grec ingénieux expliquait tout au long quel pappas et quel maître d'école, quel bacal et quel muletier étaient ou n'étaient pas dignes de confiance. Voici donc entre les mains de Son Excellence une liste complète des agents de l'hellénisme; au moindre soupçon ou au premier besoin d'argent on pourra utilement la consulter. La propagande hellénique devra donc être fort prudente désormais dans tout ce canton. Et ceci n'est point d'un exemple isolé. Par toute la Macédoine, les Grecs en faisant beaucoup de besogne avaient aussi fait beaucoup de bruit. Le Turc était en défiance. La dernière révolte crétoise, survenant pour légitimer ses soupçons, l'a mis dans une sourde rage. L'hellénisme en sentira longtemps les effets. Vainqueur de la Crète, le Turc a perdu toute modération envers le Grec qu'il croit abandonné de l'Europe.

*
* *

Hier, entre Européens, nous nous entretenions de cette révolte crétoise et des espérances semées à travers tout l'hellénisme par le mariage du prince héritier de Grèce avec une sœur du Grand Empereur : l'appui allemand et autrichien enlevé au Bulgare, c'était le triomphe à courte échéance; l'hellénisme, dans la joie, attendait l'union de la Crète comme gage de la Nouvelle Alliance... L'Allemand s'est dérobé, la Crète est soumise.

Le mystère, qui entoure les choses crétoises, a produit une impression très profonde sur les Grecs, ennemis par curiosité et par crainte de l'inconnu. Cette première habileté du Turc à expédier dans le silence une besogne nécessaire, leur a imposé. Puis sa rapidité dans l'accomplissement même de cette besogne les a surpris. Quand on annonça le départ des troupes turques vers la Crète, les cafés grecs s'amusèrent beaucoup d'une aussi bonne plaisanterie : des Turcs rassemblés, vêtus, armés, et naviguant, et s'en allant affronter les Crétois! De fait les vaisseaux turcs, un peu à l'aventure, cognèrent à toutes les îles de l'Archipel. Mais ils arrivèrent. Ensuite on parla de troupes révoltées, de gouverneur abandonné. Un mois plus tard, sans que l'on sût trop comment, les Crétois, les plus pallikares de tous les Grecs, étaient domptés.

Restait la conclusion, où le Grec espérait sa revanche ordinaire : le Turc mystifié ne gagnerait rien à être le maître, car l'Europe imposerait au Sultan l'amnistie des rebelles et la garantie des privilèges. Le firman dit d'amnistie stupéfia. Que le Turc fût assez adroit pour mettre les Crétois au secret, qu'il fût assez fort pour les réduire, passe ! mais qu'il fût assez retors pour rédiger un firman d'amnistie qui n'amnistiait personne, un firman de garantie qui supprimait tous les privilèges, cela dépassait — et de l'infini — les plus pessimistes des suppositions.

On ne saurait trop insister sur cette révolution crétoise et sur l'état d'esprit qu'elle a créé dans tout l'hellénisme : surtout, on ne saurait en exagérer l'importance pour l'avenir de l'hellénisme macédonien.

L'hellénisme, en effet, n'est point une œuvre de matière, ni un produit de la nature. Les autres nations ont été créées, presque malgré elles, par le hasard, le climat, la force extérieure des hommes et des choses. L'hellénisme se crée lui-même; c'est une œuvre d'esprit, et la moins matérielle des œuvres humaines. Prenons l'exemple de la Macédoine.

M. Kallostypis nous parle d'Hellènes *hellénophones* et d'Hellènes *albanophones, vlachophones* ou *bulgarophones,* c'est-à-dire d'Hellènes ne parlant que grec et d'Hellènes parlant aussi albanais, valaque ou bulgare. Kroutchovo est vlachophone, Gortcha est albanophone et Vodena bulgarophone. Sur quatre Hellènes macédoniens, trois au moins sont des Albanais, des Valaques ou des Bulgares, et pourtant tous quatre sont des Hellènes. Je me suis demandé bien souvent comment définir ces Hellènes, où trouver le signalement exact qui les fera reconnaître entre vingt Turcs, Bulgares, Juifs, Serbes ou Arméniens non hellénisés?

Le costume ne saurait être un bon guide. La blanche fustanelle et les belles cnémides ne sont plus de mode que chez les paysans : l'Hellène citadin demande, comme notre ami Eustatios, aux Nouveautés et Confections de Vienne ses complets bruns ou gris quadrillés de jaune ou de noir. Par contre, les Albanais Toskes balancent leurs fustanelles sur toutes les routes, de Prévéza à Durazzo... Le type physique, le nez droit continuant sans cassure la ligne droite du front, est un bon critérium pour les statues, mais non pour les personnes. Ce n'est pas que dans un bal athénien on ne pût cueillir quelques têtes de déesses antiques; mais les portraits des anciens nous montrent qu'autrefois ce type n'était, comme aujourd'hui, que l'exception... La langue? La ville d'Adalia, en Asie Mineure, est composée de deux quartiers : dans le castro, les Chrétiens ne parlent guère que turc et se disent Hellènes; au dehors, des Turcs, descendants des Turcs Moraïtes qui durant la révolution de 1820 s'enfuirent de Coron et de Modon, ne parlent que grec. De même les Hellènes de Zelachovo, à l'est du Vardar, sont, dit M. Kallostypis, *Turcophones*[1]. D'ailleurs, au bazar, Arméniens, Juifs, Turcs et Francs, sans être Hellènes, parlent grec à Smyrne, à Constantinople, à Salonique... Pour la religion, toute l'orthodoxie ne se réclame pas de l'hellénisme, et, en dehors de l'orthodoxie, les catholiques de Naxos et de Corfou sont de purs Hellènes; et même, je connais des Musulmans aussi Hellènes que bien des Moraïtes. J'avoue que ces derniers sont un peu des oiseaux rares; mais je pourrais citer tels agas d'Épire et tels médecins des îles ou d'Asie Mineure, dont il m'est difficile pourtant de fournir les noms au gouvernement turc.

L'hellénisme n'est donc pas l'ensemble des fustanelles, ni des nez droits, ni des *hellénophones*, ni des orthodoxes. En somme, un Hellène ne porte aucun signe apparent de sa nationalité, et le seul critérium que j'aie pu découvrir encore, est la réponse « je suis Hellène » qu'aux premières questions un Hellène ne manquera pas de faire. Le Bulgare ou le Serbe fondent leurs nations sur des théories de race ou de religion : l'Hellène n'en appelle qu'à sa libre adhésion. C'est d'une étude toute moderne que cette nation en croissance, s'agrandissant non d'après les usages anciens, par les violences des guerres et les coups d'épées

---

[1]. Ouvrage cité, p. 68.

des hommes providentiels ou par l'apport mécanique des hasards, du voisinage et des circonstances, mais suivant la dernière formule philosophique en quelque sorte, par la conquête des esprits et le libre consentement des individus. L'hellénisme mérite bien le nom de *Grande Idée* en ce qu'il n'est que la résultante des idées individuelles, et que, pour être Hellène, il suffit, par-dessus toutes les différences matérielles, de croire en l'Idée, d'espérer en l'Idée, de vivre en l'Idée.

Cette œuvre humaine a la beauté d'une œuvre d'art, mais elle en a aussi toute la fragilité. Reposant sur la seule volonté des individus, toutes les fluctuations, tous les caprices des individus la déforment. Les défaites morales atteignent l'hellénisme plus vivement que les pertes matérielles. Et quand survient le malheur, les plus graves de ses effets sont les dissensions, les querelles, les défections qu'entraîne le découragement.

Le malheur crétois a eu pour premier résultat de creuser un schisme entre deux fractions de l'hellénisme macédonien. Les Hellènes vlachophones ont douté de la Grande Idée, et, quittant l'hellénisme, ils cherchent ailleurs où porter leur foi. Ce matin, chez les Lazarites français, nous avons rencontré Apostolo Margariti, l'Apostolo dont nous parlaient avec mystère les Valaques de Dchoura! Nous savons les *Choses valaques*, nous avons lu le précieux « Thirje mi Kombin Sqipetar ».

V

LES VALAQUES

La Grande Valachie. — Apostolo Margariti. — Valaques et Albanais. — Les Lazaristes. — Valaques et Catholiques.

Comme les Grecs, les Serbes et les Bulgares, les Valaques ont leurs droits historiques sur la Macédoine. Leurs titres de propriété sont anciens et nombreux, et leurs ancêtres putatifs plus nombreux encore; chaque auteur leur invente une filiation nouvelle.

Les Valaques eux-mêmes ont varié dans leurs prétentions. A la recherche d'un père, ils en ont successivement trouvé plusieurs, tous aussi vraisemblables les uns que les autres. Il y a cent ans, l'Europe leur avait appris qu'ils descendaient des vaincus de Pharsale et de Philippes, ou des vainqueurs, établis en colons par César et Auguste après leurs victoires civiles.

Pouqueville[1] hésitait entre cette première opinion et la légende rapportée par un auteur byzantin, Kinnamos, d'après laquelle des émigrations italiennes, fuyant devant les Barbares, auraient passé l'Adria-

---

1. Pouqueville, *Voyage de la Grèce*, t. II, p. 327-337.

tique, et d'Otrante, Bari, Foggia, abordé aux côtes albanaises. Jusqu'au Pinde et jusqu'au Vardar, le commerce et surtout les habitudes pastorales — les migrations qu'exige chaque hiver et chaque été l'élevage des moutons — auraient disséminé ces familles latines.

Thunmann [1] et Finlay [2] découvrirent ensuite à nos Valaques une plus lointaine origine : ils étaient les fils des Thraces, les représentants des races aborigènes antérieures à l'hellénisme, et que les colonies athéniennes ou mégariennes, puis les conquêtes d'Alexandre et de ses successeurs avaient repoussées dans les monts. Soumises autrefois par les Hellènes de Macédoine, ces tribus n'auraient pas néanmoins cessé d'exister. Elles auraient accueilli les Romains en libérateurs et, soit par affinité, soit par reconnaissance, auraient accepté leur langue et leurs mœurs. La Thrace, d'ailleurs, pays d'esclavage dépeuplé par la chasse à l'homme et province frontière, aurait attiré de nombreux colons romains. Au sud du Danube, une Valachie aurait existé dès le temps des premiers Empereurs.

Par malheur, les recherches d'Albert Dumont ont prouvé qu'au second siècle de notre ère la Thrace était entièrement grecque : dans les vallées les plus reculées, Dumont trouva des inscriptions grecques; les inscriptions latines n'apparaissent que par accident, sur quelque tombe isolée de soldat ou de colon romains.

1. Thunmann, *Untersuchungen über die östlichen Völker*, p. 323.
2. Finlay, *History of Greece*, III, p. 228.

En Macédoine déjà, par les découvertes de M. Heuzey [1], on pouvait se convaincre que les Valaques actuels n'occupent pas la place des anciennes colonies romaines. La plaine de Monastir, peuplée de Valaques, ne donnait que des inscriptions grecques. La plaine de Drama, l'ancienne Philippes, jonchée d'inscriptions latines, n'était occupée que par des Hellènes et des Turcs.

Les Valaques — ou ceux qui se mettant à leur tête ont la prétention de les représenter : les Roumains, — les Valaques s'en tiennent pourtant à la théorie de Finlay. Si l'on en croit M. Xénopol [2], une immense Valachie s'est jadis étendue de l'Adriatique à la mer Noire, et du nord de la Transylvanie au sud de l'Hémus. Jusqu'au VIe siècle de notre ère, cette Valachie se garda vierge de tout hellénisme ; aux IVe et Ve siècles, on prêchait en latin sur les bords du Danube ; en 579, d'après le Byzantin Théophylacte, un muletier de l'Hémus criait en valaque : Torna fratre! L'invasion slave, s'introduisant comme un coin dans cette masse valaque, l'aurait séparée en trois tronçons : les Valaques du nord (Roumains actuels), les Valaques de l'Istrie, et les Valaques de l'Hémus et du Pinde. Dès lors dispersé, le peuple valaque ne s'est jamais plus reconstitué : les Daco-Roumains, les Istro-Roumains, les Macédo-Roumains vécurent sans plus de relations,

---

1. Heuzey et Daumet, *Mission de Macédoine*.
2. Voir *Revue historique*, 1892. M. Xénopol, professeur à l'Université d'Iassi, s'est longtemps occupé de cette histoire valaque. C'est à sa complaisance que je dois une bonne partie de ce chapitre.

ignorants les uns des autres, et ils vivront ainsi jusqu'au jour promis par la justice, où tous ces frères réveillés se lèveront contre l'intrus et reconstruiront la Grande Valachie.

Nous n'avons pas à nous occuper ici des Daco-Roumains ni des Istro-Roumains. Au VIIIe siècle, nos Roumains de Macédoine, chassés par le Slave, auraient déserté les plaines pour le sommet des monts : quittant les mœurs agricoles que leurs frères de Dacie conservèrent toujours, ils seraient devenus pasteurs. Sur toutes les montagnes de la péninsule, jusqu'au Matapan et jusqu'en Crète, ils auraient promené leurs troupeaux de moutons et leurs capotes noires (Karagounis). Les deux plus hautes chaînes, l'Hémus et le Pinde, auraient été pour eux les meilleurs abris. C'est en effet de ces deux montagnes que brusquement ils descendent dans l'histoire byzantine au début du XIe siècle.

*
* *

Ici commence pour nous la véridique histoire des Macédo-Roumains. A la chute du royaume bulgare d'Okhrida (1118), des bergers valaques, pour gagner la faveur de Basile II, massacrent les derniers chefs bulgares dans le pays de Kastoria; Basile, par une bulle d'or, soumet les Valaques du Pinde à l'Exarque bulgare d'Okhrida. Quand, vers 1160, le grand voyageur juif Benjamin de Tudèle visite la Grèce, les Valaques ont envahi toute la Thessalie, et Zeitoun (Lamia) est leur ville du sud : « C'est là qu'on entre en Valachie, un pays dont les habitants portent le nom de Vlaques. Aussi agiles que des chevreuils, ils descendent de leurs monts dans les plaines grecques, pour piller et faire du butin. » Cette Valachie du Pinde est dès lors désignée du nom de *Grande Valachie*, ou *Valachie supérieure* (Anovlachie) par les auteurs byzantins, de *Vlaquie le Grant* par Villehardouin et les chroniqueurs de l'Empire latin. Trois autres Valachies apparaissent en même temps dans leurs récits : la Valachie blanche sur les contreforts sud et les pentes nord du Balkan; la Valachie noire ou Karabogdon en Moldavie; l'Hungarovalachie dans la Roumanie actuelle.

Les Valaques Blancs, sujets du premier Empire bulgare et des Byzantins, se soulèvent en 1185 contre Isaac II l'Ange. Un édit impérial doublant la dîme des troupeaux est la cause de leur révolte, et les chefs sont trois frères valaques, Jean, Pierre et Asan. Après des succès mêlés de revers, les Valaques Blancs assurent leur indépendance : ils fondent un royaume qu'ils savent défendre aussi bien contre les Byzantins que contre les Latins, nouveaux venus à ce rendez-vous des peuples (1204).

Cet État du Balkan est connu d'ordinaire sous le nom de second Empire Bulgare (1185-1260 environ). Les Roumains aujourd'hui protestent contre ce titre et ne parlent que d'Empire Valaque : Finlay leur avait déjà donné raison.

Ce second Empire Bulgare est en effet valaque : par ses rois, tous de la famille valaque de Pierre, Asan et Jean ; par leur titre, *Roi des Valaques et des Bulgares* ; par leur langage ; par leur aversion du Grec, race et langue ; par la conscience et la prétention qu'ils conservent toujours, même durant leurs luttes contre l'Empire latin, d'être les descendants et les représentants orientaux de Rome et de la romanité. Au début même de cet Empire, le roi Pierre sépare son Église des Patriarches byzantins et la soumet à la papauté romaine. L'Empire latin eût trouvé des alliés dans ces Latins catholiques, et la romanité eût peut-être triomphé pour toujours dans la péninsule des Balkans, si Baudouin et ses successeurs avaient compris l'utilité de l'alliance valaque. Mais l'Empereur latin prétendait à tout l'héritage du Byzantinisme ; il continua les guerres d'Isaac contre les Vlacho-Bulgares, qu'il appelait ses sujets révoltés ; au reste il fut malheureux...

Le nouvel Empire vlacho-bulgare s'étendant de proche en proche finit par rejoindre les Valaques du Pinde. Du Danube à Lamia, Jovan Asan II règne en 1230 sur tous les Valaques unis. Puis cet empire succombe sous les Grecs de Salonique et de Byzance (1269). Mais une principauté valaque subsiste dans l'Anovlachie, et durant un siècle (1260-1350) des princes grecs, frères, bâtards ou neveux des Empereurs byzantins, gouvernent cette principauté, vassale en titre, en fait indépendante. L'Anovlachie est ensuite la proie du Catalan, du Serbe, du Franc, du Grec, jusqu'au jour où le Turc rétablit dans ces plaines la paix et la solitude (1480).

*
* *

Les Valaques de Macédoine font dès lors partie de la communauté grecque. Les uns vivent en nomades, hivernant avec leurs troupeaux sur les côtes de l'Adriatique et de l'Archipel, de Naupacte à Durazzo, de Lamia à Salonique, et remontant l'été vers leurs retraites inaccessibles. Les autres, fixés dans la chaîne du Pinde, habitent autour de leur grand centre Mezzovo, dans leurs villes de Syrrakou, Kalarrytais, Moschopolis (près de Gortcha) et dans une centaine de villages. Nous avons vu leur rôle commercial. Muletiers, caravaniers, entrepositaires, ils sont au XVIIe siècle les intermédiaires entre l'Albanie et l'Europe; ils s'en vont aux foires de Moscou, de Vienne, de Leipzig et de Beaucaire [1]. Quoique divisé en deux tribus, — Valaques Massarets au nord près de Gortcha, et Mégalovlachites au sud près de Syrrakou, — tout ce peuple demeure très uni par une langue, des coutumes et des légendes pareilles, et par la même demi-indépendance. Les pasteurs ont conservé la liberté du nomade. Les commerçants, donnés en douaire à la Sultane Validé, jouissent des grands privilèges que la loi turque accorde aux biens *vacoufs*. Devenu riche, ce peuple acquiert une grande habileté et renommée d'orfèvres : dans leurs bazars de Mezzovo et de Larissa, ils cisèlent pour toute l'Albanie les ornements d'argent qui re-

---

1. Pouqueville, *Voyage de la Grèce*, t. III, p. 1.

luisent à la ceinture ou sur la tête des femmes, les crosses de fusils et de pistolets, les poignées de dagues, les cartouchières, ou les cadres et les auréoles des icônes dorées.

A la fin du xviii⁰ siècle, les Valaques se divisent. Ali Pacha, le Tebelenli, a facilement étendu sa capricieuse tyrannie sur les villes valaques, et les commerçants trouvent leur intérêt à cette servitude; ils deviennent les banquiers, trésoriers, secrétaires et drogmans du terrible Pacha, ses instruments de règne. Mais les libres pasteurs, à qui le Turc a laissé l'usage des armes et qui sous le nom d'Armatoles n'obéissent qu'à leurs capitaines héréditaires ou élus, les pasteurs s'insurgent : ce sont eux qui commencent la Révolution grecque.

« Nous nous croyions, nous nous disions Hellènes ; sous l'influence des évêques du Phanar, tout patriotisme local avait disparu en nous. Nous n'avons plus songé qu'à l'hellénisme; nous avons souffert, lutté, succombé pour la Grande Idée. C'est nous qui avons fait la Grèce. Ce sont les nôtres, Grivas, Colettis, Marcos Botzaris, Tzavellas, Hadji Petros, Androutzos, Boucovallas, Diacos, Zervas qui ont assuré le triomphe; et même les Kolocotronis, les grands Moraïtes, descendent d'une famille valaque émigrée en Morée. »

Ainsi parle Apostolo Margariti dans le couvent des Lazaristes.

L'Anovlachie resta jusqu'au traité de Berlin en dehors du royaume grec. Mais un grand nombre de Valaques émigrèrent, et tout le peuple tourna son espoir vers Athènes. Depuis cinquante ans, les Valaques n'ont travaillé qu'à se rendre de jour en jour plus Hellènes, et qu'à étendre autour d'eux la foi hellénique. Ils ont été les plus grands bienfaiteurs de la Race; ils ont légué les plus beaux cadeaux, bâti pour le public athénien les plus beaux édifices, établi dans Athènes les plus belles fondations charitables ou éducatrices du monde grec. Les grands Hellènes de l'étranger, banquiers de Vienne, marchands d'Odessa, courtiers d'Alexandrie ou de Marseille, sont en majorité Valaques de race et souvent de langue. Surtout les colonies helléniques de Roumanie, si riches, ne sont guère peuplées que de ces Hellènes valaques, qui, un pied dans l'hellénisme, un pied dans la Vlachie, font incessamment passer l'argent roumain vers Athènes et semblent puiser dans le Pactole roumain pour verser sur la pauvre Hellade. Ils sont adroits, ils sont souples, ils valent en affaires plusieurs Grecs et quelques Juifs, ils sont sobres, ils aiment la gloire : c'est l'argent valaque qui paie les écoles helléniques de Macédoine.

On comprend que la Roumanie n'ait pas regardé d'un œil indifférent ce manège des Valaques. Sans parler des vastes espoirs, qui enivrent la jeunesse de tout peuple nouveau, et des projets de Grande Valachie, il existe entre Roumain et Grec une vieille haine. Le règne des Phanariotes, évêques et princes, a laissé dans la plaine danubienne un souvenir abhorré. Le Roumain s'était débarrassé du Phanariote, et confisquant les biens des couvents grecs (1860), était rentré dans les propriétés de ses ancêtres; mais sous une autre forme, l'hellénisme continuerait-il longtemps encore à vivre aux dépens de l'état moldovalaque? et c'étaient des Valaques, des frères, que l'hellénisme envoyait aujourd'hui pour remplacer les Phanariotes d'autrefois!....

De 1850 à 1860 des gouverneurs turcs, surtout Reschid Pacha, essayèrent de séparer les Valaques des Grecs, en Macédoine et en Thessalie; des agitateurs roumains parcoururent l'Anovlachie, Jean Radulesco, Dimitri Bolinteano (1850-1863); un « Comité macédonien » s'était fondé à Buckarest (1860), et des proclamations aux Frères valaques d'Épire, Macédoine, Thessalie et Albanie circulaient. Mais toute l'Anovlachie était encore Hellène quand parut Apostolo Margariti.

*
* *

A première vue, Apostolo Margariti serait désavoué par les Romains ses ancêtres : c'est un Græculus, un petit Grec, aux regards et à la langue trop vive, parlant un grec digne du plus xénophontesque journal d'Athènes. Les Hellènes l'accusent de trahison, et, outre l'épithète de cornu, qui sert ici à exprimer tous les sentiments, haine, crainte, mépris, admiration, ils ont l'habitude de le qualifier aussi de voleur et de Barrabas. Ils ont essayé plusieurs fois d'ailleurs de lui prouver leur colère autrement que par des mots : « Apostolo, dit le supérieur des Lazaristes, Apostolo pourrait s'approprier les paroles de l'Apôtre : « Frères, j'ai souffert pour vous, par le fer et le feu, sur la terre et sur l'eau, mais la Parole survit en moi »; Apostolo a été poignardé une fois à Salonique, jeté deux fois dans le Vardar, fusillé dans les monts d'Okhrida. » Tous les moyens, toutes les armes sont bonnes contre le traître...

C'est en août 1865 qu'Apostolo Margariti revint de Buckarest. Jusque-là, il était Hellène, comme ses frères Valaques. Il avait gagné dans le commerce une fortune qui sans doute serait passée à l'hellénisme sans ce voyage. Mais il alla, vit et fut convaincu. A son retour, converti à la foi nouvelle, il commença par faire le dénombrement de son peuple et voyagea dans toute l'Anovlachie.

Les Valaques du Pinde [1] sont disséminés aujourd'hui dans un très vaste territoire dont les bornes seraient Kroutchevo au nord, Vodena et Larissa à l'est ; à l'ouest et au sud, les limites sont incertaines : les pasteurs valaques descendent l'hiver jusqu'au golfe de Corinthe et jusqu'aux plaines d'Avlona et Durazzo (dans tout l'hellénisme, Vlaque est ainsi devenu synonyme de berger); mais Arta, Jannina et Elbassan sont les villes les plus occidentales où des Valaques soient établis et vivent à demeure.

Ces populations sont désignées de différents noms

---

[1]. Les prétentions valaques sont exposées en détail, avec tous les noms des communautés valaques, dans le livre de Th. Burada, *Cercetari despre Scoalesle Romanesci in Turcia*, Buckarest, 1890.

par les peuples qui les avoisinent. Elles-mêmes se nomment Valaques ou Vlaques; pour les Grecs ce sont des Koutzo-Vlaques (Valaques boiteux, demi-Valaques), et pour les Slaves, des Tzintzares (les Zézayeurs, d'une lettre slave qu'ils ne peuvent exactement prononcer). Les Roumains ont déjà baptisé ces frères, Roumains de Macédoine.

Pour leur nombre, on ne peut arriver qu'à de lointaines approximations : les Turcs, les Grecs et les Slaves comptent encore ces Vlaques parmi les Hellènes ; les Roumains évaluent à 1 200 000 les Latins répandus au sud du Balkan, soit 450 000 en Macédoine, 200 000 en Thessalie, 350 000 en Épire-Albanie et 200 000 en Thrace. Les Roumains ont en outre la générosité d'abandonner à l'hellénisme quelques milliers de bons Latins semés dans les îles de l'Archipel ou de la mer Ionienne. Ces comptes roumains me semblent majorés dans une proportion assez voisine du triple.

Le vrai centre de l'Anovlachie est toujours Mezzovo avec les villes du Pinde, Syrrakou et Kalarrytais; mais la capitale politique, si un État non formé peut avoir une capitale, serait Monastir. C'est de Monastir que part toute la propagande roumaine. De là elle rayonne aujourd'hui dans 35 écoles de filles et de garçons.

*
* *

La première école valaque fut ouverte à Tirnova (village dans le mont Péristeri, au-dessus de Monastir) en 1864 : vinrent ensuite celle de Gopesi (1865-1866), Avela d'Epire (1867), Vlachoklisoura (1868), Okhrida (1868), Calivia (huttes) de Verria (1870), Kroutchevo (1870), Niausta (1875).

Par cette seule énumération, on voit combien la reconquête valaque fut lente d'abord : en dix ans, huit écoles. Les Valaques avaient en effet à surmonter bien des difficultés. La plus grande au début fut le manque d'argent. Les riches Macédoniens étaient tous hellénisés et ne contribuaient qu'à la propagande hellène; en Roumanie, le Comité Macédonien de Buckarest ne trouvait que peu de sympathie et aucune confiance. Quelques bienfaiteurs fournirent les premiers fonds. Peu à peu, la mode se mit parmi les Valaques macédoniens de léguer leur fortune aux œuvres valaques. Dimitri Athanasesco dote l'école de Tirnova, Dimitri Cosmesco celle de Gopesi; Apostolo Margariti entretient de sa bourse celles de Vlachoklisoura et d'Avela...

Mais ici un nouvel obstacle se dresse. Les communautés valaques dépendent, au même titre que les communautés grecques, du Patriarche. Les prêtres grecs en sont, par le Hatt-humayoun et les firmans de Mahomet II, les chefs civils aussi bien que religieux. Administrateur des biens ecclésiastiques (et toutes les fondations scolaires doivent, pour être assurées contre le bon plaisir du Turc, prendre la forme de legs aux Églises), le clergé grec eut la prétention d'appliquer aux écoles helléniques les sommes données pour les écoles valaques. Les bienfaiteurs imaginèrent de léguer leurs biens non plus à la communauté mais à quelque ami intègre, qui les dépenserait suivant l'intention du donateur.

Le clergé grec joué se vengea en excommuniant les donateurs, Apostolo Margariti, et tous ceux qui envoyaient leurs fils à ces écoles maudites. L'excommunication eut peu d'effets. Les archevêques se plaignirent alors au Patriarche, et le Patriarche à la Porte, de la tolérance des gouverneurs turcs qui laissaient prêcher en Roumélie des doctrines subversives dans des écoles illégalement ouvertes. Les Valaques furent représentés comme des agents roumains et des ennemis du Sultan. Le Turc pensa trouver son profit à la fermeture d'écoles chrétiennes. Apostolo Margariti fut arrêté et enfermé.

Mais quelques mois de réflexion et, aussi, quelques lettres de change prouvèrent bientôt à la Porte la maladresse de cette politique : tout désaccord entre les raïas ne pouvait en somme qu'affermir l'autorité du maître. Un ordre viziriel de Savfet Pacha (septembre 1878) permit la réouverture et le libre fonctionnement des écoles valaques.

De 1878 à 1890, la propagande valaque s'est grandement étendue. Ses efforts ne sont point comparables aux gigantesques poussées de l'hellénisme ou du bulgarisme; mais relativement, ils ne méritent pas moins d'admiration. Avec des ressources dérisoires, Apostolo Margariti a chassé le grec de cinq villes et de trente villages. Voici, d'après les statistiques roumaines, l'état des écoles valaques en Macédoine (août 1890) et en Épire :

Écoles de Garçons.

Villes.	Dates.	Nombre d'élèves[1].	Fondées ou entretenues par
Tirnova	1864	20	D. Atanasesco.
Gopesi	1865	117	D. Gazacovitzi.
Avela	1867	77	A. Margariti.
Vlacho Klisoura	1868	67	A. Margariti.
Okhrida	1868	55	
Karaveria	1870	154	Métropole de Iassi.
Kroutchevo	1868	133	
Niausta	1875	45	Vasili Dan.
Perivoli	1877	50	
Prilip	1878	54	
Monastir	1878	40	
Molovista	1880	93	
Chroupista	1880	26	
Magarovo	1880	47	A. Margariti
Samarina	1880	110	
Furca	1880	110	
Grevena	1880	60	
Vodoursa (Albanie)	1880	42	
Nijopoli	1881	70	
Laïsta (Épire)	1883		
Resnia	1887		
Pleasa (Épire)	1881	73	

Écoles de Filles.

Villes.	Dates.	Nombre d'élèves.	
Okhrida	1879	20	
Kroutchevo	1879	87	
Gopesi	1879	50	
Vlacho Klisoura	1881	60	
Monastir	1881	65	
Molovista	1881	50	
Salonique	1881		
Magarovo	1882	21	

Le personnel enseignant de ces écoles valaques avait été à l'origine recruté en Roumanie. Les premiers maîtres venaient de l'école macédo-roumaine des Saints-Apôtres (à Buckarest) ou du lycée Sava, quelques-uns

---

[1]. M. T. Burada donne non seulement le chiffre, mais encore les noms des élèves de chaque classe : c'est une marque de sincérité à laquelle les ethnographes des Balkans ne nous ont pas habitués.

de l'Université d'Iassi. Les maîtresses étaient fournies par l'École Centrale des filles de Buckarest ou par l'institution Elena Doamna. Mais ce personnel étranger prêtait aux soupçons du Turc et aux calomnies du Grec. On chercha des sujets ottomans au lycée de Galata Seraï, dans les établissements grecs ou francs. On débaucha même quelques maîtres du Patriarcat, et telle institutrice grecque (à Magarovo, par exemple) fut convertie subitement à l'Évangile nouveau. Mais cette organisation incertaine ne pouvait durer. Il fallait un recrutement et un personnel réguliers. C'est alors que A. Margariti fonda les deux gymnases de Monastir (1880) pour la Macédoine, et de Jannina (1886) pour l'Épire, qui doivent jouer dans la propagande valaque le rôle du gymnase de Salonique chez les Bulgares.

Aujourd'hui la machine est montée. Nous allons tout à l'heure visiter le gymnase valaque de Monastir. C'est, au centre de la ville, derrière le couvent des Lazaristes, une grande bâtisse neuve avec cent élèves (dont soixante internes) et dix professeurs de roumain, allemand, philosophie, mathémathiques, sciences naturelles, latin, grec ancien, histoire, religion, géographie, italien, turc, français.

« Mais, gémit A. Margariti, il nous faudrait beaucoup d'argent, et nous n'en avons pas. » Le gouvernement roumain se désintéresse, sentant tout près de lui, à sa porte, des Valaques transylvains qu'il peut facilement atteindre et raisonnablement espérer : comment rêver qu'un jour les Valaques de Macédoine donneront la main à leurs frères du Danube par-dessus les Serbes et les Bulgares?... Le comité macédo-roumain de Buckarest convoque en vain les patriotes et les âmes charitables à sa loterie annuelle; quelques milliers de francs à peine viennent de ce chef... Les églises du royaume n'ont guère imité le bel exemple de la métropole d'Iassi : ce chapitre seul envoie régulièrement sa rente annuelle... « Quant aux riches Roumains, ajoute Apostolo Margariti, ils emploient leur argent chez vous, en France, à prouver à vos grandes villes, à vos femmes, à vos maisons de jeu, leur fidélité à la race latine »... Les Macédoniens, en donnant aux écoles valaques, craignent la colère du clergé grec et l'animosité du bazar. Plus d'un bienfaiteur anonyme verse son argent et cache son nom, alors pourtant que son exemple entraînerait la foule... Bien des communautés indigènes ont leurs biens, leurs rentes, leurs dîmes, leurs fondations pieuses; et plus d'une appliquerait volontiers à l'entretien d'une école valaque une part des revenus de son église ou de son monastère. Mais les communautés ne sont pas libres. L'évêque est maître absolu, et les évêques du Patriarche ont d'autres soucis que la renaissance roumaine... Les Valaques se trouvent aujourd'hui dans la situation des Bulgares avant l'établissement de l'Exarchat : exploités, disent-ils, par le clergé grec pour le service de l'idée grecque.

Je ne crois pas que les communautés valaques aient au cœur la haine violente qu'inspira jadis au paysan slave le clergé du Patriarche. Cependant l'idée d'une église autonome, dirigée par un synode d'évêques valaques sous un exarque valaque, commence à surgir parmi elles. En Europe on ne parle encore que de bérats bulgares. A Monastir on commence à rêver de bérats valaques, de lettres d'intronisation accordées quelque jour par le Sultan à des évêques valaques, et déjà A. Margariti salue ce jour prochain, ce jour de justice et de salut : alors les Latins reprendront leurs droits et renaîtront à la vie ; alors les biens des Églises, rendus à leurs maîtres légitimes, pourront servir au bien du peuple suivant les véritables intentions des donateurs ; alors toute communauté aura son école valaque ; alors les Hellènes devront vider le pays, alors..., alors...

A. Margariti envolé dans son rêve semble ne plus apercevoir quels obstacles barrent la route au triomphe des Valaques : et pourtant... Le gouvernement turc se laissera-t-il convaincre?... Contre le Patriarche, les Valaques trouveront-ils une puissance européenne pour s'intéresser à leur malheur comme fit la Russie au sort des Bulgares?... Surtout les Valaques sauront-ils se défendre, résister à la conquête hellénique, vivre jusqu'à l'entrée dans la Terre Promise?

*
* *

Le gouvernement turc, pour l'heure, paraît l'appui le plus ferme des Valaques. Nous avions des difficultés avec la police pour l'un de nos passeports : un mot d'Apostolo Margariti nous a tirés d'affaire. Un autre mot de lui nous a ouvert les prisons, les mosquées et les casernes. Pas un consul n'a autant d'influence à Monastir.

Il n'en fut pas toujours ainsi. Les relations des Valaques avec la Porte ont varié en raison inverse des relations de la Porte avec l'hellénisme. Les discussions au sujet de la Thessalie (1879-1881) furent l'âge d'or : la plupart des écoles valaques datent de ces années. Quand la paix fut rétablie entre Grecs et Turcs, les permissions ou les tolérances pour les écoles s'espacent, jusqu'à la révolution crétoise (1887) qui remet les Valaques en faveur.

Apostolo n'épargne, au reste, ni les promesses ni les gages de loyalisme, moins par nécessité, hâtons-nous de le dire, que par conviction absolue et sincère : « Notre premier intérêt, à nous Valaques, répète-t-il, est dans le salut de l'Empire ottoman. Nous n'espérons pas nous unir demain à nos frères de Roumanie : nous en sommes séparés par des principautés et des royaumes. Il faut des siècles peut-être, des générations à coup sûr, avant que l'idée s'épanouisse au soleil de la patrie, — et des générations de domination ottomane. Une crise orientale nous mettrait aujourd'hui entre les mains de Serbes, de Grecs ou de Bulgares, de peuples chrétiens et civilisés qui, nous tenant déjà par la communauté de religion, voudraient nous tenir aussi par la communauté de langue, fermeraient nos écoles et disperseraient nos communautés... »

Les Valaques ont été plus explicites encore dans leur proclamation aux Albanais; car il faut revenir en fin de compte, à ce *Thirje mi Kombin Sqipetar*, la loi et les prophètes des *Choses valaques*, suivant notre aubergiste de Koshani. Or voici ce que l'on y peut lire :

« ... Frères Albanais, souvenez-vous que depuis quatre cent cinquante ans le Turc nous gouverne. Étranger à notre race, maître de nous, il ne nous a jamais enlevé la parole, la langue des ancêtres, la nationalité, pas plus que les armes que nous portons fièrement encore à notre ceinture. Si quelquefois nous avons fauté par quelque révolte contre notre souverain, ce fut toujours à l'instigation du clergé grec, l'éternel ennemi de l'Islam. Mais n'oubliez pas, frères Albanais, que *Dieu créa les nations avant les religions.* Si nous voulons échapper à l'orthodoxie, cette ennemie du Christ, de l'humanité et des nationalités, attachons-nous, corps et âmes, à l'Empire ottoman. L'Empire ottoman est notre vrai, notre plus grand protecteur, notre espoir, notre appui : *il ne nous abandonnera jamais à nos ennemis qui sont aussi les siens.* »

La Porte n'était pas habituée à de telles paroles dans la bouche de ses sujets chrétiens. Jamais Grecs ni Bulgares, même aux jours les plus dangereux du péril russe, ne les avaient prononcées. On préférait le Cosaque chrétien au plus paternel des Khalifes.

Les actes des Valaques furent d'accord avec leurs paroles. Acceptant toutes les conséquences de leur théorie, ils se plièrent à tout le service du maître : et même, dans ce pays où l'obéissance ne recule devant aucune tâche, ils inventèrent de nouvelles formes de dévouement. Je crois bien qu'Apostolo sait comment la poste turque a découvert les lettres de l'archevêque, et comment la police a mis la main sur les papiers de Kastoria... Il a un très doux sourire quand il parle des cinq cents livres laissées par Monseigneur aux pauvres du Vali... Les autorités turques dorment tranquilles au milieu des intrigues de la Macédoine : les Valaques veillent sur tout le troupeau, et les Hellènes ont raison de crier : « Ce chien d'Apostolo ! »

Mais outre les grandes occasions de parade, un bon régime d'intimité journalière unit à leur maître ces fidèles sujets. Ils ont demandé que les Préfets voulussent bien visiter leurs écoles, que S. E. le Cadi daignât interroger leurs élèves. Le Patriarche Joachim II calomniait leur enseignement : ils ont ouvert à Constantinople même (1882) une école mixte qui pût fonctionner sous les yeux de la Porte. Enfin ils se sont adressés aux autorités turques pour avoir des professeurs de turc : chez eux, le turc est mis sur le même rang que l'idiome maternel, le valaque, ou que les langues européennes, allemand et français ; au gymnase de Monastir, un Musulman, Yousouf Effendi, enseigne la langue et la loi turques. Un Grec a une trop haute estime de son cerveau pour l'encombrer de connaissances aussi déshonorantes. Deux chaires de littérature et de droit turcs existaient autrefois à l'université d'Athènes, — sans un étudiant ; et dans tout l'hellénisme il en est ainsi. Mais ce beau mépris finit par coûter cher à la Race. Le Musulman en effet n'occupe dans l'Empire que les hautes fonctions. La bureaucratie se recrute parmi les Chrétiens, et des Grecs autrefois occupaient toutes ces places. Leur ignorance du turc les leur ferme aujourd'hui. Les Valaques ont hérité d'autant. Familiers avec le turc et le français (les deux langues officielles de l'Empire), les élèves d'Apostolo gouvernent en sous-ordre tout le vilayet. Dans chaque bureau central, dans chaque préfecture, Apostolo a quelque Valaque : il voit, sait et peut tout. Cette situation ne saurait porter ombrage à la Porte; elle a expérimenté la fidélité de ces fonctionnaires. Papiers, argent, projets, on peut tout leur confier, et surtout le soin de tracasser l'Hellène : d'Arta à Salonique, tous les secrétaires de douane et de police sur la frontière grecque sont des Valaques.

Le droit à l'existence sur les terres du Prophète est donc assuré au parti valaque.

* * *

En tout cela, il n'est encore question que d'un *parti* valaque, de quelques Macédoniens groupés autour d'un état-major venu de Roumanie. Que devient cette *nation* macédo-roumaine qu'Apostolo Margariti promet au monde?... En adoptant ses chiffres, à lui, sa nation serait dispersée dans les villes suivantes :

	Familles.
Monastir	2 000
Vlacho-Klisoura	1 000
Blata	350
Kroutchevo	2 000
Okhrida	500
Tirnova	400
Magarovo	500
Molovisti	500
Gopezi	500
Niausta	500
Veria	750
	9 000

Ajoutez 200 villages dans l'Albanie du sud, 60 ou 80 le long de l'Adriatique, une centaine de bourgs et quelques villes dans la Thessalie et la Grèce du Nord. Le total irait peut-être à 300 000 individus. Que peuvent faire 300 000 individus, noyés dans d'autres foules, dispersés sur un millier de kilomètres? Et dans ces 300 000 Valaques nous adoptons les villes du Pinde et de Thessalie, hellènes de cœur depuis longtemps, hellènes en fait depuis dix ans. Quand tous les autres seraient fidèles au souvenir et à la langue des ancêtres, ce n'est pas avec 200 000 hommes qu'Apostolo pourrait bâtir une nation...

Nous avons rappelé tout à l'heure ce second *Empire bulgare* que les Valaques revendiquent comme un *Empire valaque*. Les rois et les chefs étaient valaques, et valaques la langue et l'esprit. Mais la matière humaine était empruntée à d'autres races : les Slaves, les Albanais formaient le corps, les Valaques étaient la tête. Ce n'est pas autrement qu'Apostolo Margariti rêve son peuple futur. Les Slaves, il est vrai, ne sont plus la cohue, la masse facilement malléable d'autrefois : leur patriotisme bulgare ou serbe, tout neuf, les éloigne pour longtemps du service valaque. Par contre, les Albanais semblent avoir été, par un décret nominatif de Dieu, maintenus dans la barbarie, l'indifférence patriotique, dans toutes les qualités indispensables à de tels serviteurs.

Proclamation à la nation albanaise.

Frères Albanais,

Tous vous connaissez à quel degré de culture s'est élevée l'Europe. Elle brille comme un soleil, inondant de sa lumière la totalité du globe terrestre, par les sciences, les arts, l'industrie, le commerce et surtout par les lois et leur libéralisme. Nous sommes en ce XIXe siècle où tout peuple et toute nation se réveille du sommeil léthargique dans lequel l'avaient plongé des siècles de ténèbres ; et difficilement l'on trouverait un peuple qui ne relève le front avec orgueil, et n'affirme ses droits devant Dieu et l'humanité. Nous, nous seuls, Albanais, nous dormons encore notre sommeil de mort. Nous, fils des vieux Pélasges, les premiers habitants de notre continent, les plus grands guerriers du passé, tout autant fameux dans les arts et les métiers que sur les champs de bataille, nous seuls, dis-je, nous sommes restés pour la culture en arrière de tous les peuples venus à notre suite en Occident et nous voici tout près de disparaître...

Certes, le premier venu, en étudiant dans nos familles les mœurs, les habitudes, les caractères et les tempéraments, en recherchant les documents historiques, ethnographiques et linguistiques, pourrait se convaincre que nous, Albanais, nous descendons des vieux Pélasges et que nous gardons intactes les mœurs de ce temps. Homère, avec son Iliade et les coutumes contemporaines, vit encore parmi nous. Aujourd'hui encore, nous pensons qu'honneur et fortune se gagnent par le sabre, comme dit l'immortel poète. Aussi nous avons toujours vécu les armes à la main, montrant au monde que nous n'estimons que le courage et l'honneur...

Comme vous le voyez pourtant, frères, si braves, si intelligents que nous puissions être, jamais, tant que nous n'embrasserons pas la civilisation et que nous n'aurons pas de langue nationale, jamais nous n'arriverons à rien. La nation albanaise s'en ira de plus en plus à la dérive jusqu'à la disparition totale d'elle-même et de son nom, si nous ne sortons enfin de l'indifférence et de l'engourdissement où nous végétons. Déjà maintenant, à peine la moitié de ce qui fut nous survit encore. Le reste est tombé dans les filets du slavisme et de l'hellénisme. Nos ennemis mortels, ne pouvant nous tuer par l'épée, nous ont tués par la croix, en se disant toujours nos Frères en Christ. Et nous, enfants, nous nous laissons tromper ! Le temps est venu de nous réveiller, frères, de travailler, d'apprendre la douce langue de nos Pères, mère des langues classiques, de l'écrire, de la lire, de la déterrer de ses ruines, de l'introduire dans l'École, l'Église, la Famille, et partout où passe encore un souffle albanais...

C'est ainsi que nous sortirons de l'obscurité dans laquelle nous languissons. Ces ténèbres nous ont tellement aveuglés que nous ne savons plus nous reconnaître nous-mêmes, ni surtout reconnaître nos ennemis. Regardez-les nous accusant journellement devant l'Europe civilisée de sauvagerie et de barbarie, nous proclamant indignes de vivre, infâmes calomniateurs qui trompent l'Européen pour nous tuer tout à leur aise comme un troupeau à l'abattoir ! Et pourquoi en est-il ainsi ? Confessons notre honte. C'est qu'il ne s'est jamais levé une foi albanaise de nos millions de poitrines, pour protester contre les accusations et les complots de nos ennemis...

Vous connaissez, frères, ces calomniateurs. Ce sont ces caressants orthodoxes, nos bons frères en Jésus-Christ... Il faut détourner le monde civilisé de son erreur, lui prouver que la majorité de l'Albano-Macédoine est albanaise et roumaine, non grecque ou slave, comme il plaît à beaucoup de le croire. Quant à ces frères en Jésus-Christ, ces implacables ennemis qui menacent notre existence, c'est de nous qu'ils ont reçu la vie, de nous qu'ils reçoivent aujourd'hui biens, fortune et subsistance. Hier encore, ils avaient quitté le nom de leurs ancêtres et s'appelaient Romii, les Romains. Les voilà ces nobles descendants de Cadmos et de Cécrops, ces exilés d'Égypto-Phénicie que nos ancêtres les Pélasges surnommèrent les Grerrs (guêpes), un nom bien mérité! Grerrs ou Grecs suivant leur prononciation et celle des Européens : c'est ainsi qu'ils s'appelaient eux-mêmes jusqu'au jour tout récent où ils se travestirent et, prenant la peau du lion, s'affublèrent du titre d'Hellènes; mais leurs actions sont restées grecques.

Dans la langue albanaise, encore aujourd'hui, lâche et grec sont synonymes : « Gare : c'est un Grec! » est un de nos proverbes; ou, comme les Latins disaient : Græca fides, nulla fides... Oh! ce sont bien les qualités de nos Grerrs!

Ah! Nos bons frères hellènes venus de leur Égypto-Phénicie furent reconnaissants de l'hospitalité et de l'accueil fraternel que leur offrait notre Pélasgie. Ils nous ont prouvé cette reconnaissance par les machinations de leurs prêtres, par leur tyrannie, par leurs complots pour entraver le développement de notre langue et de notre nationalité...

Ne vous découragez pas devant les intrigues et les obstacles. Pas un Albanais ne voudrait la ruine de l'antique nation. Seuls, les bâtards, les lâches, les traîtres y pourraient consentir. Vous, frères, méfiez-vous seulement des pièges grecs, du clergé grec, notre premier ennemi. Souvenez-vous que la première école albanaise à Gortcha fut anathématisée et blasphémée par l'archiprêtre grec, au lieu d'être saluée et bénite, comme si nous avions alors commis un sacrilège. Ils croyaient par de telles infamies nous crever les yeux. Nos yeux ouverts ne leur plaisent pas! Nous saurons nous passer de leur amour, nous saurons désormais ce que vaut leur amitié, comme eux-mêmes savent pourquoi ils nous envoient ces vols de corbeaux noirs qui nous pillent au nom du Seigneur. Ils nous volent le fruit de nos travaux, pour le bien et la prétendue félicité de notre race et de l'orthodoxie! Ah! ce n'est pas par amour de notre fidélité au Christ et de notre progrès qu'ils fomentent des troubles parmi nous, ces magnanimes voisins! c'est pour l'amour des millions qui chaque année sortent de nos poches! par la peur que notre nation reconstituée n'abaisse leur orgueil! Les chiffres prouvent assez tout cela; les chiffres vous donneront une idée de nos cadeaux annuels, et montreront à tous d'où le royaume hellénique a puisé et puise encore sa vitalité :

	Napoléons.
I. — Entretien de 3 000 professeurs en Albano-Macédoine, à 100 napoléons par an..........	300 000
II. — En Grèce, entretien de 300 étudiants à l'Université d'Athènes, destinés à répandre l'hellénisme et à opprimer plus tard tant les Valaques que les Albanais, à 100 napoléons..	30 000
III. — 2 à 300 pères de famille visitant leurs fils, étudiants en Grèce, à 100 napoléons......	30 000
IV. — 1 000 étrangers s'en allant de Macédoine en Grèce comme au sanctuaire de la patrie, et laissant annuellement au moins...........	100 000
V. — Livres, matériel, fournitures classiques, achetés en Grèce............................	25 000
VI. — Fondations et legs aux écoles grecques d'Épire et de Macédoine......................	300 000
En tout..........	785 000

napoléons, soit plus de 15 millions de francs.

D'autres bénéfices que nous laissons de côté s'en vont encore de la Macédoine vers Athènes. Il faudrait évaluer la somme totale à 100 millions de francs pour le moins, fruits de notre sueur ou de notre sang. Comptez en outre, qu'en temps de guerre, plusieurs millions de livres turques (23 francs) vont en Grèce, et que les hommes, par centaines de mille, meurent pour eux. La Roumanie a plus de droits à notre aide : ne serait-il pas plus juste de regarder vers elle? Frères, le moment est venu...

Mais notre plus grand mal ne vient pas tant encore de la Grèce et des Grecs que du nid satanique du Patriarcat.

Là, on forme tous les plans diaboliques pour nous tuer moralement et matériellement. Là, on se sert du Christ et l'on en fait un assassin. Le système peut n'être pas mauvais. Mais le Christ est toujours le Christ et tant que le monde existera, le Christ sera toujours le sauveur des hommes et non de leurs bourreaux. A cette heure où, sur le bord de la tombe, nous voyons, nous sentons tous les pièges infernaux tendus sous nos pas, et les infamies du clergé grec, peut-il exister un homme avec un nom humain, une conscience humaine, qui ne proteste contre tant d'actes monstrueux, et commis par des hommes qui se prétendent les représentants du Christ ! O honte ! mille fois honte ! vous, nos pères spirituels, vous vous êtes faits nos bourreaux !

Arrière les discussions oiseuses ! tout moment perdu peut nous être fatal à nous qui voulons vivre et qui devons vivre ! Veuille et tu pourras, éclaire-toi et tu verras. La lumière, nous la voulons, elle nous est aussi nécessaire que le pain, et la lumière est plus facile à se procurer et meilleur marché. Un A B C coûte dix centimes et tous les autres livres autant. Or en Roumanie nous sommes aujourd'hui vingt mille qui donnerons un franc par mois, et dans six mois nous aurons éclairé toute l'Albano-Macédoine, où maintenant on ne trouve pas un Albanais. Un franc n'est rien : on peut donner un franc, riche ou pauvre : un franc donné n'amène pas de trouble dans une maison ni dans les affaires. Et par ce franc, la nation éclairée sort de son tombeau. Combien de nous sacrifient les francs par centaines et milliers pour l'inutile ! Pourquoi ne pas les donner à cette cause humaine et sainte, afin que les générations futures en soient éternellement reconnaissantes ! Frères Albanais, la résurrection dépend de nous seuls et de la Roumanie, soyons à la hauteur de notre tâche...

En dehors de la Roumanie, croyez bien que des secours nous viendront d'Égypte et des autres pays peuplés de nos compatriotes. Espérons que les Albanais de race, qui de leurs millions travaillent aujourd'hui contre leur race, Constantin Javas de Brosteni, Zographos Effendi de Paris et d'autres encore, voyant notre progrès, reviendront de leurs erreurs et nous tendront une main secourable. Sinon, l'histoire les inscrirait dans ses pages noires et les générations futures les stigmatiseraient comme fratricides.

Voyez la Roumanie! Elle aussi fut opprimée par le clergé et la langue grecs. Ce ne fut qu'après le nettoyage de toutes ces vermines qu'elle commença à refleurir et à marcher vers le progrès. Et pourtant, si les Roumains se sont débarrassés du clergé grec, en sont-ils moins chrétiens pour cela? Dieu n'accepte-t-il pas leurs prières dans leur langue comme dans la langue étrangère? Quand Dieu lui-même serait Grec, n'est-il pas écrit dans les Actes des Apôtres : « Marchez et versez la foi,... et les apôtres enseignèrent et prêchèrent chacun des peuples selon sa langue »? C'est ainsi que les apôtres propageaient la religion du Christ. Tant que nous n'aurons pas, nous, notre religion écrite dans la langue de nos pères, nous ne serons pas chrétiens, car nous ne pourrons pas connaître notre foi. Jugez en conséquence de l'oppression du clergé grec! Il a fait de l'orthodoxie sa proie, il aurait la prétention de persuader à l'Europe que toute l'Albano-Macédoine est grecque, que nous, Albanais, nous sommes non des hommes, mais des Grecs, des corps déjà sans pensée, sans vie, des cadavres. Nulle part notre nom n'est prononcé, si bien que Bulgares, Serbes et Monténégrins s'arrogent des droits sur notre peuple. Oublions nos différences de rite, défendons-nous contre l'ennemi commun de l'existence nationale.

Écoutez. Voici quatre cent cinquante ans que le Turc nous gouverne. Étranger à notre race, maître de nous, il ne nous a jamais enlevé la parole, la langue, la nationalité, pas plus que les armes que fièrement nous portons aujourd'hui encore à notre ceinture. Si quelquefois nous avons fauté par quelque révolte contre notre souverain, ce fut toujours à l'instigation du clergé grec, l'éternel ennemi e l'islam, qu'il ruine depuis des siècles, et contre lequel il use de nous en de criminels desseins. Mais n'oubliez pas, frères Albanais, que Dieu créa les nations avant les religions. Pour sauver notre peuple de l'orthodoxie, péril caché, ennemi du Christ, de l'humanité et des nationalités, attachons-nous corps et âme à l'Empire ottoman. L'Empire ottoman est notre vrai, notre plus grand protecteur, notre espoir, notre appui. Sûr de notre dévouement, croyez bien qu'il ne nous abandonnera pas à nos ennemis qui sont aussi les siens.

Albanais, nous en sommes au même point que les Roumains il y a un siècle. Ils avaient honte de s'avouer Roumains. Seul le bas peuple revendiquait ce titre, tant les Phanariotes avaient abusé de leur esprit! Aujourd'hui les Roumains sont Roumains et valent certes bien mieux que les Grecs. Ils sont fiers de leur nationalité : soyons-le de la nôtre; le monde nous respectera. Poignée d'Albanais décidés à tout, nous avons écrit sur notre drapeau Nationalité, Lumière. Nous jurons que jusqu'au dernier nous travaillerons à ce réveil. Nous ne ferons pas de politique, nous n'envahirons les droits de personne. Nous ne tyranniserons personne.

Nous lutterons pour la vie, il nous faut la lumière, la lumière désir de tout Albanais.

Nous avons demandé au Patriarche l'usage de l'albanais dans la liturgie ; si nous n'arrivons pas au gain de nos droits, ne perdons pas l'espoir. La justice est avec nous, elle triomphera.

Voilà ce fameux *Thirje mi Kombin Skipetar*. Je l'abrège un peu, retranchant les répétitions et les déclamations inutiles; mais j'ai tâché de lui conserver son allure un peu étrange, son beau souffle de patriotisme, sa violence haineuse et ses arguties pédantesques. En deux lignes, il pourrait se résumer :

1° Les Grecs sont des étrangers, des exilés d'Egypto-Phénicie, des intrus.

Nous, Albanais et Valaques, descendants de l'ancêtre Pelasgos, nous sommes frères.

2° Les Grecs sont des voleurs et des parasites.

Nous, Albanais et Valaques, nous sommes leurs victimes : le clergé et le royaume grecs vivent à nos dépens.

Conclusion : Nos ancêtres et nos intérêts sont communs ; nous devons nous unir.

Ce simple raisonnement, illustré par l'exemple d'Homère, par Cadmos et Cécrops et par des calembours sur le nom de Grecs (les guêpes), fortifié par un compte très ingénieux de l'argent macédonien qui coule annuellement sur Athènes, ce simple raisonnement pourrait servir à légitimer, à « systématiser » une alliance déjà faite : c'est proprement un pamphlet diplomatique ; mais un appel au peuple… ! Homère et Pélasgos sont des souvenirs bien lointains pour un cœur albanais. Il fallait découvrir quelque autre chemin pour atteindre l'amitié albanaise.

*
* *

« Dieu créa les nations avant les religions », dit la proclamation valaque. En Turquie cette théorie ne semble pas encore communément admise. La religion apparaît toujours, aux cervelles raisonnantes, comme le premier, le plus rationnel, le plus étroit des liens entre deux peuples ou deux individus. Or, parmi les

Albanais, les uns (Toskes d'Epire) étaient orthodoxes, d'autres (Toskes et Guègues du centre) musulmans, et le reste (Guègues du nord) catholiques : trois religions ennemies, — la haine entre Orthodoxes et Catholiques étant plus violente que de Chrétien à Musulman. Les Valaques, en retour, n'avaient qu'une religion à offrir à leurs amis : l'orthodoxie.

Entre Valaques et Albanais orthodoxes, l'intimité pouvait naître rapide. Mais les Albanais, vraiment orthodoxes, étaient conquis à l'hellénisme par leur obéissance au Patriarche : ceux que le patriotisme ou l'intérêt détacheraient du Patriarcat, se prêteraient aussi à d'autres changements.

Dans l'Albanie musulmane, nous avons vu les deux castes en présence : au sommet, une aristocratie de beys que l'amour des richesses attache à l'Islam; au bas, un peuple de tenanciers que la tyrannie des beys retient malgré lui. Partout, d'ailleurs, une réelle indifférence. Tous admettraient sans peine que « Dieu créa les nations avant les religions ». « Où est le sabre, là est la foi. »

Restaient les Albanais catholiques, fermement dévoués à leur religion, ceux-là, par conviction et par haine de leurs voisins orthodoxes. Depuis la domination de Venise, ces Guègues demeuraient fidèles à la Papauté. Rome les avait confiés aux Jésuites (province de Padoue), et les Jésuites savent mêler en un tout compact les intérêts spirituels et temporels de leurs ouailles. Le catholicisme n'était pas seulement la vraie foi; c'était aussi l'intermédiaire auprès des puissances européennes, Autriche et France, et le défenseur contre le Serbe et le Monténégrin. Très nombreux et très répandus (car de l'Adriatique ils courent jusqu'aux frontières de Serbie, et leurs limites, au sud et au nord, sont le Skumbi, le Schar Dagh, et les frontières bosniaque et monténégrine); belliqueux (ils ne vivent que sur le champ du voisin et « labourent avec leur sabre »); possédant un rudiment d'organisation nationale (leurs clans reconnaissent pour chef le prince des Mirdites de la famille des Bib Doda); enfin connus de l'Europe (les Bib Doda sont les protégés de la France), ces Guègues pouvaient être le véritable noyau de la future nation albano-valaque.

Il y avait alors à Monastir un vieux prêtre lazariste. Il était Français et se nommait Faveyrial. Il était très vieux, et, depuis cinquante ans qu'il avait quitté Marseille, il avait vécu six ans à Santorin, vingt ans à Constantinople, le reste en Macédoine : quand il parlait du roi de Grèce, c'était toujours Othon Ier qu'il fallait entendre.

Envoyé à Monastir après la guerre de Crimée, au moment où l'on espérait convertir les Slaves au catholicisme, il avait travaillé à « l'union des Bulgares », et il en était resté à cette conception que l'intérêt français et l'intérêt catholique se confondent pour une guerre mortelle à l'hellénisme. L'échec de la France et la création de l'Exarchat bulgare n'avaient pas entamé ses espérances d'apôtre. Mais, sentant les Slaves lui échapper de jour en jour et couler irrésistiblement vers la Bulgarie et l'Exarque, il s'était tourné vers ces Albanais de Prizrend et de Pristina qui, musulmans dans la forme, ont gardé un coin de leur cœur au christianisme des aïeux. Il courait la province, baptisant à Ipek, mariant à Kalkandelen, braconnant un peu sur les terres des Jésuites. La France le laissait sans consul; au fond il préférait cette indépendance. Son ordre le laissait sans argent; mais la moitié du couvent était louée au consulat d'Autriche.

Le père Faveyrial n'a pu nous loger. Nous avons dîné au couvent avec lui, avec un autre père lazariste et avec le frère jardinier qui les sert. Dans ce festin (des Français viennent si rarement ici), nous avons dévoré les provisions de la communauté, goûté à toutes les récoltes que, ces dix dernières années, a fournies la petite vigne de l'enclos, et comme les banquiers du bazar montraient peu d'enthousiasme pour nos lettres de change, le père Faveyrial a vidé sa caisse dans nos bourses (quatre livres turques, 100 francs), ne gardant qu'un napoléon pour vivre, lui et les siens, jusqu'à la fin du mois.

C'est chez le père Faveyrial que nous avons rencontré Apostolo Margariti. Apostolo vient ainsi, presque tous les matins, comme un officier au rapport, raconter les grandes et petites nouvelles,... ce que fit le vali hier soir,... ce que dit hier l'archevêque grec à son diacre sur le pont du bazar et combien de temps il resta chez un tel ou une telle... Quand on voulut fonder le gymnase valaque, personne, parmi les Chrétiens de Monastir, ne consentit à vendre ni à louer sa maison pour cette œuvre excommuniée par le

Patriarche, maudite de Dieu, un peu suspecte encore à l'autorité turque. Le jardin des Lazaristes était trop grand. Le père Faveyrial le coupant en deux fit construire, avec la permission du Vali, une grande école catholique; mais, n'ayant pas d'élèves, il dut au bout de quelques mois la louer, puis la vendre aux Valaques. C'est pourquoi une simple clôture sépare aujourd'hui le gymnase valaque du couvent lazariste. Le directeur nominal est un Valaque, M. D. Cosmoleio; mais le père Faveyrial, professeur de philosophie et de français (il faut bien occuper son temps et gagner sa vie : Monastir n'a pas de catholiques, et le couvent pas de revenus) a toutes les clefs. Il nous conduit partout.

Il ne faudrait pas rêver un gymnase européen. Une simple maison turque en bois et en terre : des murs blancs; des galeries et des escaliers de bois non peint; des lits à l'orientale, c'est-à-dire deux couvertures sur une peau de mouton que chaque matin l'on roule dans un coin de la chambre. Les élèves partis en vacances, il ne reste qu'une vingtaine d'orphelins ou de boursiers, tous en costume national : les cnémides de feutre bleu et les lourdes capotes noires. Tous ces petits Karagounis parlent français et récitent *le Loup et l'Agneau*. Valaque, turc, français et calcul sont les principales matières de l'enseignement, et ce bagage est suffisant pour devenir un grand homme en Turquie. Cependant une classe supérieure peut conduire les fils de famille aux examens des Universités roumaines : dix anciens élèves du père Faveyrial sont inscrits aujourd'hui aux différentes Facultés de Buckarest.

Le père Faveyrial met au service d'Apostolo sa longue expérience des *choses turques,* sa popularité dans toute la province, ses relations avec les chefs albanais du nord. L'influence attachée à sa personne, à sa nationalité française, à son rang de supérieur des Lazaristes est encore doublée par son titre de directeur spirituel des sœurs de Saint-Vincent de Paul. Nos sœurs de charité sont appelées dans les villes du nord par toutes les races : Albanais d'Ipek et Serbes de Pristina les réclament ; et le père Faveyrial promet leur venue comme une récompense. En somme, nos muletiers de Dchoura n'avaient pas tort : le supérieur des Lazaristes est bien à la tête des *choses valaques.* Mais, en retour, que peut-il espérer ? ou plutôt ce qu'il espère — car il ne faut point être grand clerc pour le deviner, — ce qu'il rêve n'est-ce point une chimère, et l'exemple des Bulgares n'a-t-il pas amplement montré comment des orthodoxes se servent de la catholicité, mais comptent bien ne jamais la servir ?

Pour les Grecs, âmes simples et commerçantes, tout ceci n'est qu'affaire d'argent : la Roumanie paie notre Lazariste. Quand on leur dit — ce que tout Monastir connaît — que le saint homme, vivant de fruits et de légumes, dépense quelques piastres par jour, et que la France ou la Propagation de la Foi sont encore assez riches pour subvenir à son entretien, les Grecs retournent leur phrase et ce sont les Lazaristes qui paient les Roumains, par haine de l'hellénisme.

Si le père Faveyrial avait de l'argent, je le croirais capable en effet de cette aumône. Il est venu en Orient quand la Grèce allemande d'Othon Ier était alliée de la Russie contre nous... Il n'a connu l'hellénisme que par le clergé du Patriarcat, dont le fanatisme a jadis ameuté la population de Santorin contre lui, et dont les menaces, récemment encore, lui fermaient les maisons et même les boutiques du bazar... Il ne s'est maintenu à Monastir que par une lutte journalière contre l'archevêque grec... Sans la protection effective des beys musulmans, les sœurs de Saint-Vincent de Paul auraient été maltraitées dans les rues de Prizrend par les orthodoxes hellénisants... Faut-il s'étonner que *la Grèce contemporaine* d'About figure auprès de la Bible sur la table du Père, et que notre philhellénisme lui paraisse une folie de jeunesse ou une fantaisie d'archéologues! Ce n'est pas qu'il vive pour la vengeance. Ses sentiments à l'égard de l'hellénisme ne sont pas cristallisés sous cette forme à arêtes tranchantes. Mais, se diffusant dans toutes ses conceptions, toutes ses pensées, toute sa vie, ils interviennent dans tous ses actes sans être la cause principale d'aucun...

Le patriotisme latin est chose commune en France, surtout parmi les contemporains de Napoléon III. Que la France ait son intérêt et son devoir dans la protection des races latines; qu'Espagnols, Italiens et Valaques soient pour nous des peuples frères, et que dans la politique nous devions chercher leur triomphe autant que le nôtre, sûrs que ce dernier ira de pair avec celui-là, — ces conceptions latines doivent tenir plus vivement au cœur d'un vieux prêtre, pour qui le latin est une autre langue maternelle. En outre, le patriotisme français du père Faveyrial trouve une expansion agissante et une satisfaction dans ces écoles où le français et le valaque sont enseignés avec le même soin.

Mais, latins et français, les Lazaristes sont *romains* avant tout. Rome est leur vraie patrie, le Pape leur vrai chef. L'influence temporelle ne doit être qu'une introduction à la conquête des âmes, et les écoles doivent mener à l'Église.

Pour quiconque a vécu parmi les orthodoxes, l'ambition du père Faveyrial peut sembler folle. Aller à l'Islam ou à la papauté est, pour un orthodoxe, apostasie pareille. Quand le *parti* valaque — les anciens élèves du gymnase — serait disposé à franchir le pas, il est fort douteux que la nation suive l'exemple de ses chefs.

Un singulier factum, paru en français sous le titre : *Les Roumains macédoniens et les Intrigues étrangères, par un Roumain de Macédoine* [1], est sur ce chef fort instructif. L'auteur y donne comme authentique la pièce suivante, dont nous ne garantissons nullement l'authenticité :

Projet du missionnaire catholique Faveyrial écrit de sa propre main.

Sous la protection du Sultan et du Pape qui ne veulent pas qu'une nationalité en opprime une autre, nous, frères

---

[1]. Buckarest, P. Cucu, 1892.

valaques et albanais, nous demandons : 1° Que dans toutes nos écoles l'éducation soit nationale, valaque pour les Valaques, albanaise pour les Albanais ; 2° Que dans toutes nos écoles supérieures, on enseigne simultanément la langue de l'État et la langue nationale ; 3° Qu'il soit établi, sous la haute protection et direction du Pape, un séminaire pour les vocations ecclésiastiques et le recrutement d'un clergé national ; 4° Nous désirons que pour les mêmes fins nos frères, les Bulgares macédoniens, se mettent sous la protection du Sultan et du Pape et fassent les mêmes demandes que nous.

Partant de ce texte, l'auteur, grand ami de l'Autriche et fanatique partisan de l'orthodoxie, accuse Apostolo Margariti de menées françaises et papistes en vue d'une politique « que nous comprenons pas et que nous ne voulons pas comprendre »[1].

En Roumanie, ajoute-t-il, il n'est personne qui, connaissant les véritables résultats du travail de M. Margariti, n'en soit profondément attristé. D'après le projet écrit de la main du père Faveyrial, les Roumains et les Albanais doivent s'organiser *sous la protection du Sultan et du Pape*. Il n'est pas possible que les Roumains de Roumanie aient donné à quelqu'un mission de travailler à la réalisation d'un semblable projet.

Cependant, comme le prouve une lettre de 1884 de M. Margariti, il y a déjà huit ans que, bien qu'il se donnât pour agent de la Roumanie, il travaillait en entente avec la mission papale et avec l'ambassadeur de France à Constantinople. Depuis lors, la cause de notre culture est compromise et nos efforts pour l'école et l'église roumaines sont vains.

1. Page 19.

Peut-être qu'il y a, même parmi les Roumains macédoniens, des gens qui croient qu'il serait bien qu'ils se missent *sous la protection du Pape*, mais personne, qui veut en toute sincérité le bien des Roumains, ne touchera à cette question, car nous savons tous que les Roumains macédoniens préfèrent renoncer à leur individualité nationale plutôt qu'à la foi de leurs pères.

Je ne doute pas en effet que si l'on demandait brusquement à un Valaque de Monastir : « Consens-tu à devenir papiste ? » je ne doute pas que la réponse ne fût résolument négative.

Apostolo Margariti n'a pas ainsi posé la question à son peuple. Il parle d'Église valaque, mais toujours orthodoxe, d'Église autonome, mais sous la suzeraineté spirituelle du Patriarche, d'exarchat indépendant mais établi, tout au moins reconnu, par le Patriarcat.

Peut-être, au fond du cœur, n'a-t-il aucun espoir en ces projets : on peut douter en effet que le Patriarche sépare jamais sa cause de l'hellénisme et admette sous sa houlette pastorale, à égalité de droits et d'affection, le blanc troupeau hellène et les noires brebis valaques.

Peut-être même Apostolo serait-il navré de ce résultat. Derrière ses demandes officielles, il escompte un refus, puis une longue et patiente lutte où le patriotisme de la race s'affermira de jour en jour, où la colère, la méfiance, la haine croîtront contre le Patriarche, et dans dix ans, vingt ans... Les Valaques sont latins, il est tout naturel qu'ils préfèrent quelque jour Rome à Constantinople... Et les Valaques apprennent leur histoire : dans dix ans, tout le Pinde connaîtra comment les fondateurs de l'Empire valaque, les trois héros Jean, Pierre et Asan élevèrent, sur le catholicisme, la liberté de leur race et la gloire de leurs armes.

Déjà, dans un village près de Gortcha, dont tous les Valaques sont des négociants enrichis par le commerce, le prêtre grec a été chassé, et, comme le Patriarche refusait un prêtre roumain, on s'est adressé au Pape : la première paroisse catholique du Pinde existe depuis un mois.

A Jannina, la maîtresse d'école qui doit former les futures institutrices pour toute l'Epire est une catholique, Nathalie Boreslawski, une Polonaise élevée à l'Institut catholique de Buckarest. Dans ces questions de religion et de race, les femmes ont le premier rôle. C'est à elles d'abord que s'adressent toutes les propagandes. De leur conquête dépend le succès final.

*
* *

Entre Albanais et Valaques l'union religieuse étant ainsi préparée, il fallait trouver quelques liens solides qui, de cette poussière d'individus, fît contre l'Hellène une barrière compacte. Au train dont marchait l'incendie, quelques années encore et tout, jusqu'à Monastir, était consumé. Le traité de Berlin avait livré les Valaques de Thessalie et la moitié de ceux du Pinde. Les Albanais de Jannina étaient perdus aussi, ne respirant plus qu'hellénisme. Mezzovo, l'antique capitale des Valaques, Mezzovo envoyait trois millions pour bâtir à l'entrée d'Athènes une somptueuse école des Arts et Métiers, le Mezzovion Polytechnikon. Si les frontières ainsi menacées eussent été peuplées de Guègues catholiques, la propagande valaque eût pu travailler en paix derrière ce rempart infranchissable. Par malheur, l'hellénisme n'avait devant lui que des Toskes musulmans ou orthodoxes, gens pratiques et peu convaincus. Il fallait aviser au plus vite.

Parmi ces Toskes, cependant, un parti *albanophrone* avait essayé de s'organiser, vers 1879. Gortcha en était le siège : la direction venait de Constantinople. Mais, dénoncé par le clergé grec, il avait été violemment dispersé par l'autorité turque, à qui tous les riches Hellènes des environs avaient offert, par souscription, une preuve de loyalisme.

Une « Société albanaise » s'est fondée à Buckarest, la Drita, le Droit (60, boulevard Élisabeth), sur le plan qu'indiquait la Proclamation aux Albanais. Les adhérents s'engagent à verser une cotisation annuelle d'un franc ; le gouvernement roumain accorde une subvention ; le budget prévu est de vingt mille francs. (Les recettes n'ont, en réalité, jamais dépassé douze mille.) Écoles albanaises, Journal albanais, Revue albanaise, Bibliothèque albanaise, Recueil de chants et légendes d'Albanie, Musée albanais, chaque jour on tente quelque nouveauté. Tout n'a pas réussi.

La première et la plus grande difficulté était de fixer l'albanais, langage non encore écrit en caractères particuliers. Les « Albanophrones » avaient précédemment adopté l'alphabet turc, mais, outre la répulsion qu'inspire au Chrétien toute chose musulmane, cet alphabet ne pouvait pas rendre exactement, paraît-il, toutes les inflexions de la parole albanaise. Le bazar et le clergé emploient, d'habitude, les lettres grecques pour écrire par à peu près les phrases courantes : inutile de dire qu'Apostolo Margariti n'a pas songé à ce procédé. Les Valaques ont imaginé un nouvel alphabet de trente-cinq lettres : les vingt-cinq lettres *latines*, plus dix modifications de ces lettres. Deux ans furent employés à la confection des A B C, des grammaires, des dictionnaires, des livres scolaires... Dans le comité directeur de la Drita, et dans les sous-comités locaux, il y eut des tiraillements entre Valaques radicaux et Macédoniens hésitants, ceux-ci approuvant la lutte contre l'hellénisme, mais n'osant rompre avec le Patriarche... Les comptes annuels ne furent pas exactement rendus. C'est l'an dernier seulement que la première école albano-valaque s'ouvrit à Gortcha.

Il est impossible encore d'apprécier les résultats. Le P. Faveyrial, qui rentre d'une inspection à Gortcha, ne doute pas de la réussite. Les riches négociants grecs ont en vain distribué promesses et pourboires : les beys et les préfets turcs soutiennent les Valaques. Apostolo doit aller à Grévena acheter une maison pour une autre école.

Si cette alliance albano-valaque venait à s'affermir, l'avenir de l'hellénisme serait grandement changé. La frontière actuelle du royaume grec pourrait être sa frontière définitive vers le nord. Apostolo Margariti prétend même que les Valaques thessaliens ont en horreur le joug des Hellènes. Il songe à des écoles valaques établies l'an prochain en pleine Grèce, à Larissa et Tricala. La Porte ferait au gouvernement d'Athènes la demande officielle, menaçant, en cas de refus, de fermer les écoles grecques dans les provinces ottomanes.

Je me suis attardé dans la compagnie d'Apostolo et du père Faveyrial. J'ai détaillé tous les rouages de cette machine compliquée, ingénieuse, trop ingénieuse. Je n'ose pas confesser qu'elle me produit un peu l'effet de ces ouvrages trop perfectionnés de l'industrie moderne; ces chefs-d'œuvre de théorie et de calcul n'ont qu'un défaut : à l'usage, le moindre grain de poussière les fausse et les arrête. Tant qu'Apostolo et le père Faveyrial vivront, je ne doute pas que tout soit possible; mais après... « Il n'y a point de parti si aisé à détruire, dit Vauvenargues, que celui que la prudence seule a formé. Les caprices de la nature ne sont pas si frêles que les chefs-d'œuvre de l'art. »

VI

LA VICTOIRE

L'Union Balkanique. — Le droit et la justice. — L'Autriche. — Les Albanais.

La communauté grecque de Monastir est attristée par notre conduite. Nos amis du bazar l'ont dit à nos domestiques. Le consul grec nous l'a répété. Nous sommes philhellènes, et nous fréquentons Apostolo Margariti! Nous sommes d'honnêtes gens et nous lui donnons la main! Nous sommes Français et nous mangeons avec lui!... Car Apostolo est un horrible homme : le vol est encore le meilleur de ses errements. Son patriotisme, on le connaît! fils d'Hellène, il a trahi l'hellénisme; père de Valaques, il trahira la Roumanie quand il trouvera le prix. Espion, il a dénoncé des marchands chrétiens. Faussaire, il a fabriqué les papiers de Kastoria. Sacrilège, il est entré avec une hache dans l'église pour chasser le prêtre grec et installer le papiste. Assassin...

Ces querelles macédoniennes sont arrivées à une telle violence que l'assassinat d'un adversaire se présente tout naturellement à l'espoir ou à la résolution de chacun. On calomnie, on dénonce, on poignarde.

Des récoltes s'allument soudain. Des troupeaux disparaissent. Les procès occuperaient pendant plusieurs siècles tous les cadis de l'Empire. Apostolo Margariti se retire le soir dans un petit village presque au sommet du Péristeri, à Magarovo : c'est là qu'il dort, gardé par ses chiens et ses fidèles. Tous les jours il descend à Monastir au milieu d'une cavalcade d'Albanais. Le délégué de l'Exarque bulgare ne sort qu'avec une pareille escorte. Il n'est pas de négociant un peu riche qui n'ait ses gardes du corps. Les consuls et les autorités entretiennent des armées de cawas. Nous seuls nous pouvons dormir avec la certitude du réveil. Encore nos gens couchent-ils en travers de notre porte : la douce Macédoine !

Comment cette guerre finira-t-elle ? quand et par qui la paix et la vie quotidiennes seront-elles assurées à tous ?

La première solution, possible mais non souhaitable, serait dans le triomphe des Slaves et l'annexion à la Bulgarie. Si la question devait être résolue dans une heure, et sans intervention européenne, je ne douterais pas en effet de ce triomphe. Appuyés par la Triple Alliance, favorisés par la Porte, les Bulgares ont déjà des allures de maîtres. Ils sont allés en foule aux monastères du Rilo Dagh, où le prince Ferdinand passe l'été, à quelques pas de la frontière macédonienne. Ils reviennent gonflés d'orgueil : les bérats sont promis par le Sultan, l'Europe reconnaît le Prince... Nous avons vu ce que peuvent les Serbes. L'hellénisme, découragé par la défaite crétoise, affaibli par les défections des Valaques, se relève à peine de ces deux grands coups. Le Turc ne peut même plus compter sur tous les Musulmans. La masse disciplinée et fanatique des Bulgares serait facilement victorieuse.

Que cette défaite du patriotisme et de l'intelligence hellènes par la force bulgare, cette victoire de la matière sur l'esprit, blesse toute idée de justice, je sais bien que la politique ne vit pas de sentiments. Nous ne tiendrons pas compte non plus des meurtres, vols, usurpations et violences qui sont la menue monnaie d'une pareille conquête. Mais il ne faudrait pas croire que la Macédoine gagnât beaucoup à échanger la servitude contre cette liberté. Les communautés grecques et valaques se résigneraient d'abord à l'oppression; mais il faudrait pour dompter les Albanais, une autre puissance que celle dont on peut disposer à Sofia. L'anarchie actuelle ne serait pas sensiblement modifiée. Et quelques mois après l'installation d'un préfet bulgare, les intrigues hellènes et valaques renaîtraient plus fortes. Les Slaves eux-mêmes, mécontents des impôts irréguliers et des lois absolues, regretteraient le Turc... Le Bulgare deviendrait l'ennemi commun.

Une annexion à la Grèce aurait les mêmes inconvénients. Les Hellènes d'ailleurs n'osent lever les yeux jusque-là : ils sentent leur impuissance à maintenir sous le joug Albanais, Slaves et Valaques; et malgré tout mon philhellénisme, je me demande si le sort de la Thessalie déserte, inculte, brûlée, peut faire envie pour l'heure aux Macédoniens.

Je laisse dans le domaine des utopies une étroite alliance des Chrétiens balkaniques et un partage équitable entre tous les compétiteurs. Roumains, Serbes, Grecs et Bulgares, tous désirent en paroles cette union ; personne n'en veut. Seuls les Grecs peut-être, ennemis par tempérament et par politique des jeux de la force, seraient enclins à cette alliance. Mais, outre qu'ils sont les seuls, leurs prétentions seraient encore trop grandes pour mener à bien cette négociation. Si j'ai compris les intentions des politiques, le partage semblerait équitable aux Hellènes, qui donnerait : à la Serbie la plaine du nord jusqu'au Schar Dagh ; à la Grèce les vallées du sud ; à la Bulgarie le pays intermédiaire. Mais où fixer entre Grecs et Bulgares les frontières précises ? A qui attribuer Monastir que tous réclament ?

Ce partage équitable, on le voit, ne tient nul compte des Albanais et des Valaques. Si pourtant l'on invoque les droits des races et des nationalités pour usurper ainsi et partager le bien du voisin, il faudrait au moins les respecter entièrement.

Et dans cette satisfaction aux droits historiques des Bulgares, des Serbes et des Hellènes, que deviennent les droits présents du Turc ? car enfin, la Macédoine appartient au Turc, et peut-être ne faudrait-il pas, sous prétexte de justice idéale, violer constamment, ouvertement, le droit positif ! « Si la force peut établir des droits, ce qui malheureusement semble être le cas en histoire, ce sont les Turcs et aucunement les Bulgares, encore moins les Grecs, qui peuvent s'en prévaloir pour justifier leur domination sur la Macédoine. » Ainsi parle un Valaque [1], un Valaque connu pour son patriotisme.

A raisonner l'affaire en diplomate et en historien, il serait temps d'abandonner l'idée qui depuis un siècle préside en Orient à la politique européenne : « le Turc est taillable et pillable à merci ». Nous avons admis le Turc dans ce que nous appelons le concert européen. D'après les traités, le Turc est propriétaire dans ses provinces au même titre que les Anglais ou les Français chez eux. Nous devons lui appliquer les règles communes du droit international, si nous voulons que ces mêmes règles nous soient appliquées à notre tour...

Les philosophes diront que l'appel à une justice supérieure est toujours ouvert quand l'écart entre le droit existant et la justice évidente est trop grand ; et je concède qu'une île entièrement grecque ou une province entièrement bulgare revendiqueraient avec quelque raison leur indépendance. Mais, en Macédoine, la justice la plus vraie se confond avec le droit le plus strict : seul le maintien du Turc peut assurer le respect de ces grands principes de races et de nationalités que l'on invoque pour le chasser.

Allons plus loin. Admettons que le droit international, les protocoles et les traités, et les théories et les déclamations sentimentales ne soient que chinoiseries inventées ou conservées par les diplomates pour

---

[1]. Xenopol, *Revue de géographie*, janvier 1891, p. 40.

amuser les peuples et couvrir d'un honnête manteau les infamies de la politique ; qu'il ne peut exister de contrats qu'entre individus de même espèce et peuples de même civilisation ; que l'homme ne saurait traiter avec le singe, ni l'Européen avec le Musulman ; et qu'une seule chose en tout ceci est à considérer, l'intérêt de la civilisation. Il faut confesser dans le cas présent que l'intérêt de la civilisation semble à première vue exiger le renvoi immédiat du Turc par delà le Bosphore : le Turc a suffisamment prouvé son incapacité d'éducation européenne. Mais les Turcs chassés, à qui la courbache? C'est en effet de courbache qu'il s'agit, de fauves à dompter et non pas d'hommes à gouverner. Les peuples macédoniens sont encore trop barbares pour que nous distinguions aujourd'hui quel sera parmi eux l'élu de la civilisation. L'Hellène est certes le plus voisin de nous. Mais nous savons qu'il n'est le plus souvent qu'un Valaque, un Albanais ou un Slave éduqué. Il faut, dans l'intérêt de la civilisation, que tous ces peuples se développent et, seul, le Turc a l'indifférence assez large pour laisser vivre toutes les races, toutes les langues et toutes les religions.

Je sais bien que l'état actuel de la province ne proclame pas l'excellence du régime turc. Mais à qui la faute? au régime lui-même ou à l'Europe qui intervient sans cesse pour le fausser? Le Turc menacé par tous se sent en main une possession tellement précaire qu'il n'ose plus même en user. Pour plaire à la Triple Alliance, il lâche bride aux Bulgares ; pour apaiser la Russie, il laisse conspirer les Orthodoxes ; pour ne pas mécontenter la France, il cède aux Catholiques. Je rêve d'une province turque gouvernée par les Turcs à la turque, et je doute que la vie n'y fût pas possible à tous les Chrétiens. Surtout, malgré notre orgueil européen, je doute que la Turquie ainsi gouvernée ne fût pas plus douce aux Chrétiens que l'Angleterre aux Irlandais, l'Allemagne aux frères conquis, ou l'Autriche à tel et tel de ses Slaves. Autrichiens, Allemands et Anglais mènent pourtant la campagne des atrocités turques...

Ce rêve malheureusement est le plus irréalisable de tous. La politique de l'Europe n'invoque le droit et la justice que pour colorer les entreprises de la force.

Les Autrichiens ont un consul à Monastir. Chaque année, un certain nombre d'élèves consuls viennent passer quelques mois dans ce consulat. J'ai vu de bien belles cartes dressées par eux. Si l'on en croit les Grecs, c'est l'Autriche qui entretient la propagande valaque. Le consul grec prétend connaître le subside mensuel que reçoit Apostolo Margariti. Les Lazaristes, propriétaires du consulat autrichien, seraient les intermédiaires : les élèves du père Faveyrial apprennent l'allemand aussi bien que le français. Ce « cornu » de père Faveyrial lui-même ne serait qu'un agent de l'Autriche. Ce n'est pas la France en effet qui protège en Macédoine les catholiques, comme dans le reste de la Turquie : les traités de Carlowitz et de Belgrade ont réservé ce rôle à l'Autriche. Les Autrichiens s'efforcent donc de créer autour de Monastir un semblant de Valachie catholique. Protection, intervention, conquête : les Valaques fourniront à l'Autriche les trois étapes de l'annexion future.

Je ne relève ni ne discute les accusations du consul grec contre nos Lazaristes ; je doute qu'Apostolo Margariti ait entrevu pour sa race un pareil avenir. Je crois pourtant que si l'Europe ne s'y oppose, les hypothèses du consul grec se réaliseront. De toutes les intrigues qui s'agitent en Macédoine, les menées autrichiennes sont les plus secrètes, mais les plus actives. Les fils en sont insaisissables. La prédication par les individus, les livres ou les écoles, n'est point employée. On ne s'adresse ni à l'intelligence ni au cœur des adeptes. L'argent joue un très grand rôle. Le secret bien gardé rassure les consciences hésitantes et grandit encore, dans l'imagination du peuple, cette puissance mystérieuse. Un jour viendra où tout Macédonien croira son voisin dévoué à l'Autriche. Les droits de l'Autriche apparaîtront évidents à tous. En Europe, la même conviction s'établit de jour en jour. Je crois que les Russes eux-mêmes arrivent peu à peu à l'admettre. La Macédoine sera donc autrichienne...

Mais, ce sacrifice étant fait à l'opinion, ou, si l'on veut, au bon sens public, je voudrais que pour un instant on me permît de rêver une conclusion moins vraisemblable. Il existe dans la péninsule balkanique un peuple qui n'a jamais vécu par lui-même ni pour lui-même, mais dont le rôle à travers les siècles a été de fournir sans cesse aux nations voisines de la matière humaine. L'Albanie a été le réservoir où Grecs, Romains, Byzantins et Turcs ont puisé tour à tour.

Tantôt sous une forme protoplasmique en quelque sorte, je veux dire en masses non organisées, la race albanaise a rempli les vides creusés par les guerres ou la décadence dans le monde oriental. Tantôt au contraire elle s'est dressée, elle s'est personnifiée en un grand homme dont la main, qu'il fût Mehemet Ali, Ali Tebelenli, Scanderbeg ou Pyrrhus, bouleversa tout un coin du monde et imprima sur les peuples courbés le sceau de son génie. La vie des Albanais durant ce siècle, leur œuvre en Égypte où ils furent rois, en Grèce où ils furent les véritables ouvriers de l'indépendance, doit nous expliquer bien des époques de l'histoire ancienne, et quand les Albanophrones revendiquent Alexandre, Achille, Agamemnon, l'exagération n'est que dans la forme, le paradoxe contient une vérité.

Il semble qu'aujourd'hui nous soyons à la veille d'une nouvelle expansion albanaise. Je voudrais revenir là-dessus et dresser un fidèle tableau de l'Albanie contemporaine. Mais je ne doute pas que l'avenir en Macédoine ne soit au parti qui prendra l'Albanais à sa solde, et ma conviction est qu'entre Grecs et Albanais l'accord est plus facile. Les bons conseils, dont notre ami Janco de Briniaitz nous a chargés pour M. Tricoupis, ne sont que la forme populaire de cette idée. Comment l'entente et la vie commune seraient-elles possibles entre les avocats d'Athènes et les stradiots d'Elbassan, je ne sais. Les bavards de l'Acropole sauront-ils se prêter aux fantaisies des Barbares? La Grèce produira-t-elle un homme qui sache accoupler au même joug l'intelligence hellène et la force albanaise? ou bien paraîtra-t-il dans les monts d'Albanie quelque autre Alexandre pour imposer silence à l'esprit et faire parler la force? Toutes ces combinaisons se trouvent dans l'histoire hellénique et mon hypothèse invraisemblable pourrait être plus voisine de la vérité que les prédictions certaines — auxquelles peut-être il vaut mieux croire cependant.

QUATRIÈME PARTIE

LA MACÉDOINE HELLÈNE

I

LES BÉRATS

Les Bérats bulgares — Une ville prise — Le patriotisme hellénique.

Deux grosses nouvelles : l'Archevêque bulgare est arrivé et Salonique est en feu.

Avant-hier soir, des cavaliers venus de Gradsko avaient dit que l'Archevêque était parti de Salonique, qu'il était descendu à la gare de Gradsko, et que, pour éviter les communautés grecques et les guets-apens de la route, il voyageait sans apparat. Toute la ville passa la nuit dans les rues : les places étaient couvertes de paysans campés.

Hier matin les boutiques du bazar restèrent closes et, dans le quartier grec, les maisons fermées, les portes barricadées. Une ville prise, à l'entrée de l'ennemi, doit offrir un pareil spectacle. Les rues et les places s'étaient vidées. La curiosité se changeait en inquiétude.

Vers midi, un galop de chevaux annonce l'escorte que le Vali a envoyée au-devant de l'Archevêque. Dans un peloton de cavaliers, une voiture passe au trot et ne s'arrête qu'à l'intérieur du Konak. Quelques coups de fusil témoignent seuls de la joie des Slaves dans le silence de la ville épouvantée. La terreur s'est emparée de tous. Les Bulgares craignent un complot des Grecs. Les Grecs redoutent un pillage, un incendie général. Nos amis nous ont conseillé de rester chez nous. Le soir vient et tout ce monde est étonné de vivre encore. Rien n'est changé : il n'y a qu'un archevêque de plus dans Monastir.

Ce matin, en allant faire viser nos passeports, nous avons assisté à la réception de l'Archevêque par le Vali, à la remise de ce fameux bérat. Nous avons vu, touché ce long rouleau de parchemin, couvert d'écritures rouges, vertes et noires.

Bérat.

Le siège métropolitain bulgare d'Okri étant vacant, il est devenu nécessaire d'y nommer un métropolitain pour administrer les affaires religieuses de ceux qui, parmi la communauté bulgare, relèvent de l'Église bulgare et résident à Okri ou dans les localités dépendantes. Le porteur de mon bérat, le religieux Sinesi

Effendi, étant de mœurs rigides et capable d'administrer les affaires religieuses, a été élu comme métropolitain bulgare de cette localité, et l'exarque bulgare a demandé par takrir qu'un bérat illustre lui fût délivré, confirmant ses fonctions. Ma volonté impériale étant que ce personnage soit en mesure d'exercer son ministère, je lui ai délivré le présent bérat auguste, aux conditions énoncées ci-dessous et j'ai ordonné que :

Ledit personnage étant métropolitain d'Okri et de ses dépendances, tous ceux qui, petits et grands, relèvent de l'Église Bulgare dans le cercle de son diocèse, évêques, prêtres, moines et caloyers, le reconnaissent comme métropolitain au-dessus d'eux et s'adressent à lui pour les affaires concernant leurs rites, sans transgresser sa parole droite ni manquer à ses ordres.

La nomination et destitution des évêques sont entre ses mains sans que personne s'en puisse mêler. On ne pourra, sans ordre impérial, exposer à des vexations leurs églises et leurs monastères sous prétexte d'inspection; on ne pourra les leur enlever ni s'ingérer dans les séparations faites avec notre autorisation impériale, et suivant les coutumes, ni s'y opposer.

Nul, sauf le métropolitain et ses délégués, ne pourra s'interposer entre les membres de la communauté bulgare qui voudront contracter mariage ou divorcer. Le métropolitain aura droit de punition sur les prêtres et délégués qui sans sa permission auront procédé à un mariage non canonique.

Tout procès civil où interviendra, pour quelque affaire que ce puisse être, le métropolitain, ses délégués, agents ou évêques, sera renvoyé au tribunal compétent.

Nul ne l'inquiétera ni molestera pour obtenir par intercession ou prières la nomination d'un évêque, d'un prêtre, ou leur destitution et leur changement.

Les moines et les prêtres errants, causes de troubles, ne pourront plus circuler mais seront arrêtés, punis suivant les rites et renvoyés dans leurs monastères par le Métropolitain.

Les cadis, naibs, et autres fonctionnaires ne s'opporont pas à ce que certains des prêtres ou moines, avec l'autorisation des métropolitains, aillent dans les maisons bulgares et y célèbrent leurs cérémonies.

Les douaniers et autres agents ne pourront molester les métropolitains quand ils transporteront le produit de leurs vignes, destiné à leur usage, ou le moût, beurre et miel donné suivant la coutume par la communauté bulgare sous le nom d'aumônes, ni les héritages et autres objets.

Personne ne s'ingérera dans la métropole, ni les monastères, ni les jardins, vignes, fermes, champs possédés *ab antiquo* et fondations pieuses, prairies, moulins, monastères, églises, maisons, boutiques, et propriétés de la communauté, ni dans les objets et troupeaux consacrés.

Tout legs fait par un religieux ou fidèle en faveur de l'exarque, métropolitain, évêque, pauvres, églises, écoles, hôpitaux, sera tenu valable et acquitté par les héritiers en présence de témoins bulgares et par-devant le tribunal musulman. Les droits souscrits par les personnes sous le nom de paussepé et portii seront de même acquittés par les héritiers.

En matière de mariage et divorce, ou dans un différend entre Chrétiens, le métropolitain et ses délégués pourront, du consentement de ceux-ci, arranger le différend, et au besoin leur faire prêter serment dans l'église, selon leurs rites, sans que les cadis et naibs s'en mêlent.

Les Chrétiens, sujets de mon empire, ne pouvant selon leurs rites se marier que 3 fois, dans le cas où ils auraient dépassé ce chiffre, ainsi que dans le cas de répudiation et de bigamie, ces choses étant contraires à leur religion, on ne les permettra pas : on punira au contraire et on réprimandera les coupables.

Lorsqu'un évêque, moine ou caloyer, mourra sans héritier, l'argent, les objets, les bêtes de somme, les immeubles et tout ce qu'il a, se rapportant à l'église, seront saisis et pris par le métropolitain et par les délégués qu'il aura désignés; les administrateurs des vacoufs ne s'y ingéreront pas.

On ne touchera pas à l'argent monnayé, ni aux autres biens meubles et objets possédés par ceux qui auraient des héritiers.

On ne se mêlera pas des lettres de punition dites anathèmes envoyées selon les rites pour punir et réprimander un membre de la communauté.

S'il est nécessaire d'arrêter un prêtre, évêque, moine ou caloyer, le métropolitain le mettra en état d'arrestation.

Si un délégué à une église ou à un couvent détourne

et s'approprie les revenus de cet établissement, on ne s'opposera pas à l'examen des comptes, ni à la destitution ni à la nomination d'un autre agent.

On ne molestera pas les métropolitains en les obligeant de recevoir les voyageurs dans l'hôtel qu'ils habitent, et quand ils porteront la crosse qui leur est spéciale, personne ne s'y opposera.

Personne ne contraindra à se faire musulman, contre son gré, un membre de la communauté, et s'il y en a qui veulent sincèrement accepter l'islamisme, les fonctionnaires de ma S. P. veilleront attentivement à ce que leur conversion soit entourée des précautions prescrites par les principes et la règle établie.

Ecrit le 18 du mois de Zilhidgé 1307 (4 Août 1890).

*
* *

C'en est donc fait, et ce papier décide peut-être du sort de la Macédoine. Les Bulgares occupent aussi l'archevêché d'Uskub : toute la Macédoine du Nord est livrée à leurs prêtres.

En apparence, l'hellénisme n'est pas atteint : ces districts slaves étaient considérés depuis longtemps comme perdus pour lui. Il semble que ce ne soit une défaite que pour les prétentions serbes. En réalité, la vraie défaite, la défaite morale, est toute pour le Patriarche. Le Patriarcat avait demandé :

1° Que les bérats ordonnassent une modification dans le costume du clergé bulgare afin d'éviter la confusion avec le clergé grec;

2° Que les bérats qualifiassent l'Église Bulgare de *schismatique*.

Le bérat de Monseigneur Synésius ne porte rien de tel. Le costume traditionnel interdit au clergé bulgare, l'épithète *schismatique* officiellement attribuée à leur église auraient eu de graves conséquences. Les populations, fanatiques et formalistes, se seraient détournées du schisme, — grand mot qui épouvante... La Porte met sur le même rang orthodoxes et schismatiques, clergé de l'Exarque et clergé du Patriarche.

Ce premier succès n'a fait qu'augmenter les exigences et l'espoir du Bulgare. M. Stamboulofl réclamait quatre bérats pour les sièges de Samakowo, Veles, Uskub, Okhrida. Il n'a obtenu que les deux derniers. Mais déjà le bruit court que les deux autres sont à la signature du Sultan, et ceux-ci atteindraient l'hellénisme en plein cœur.

A s'en tenir encore aux bérats concédés, l'avenir est gros de complications. Quelles sont les limites exactes de la nouvelle métropole bulgare? jusqu'où Monseigneur Synésius revendiquera-t-il cette autorité, que le bérat lui accorde sur les églises, monastères, prêtres, moines, laïques, communautés et individus? Tant qu'il ne s'agira que de l'ancien archevêché d'Okhrida, l'Hellénisme ne souffrira que d'une perte matérielle, presque négligeable, perte de Slaves hostiles, perte de dîmes et de revenus fort aléatoires : quand les biens ecclésiastiques de cette province fourniraient de nouvelles ressources au parti bulgare, l'hellénisme ne manque pas d'argent.

Mais qu'il prenne un jour fantaisie à l'Archevêque de réclamer l'obéissance dans tout l'ancien *Archevêché de Bulgarie*, l'ancien exarchat fondé jadis par le roi Samuel, et reconnu par l'Empereur Basile après la soumission des Bulgares! Un édit impérial de 1019 établit le vénéré moine Jean comme archevêque de Bulgarie avec siège métropolitain à Okhrida et pouvoir canonique sur les suffragants de Kastoria, Servia, Monastir, Prisrend, Jannina, Bérat (je ne cite que les principaux) : Monseigneur Synésius posséderait toute l'Albanie, du golfe d'Arta au fleuve Scumbi, et toute la Macédoine, du Schar Dagh aux monts de Thessalie. Puisque les Bulgares ont la force, qui peut les empêcher de faire valoir demain cette apparence de droit?...

∴

L'archevêque est déjà sur la route d'Okhrida. Le Vali lui a donné une double escorte, craignant une bagarre dans le district de Resen, chez notre ami le pope Stoïan.

A Monastir, la terreur ne fait que croître. L'autre grosse nouvelle, l'incendie de Salonique, s'est confirmée; les Lazaristes ont reçu des lettres de leurs confrères : tout un quartier de la ville est en feu. Ce désastre n'est pas encore assez grand pour satisfaire l'imagination de la foule. C'est toute la ville qui flambe arrosée de pétrole par les Turcs et les Bulgares. Personne n'en doute. Depuis Durazzo, nous avons rencontré dans toutes les villes cette croyance, que parfois le Turc allume les bazars chrétiens... Le gouvernement a donc mis le feu à Salonique... Les Grecs n'avaient pas caché leurs colères à l'annonce des bérats bulgares... On parlait d'une révolte possible... D'ailleurs le Vali avait besoin d'argent... Les Hellènes de Monastir s'attendent à un pareil sort; quelques-uns se préparent à la fuite.

Malgré cet affolement des individus, les communautés n'ont rien perdu de leur admirable confiance dans l'Idée. Chez le consul grec, où nous étions allés faire nos adieux, nous avons trouvé un vieillard de Gortcha. En longue fustanelle et en cnémides brodées, il dissertait sur les Bulgares, sur Salonique, sur les efforts nécessaires pour sauver l'Hellénisme, sur les écoles, les églises, les livres. Il parlait au consul avec ce ton de familiarité protectrice que prend le dernier électeur athénien pour dire au Premier Ministre : « Vieux frère, tu fais des sottises; les affaires crétoises ne marchent pas droit. » Notre homme exposait des projets grandioses, distribuait mille livres (23 000 fr.) ici, en dépensait mille autres là : il nous était difficile de ne pas sourire de cette aisance tout hellénique à jongler avec les millions. Après une demi-heure de conseils, notre homme tira de sa veste cinq rouleaux de cent livres, et un chèque de mille napoléons sur la Banque Nationale d'Athènes. Il abandonnait toute sa fortune à l'Idée, moyennant une rente viagère de 600 francs que le gouvernement grec s'engagerait à lui fournir.

Les dons affluent ainsi, de toutes parts, de Roumanie

surtout. Les Macédoniens hellénisés, — ceux qu'Apostolo nomme Valaques ou Roumains de Macédoine, — qui ont fait fortune à Galatz ou Buckarest, sont les plus généreux. D. Georgeadis, négociant à Kraïova, envoie mille napoléons. Le syllogue de Galatz promet cinq cents livres. Le consul nous lit des lettres toutes pleines d'un patriotisme touchant. Il nous reproche d'ajouter trop de foi aux contes d'Apostolo Margariti. Il nous conseille d'aller voir par nous-mêmes dans le sud, dans le prétendu pays valaque, ce que l'on pense de l'Idée...

Nous avions l'intention de rentrer en Grèce par Salonique; mais, Salonique brûlée, à quoi bon ce voyage? Trouverions-nous seulement un abri? Nous suivrons l'itinéraire que nous propose le Consul grec. C'est par la frontière thessalienne que nous rentrerons en Grèce.

II

FLORINA — KASTORIA

Images grecques et atrocités bulgares. — Une frontière. — Prédicateurs bulgares. — Une ville juive. — Juifs cultivateurs.

Derrière nous, Monastir s'efface dans la brume du soir. Le soleil est couché. Au fond de la plaine on ne voit plus qu'une tache verte, deux minarets dans les arbres, et, près de la ville, le nuage de poussière que soulève un escadron de bachi-bouzouks. Nous voici de nouveau sur les routes avec nos deux fidèles Albanais. Abeddin a déjà repris sa complainte d'Ali Pacha et des trois corbeaux de Souli.

Cette plaine de Monastir est la reproduction exacte du bassin de Resen. Elle dort, sans un pli, au fond d'une enceinte de collines à longues pentes. Sur la crête de ce mur, deux masses symétriques dressent leurs fines têtes de granit : à l'est le Nidsche, à l'ouest le Péristeri. Le lac, qui remplissait jadis cette dépression, s'est écoulé vers le Vardar par l'étroit défilé qui maintenant encore laisse passer à l'est les eaux de la Tscherna.

La moisson est faite. Les sillons allongent leurs

grandes raies désertes jusqu'au pied des collines, où la vigne alterne avec les futaies. Des tourbillons de poussière se lèvent brusquement sous le vent du soir.

Nous avons longé les collines de l'ouest, sur une chaussée pavée qui, toute droite, unit Monastir aux villages du sud. Au passage d'un ponceau, nous avons croisé la garnison de Monastir, des soldats en guenille mais de belle allure, et des chevaux superbes. Auprès d'une source salée, des dames turques jouaient au volant; une paire de bœufs les avait amenées sur un char tendu de soie et brodé d'argent : deux vieux Turcs fumant leurs chibouks nous écartèrent avec des paroles et des gestes graves. C'est ici que les Musulmans de Monastir viennent prendre leur repos. Le dernier Vali, Eyoub Pacha, fit construire une terrasse de gazon et planter des cyprès tout autour de la source. Les rôdeurs albanais avaient l'habitude de se poster en cet endroit : six gendarmes sont installés sous une claie de roseaux.

Puis nous avons dépassé la vigne des Lazaristes. Le confrère du père Faveyrial et le frère jardinier regardaient mûrir leurs raisins... Un dernier adieu... Quelle chance nous avons de quitter Monastir... un enfer, cette ville où jamais personne ne peut compter sur un lendemain. Apostolo a été assailli et blessé la nuit dernière. On raconte aussi que les Bulgares de l'archevêque ont tué le pope Stoïan.

⁎
⁎ ⁎

Florina, notre première étape, n'est qu'à trois heures de Monastir. Nous y sommes venus coucher, afin de traverser dès l'aube les monts qui nous séparent de Kastoria, la Neretschka Planina. Cette chaîne était, l'hiver dernier, infestée d'Albanais. La formation de troupes irrégulières pour la campagne des Dibres a purgé le pays. Il vaut mieux, toutefois, voyager ici rapidement et en plein jour.

Florina est bâtie au penchant des collines sur un maigre affluent de la Tscherna. 1 500 maisons peuplées d'Albanais et de Slaves convertis en font une ville musulmane : on y pourrait trouver une centaine de familles turques. Le quartier chrétien — 500 familles — rappelle Okhrida et Strouga par la forme de ses maisons en bois, la saleté de ses rues, le costume de ses femmes, l'aspect rustique et lourd de tous ses habitants. Ces Slaves pourtant se disent Hellènes et parlent grec, avec nous du moins. La propagande bulgare n'a réveillé que 2 ou 300 patriotes, mais terriblement patriotes, comme tous les Bulgares macédoniens. Une lutte acharnée entre ces néophytes et les Hellénisants assure à Florina les mêmes joies qu'à Monastir.

Nous sommes arrivés très tard au Khani tenu par des Grecs. Il a fallu, à travers les grilles de bois, des discussions, des menaces, des coups de crosse pour nous faire ouvrir la porte barricadée. Avant-hier, les Bulgares, qui revenaient la nuit de Monastir ayant vu l'archevêque, ont rossé puis ligotté le Khandji : tout en buvant son vin et en mangeant ses poules, ils le lardaient de leurs couteaux « pour le faire chanter ». Ils ont crevé les yeux aux portraits enluminés, qui tapissent la muraille, héros, ministres et patriarches grecs. Ils ont flambé le roi Georges, Tricoupis et la reine Olga, et même, prenant Gambetta pour un patriote hellène, ils l'ont décapité. Le Khandji espère que la France saura venger cette insulte.

La tyrannie bulgare règne ici comme à Okhrida. Le Khandji nous conseille de ne point parler grec trop haut; il a fait taire Abeddin qui, ses chevaux pansés, avait repris sa complainte grecque. Si « les cornus » suscitaient une bagarre, le préfet turc nous emprisonnerait.

La montagne, qui domine Florina et ferme au sud la plaine de Monastir, est couverte de forêts. Nous ne sommes pas encore en pays grec. Le Musulman, ami de l'ombre, a respecté les vieux arbres qui se succèdent, chênes et platanes, puis hêtres et sapins, de la base à la crête du mont Neretchka. Les lièvres et les sangliers pullulent, bêtes impures sur lesquelles le Croyant n'use pas sa poudre. A chaque lièvre qui fuit sous nos pas, Kostas se signe pour écarter le funeste présage, Abeddin lance au fuyard une malédiction : « Que le diable viole ta mère » ou : « que les chiens rongent tes os ».

Ce passage fut l'un des plus fréquentés de la vieille Turquie. C'était la grande route de la guerre pour les Turcs de Thessalie et les Pachas d'Epire marchant contre le Hongrois ou contre le *Moscoff*. Des bandes ont passé là, qui s'en allaient tenir garnison dans Pest, assiéger Vienne ou défendre Belgrade. Que ces jours sont lointains ! Les pluies ont recouvert de déblais l'antique chaussée pavée. Le giaour a repris les champs thessaliens. Les pachas d'Epire ne répondraient plus à l'appel du Khalife. Entre Monastir, Jannina et Larissa, toutes relations, même commerciales, ont cessé ; c'est proprement une frontière intérieure que cette montagne ardue : Macédoine slave au Nord, pays hellénisé au Sud.

Au sommet de la crête, la vue s'ouvre tout à coup. Les forêts de l'autre versant ont été rasées. La pente ravinée laisse couler ses flancs d'argile. Sous nos pieds, la vallée de la Vistritza déroule vers le sud soixante kilomètres de champs moissonnés entre deux lignes de hauteurs nues. Champs, villages et montagnes, sous le soleil de feu, ont la paleur éblouissante du fer chauffé à blanc. Au centre, un anneau de verdures enchâsse la nappe luisante du petit lac de Kastoria.

*
* *

Sur le sentier de chèvres, qui dégringole à travers les schistes croulants et les pierres clivées, nous avons dépassé une singulière caravane. Deux popes au teint cuivré — des Bulgares — trainaient deux ânes chargés de chaudrons, de capes, de nattes et d'ustensiles de ménage. Deux jeunes femmes suivaient, vêtues à l'européenne, mais de robes noires trop courtes et trop larges. Leurs ridicules chapeaux noirs à rubans bleus faisaient songer aux prédicatrices ambulantes de l'Armée du Salut. A notre bonjour en grec, les popes ont répondu par le salut turc; ils nous ont demandé en turc l'heure,... la route... et la distance du prochain hameau; ils ont compris nos réponses en grec, mais se sont obstinés à n'user que du turc avec Abeddin ou de l'albanais avec Kostas.

A moitié de la descente, Dichem étage ses 400 maisons. Murs de pierres sèches, toits de pierres, bancs de pierres, sol de terre battue ; les premières de ces huttes misérables étaient désertes. Tout le village était réuni près d'une maison écartée. Nous pouvions voir d'en haut les fustanelles blanches des hommes, les voiles blancs des femmes en deuil. Nous entendions les gémissements de la foule et les psalmodies du prêtre : « C'en est un qui est mort » dit Abeddin en souriant.

En nous apercevant sur la pente, les hommes ont quitté leur mort et sont accourus. Qui sommes-nous? De quel pays? Que vendons-nous? Qu'achetons-nous? Combien avons-nous de frères ou de sœurs?... Ces hommes parlent grec : la curiosité chez l'Hellène prime tous les autres sentiments. Au bout de quelques minutes, les femmes qui avaient hésité d'abord viennent aussi : leurs gémissements tout à l'heure fendaient l'âme, elles nous assourdissent maintenant de leur piaillerie bulgare. Le prêtre, resté seul auprès de son fidèle, finit par être intrigué et monte à son tour, en habits sacerdotaux. Quand il nous entend parler grec, il prend la bride de nos chevaux et nous conduit dans sa maison. Puis, ses ordres donnés, il emmène tous ses paroissiens et retourne à ses prières, en promettant de faire vite : il craint que la solitude ne nous pèse. Mais deux heures se passent. La poule du repas de midi — la quarante-deuxième poule depuis le commencement du voyage — a été bouillie et mangée. Nous nous étendons pour la sieste, quand Abeddin entre joyeux : « Que nos Noblesses se lèvent bien vite, qu'elles viennent,..; il faut venir voir : ils vont se tuer. »

Près de la maison mortuaire, les fustanelles et les coiffes font toujours la même tache blanche. Mais au centre quatre robes noires s'agitent. Nous reconnaissons nos deux popes du sentier, les chapeaux de leurs femmes et leurs deux ânes qui broutent dans le champ voisin. Les popes et les femmes gesticulent. L'autre prêtre, le grec, semble leur tenir tête. Ils discutent ainsi depuis une heure, paraît-il. En approchant, nous pouvons saisir quelques mots : cornu, voleur, schismatique, apostat, maudit.

Le prêtre du village nous met au courant de la dispute. Il finissait l'enterrement quand ces quatre énergumènes sont survenus : ce sont des prêtres de l'Exarque avec leurs femmes. Ils sont donc arrivés dans la maison du mort. Ils ont pris la parole en slave, disant que ceux-là étaient maudits qui laissaient enterrer un bon Slave par ce chien de Grec,... qu'il fallait ne craindre ni Dieu ni diable pour ne pas assommer ce cornu,... que Dieu demandait aux peuples de le prier chacun dans sa langue, les Grecs en grec, les Russes en russe et les Slaves en bulgare. L'auditoire écoutait sans marque de désapprobation. Le prêtre grec se taisait, n'osant affronter ces beaux parleurs de Salonique... Le maître d'école s'est levé et n'a pas épargné ces schismatiques et ces excommuniés. Mais les autres, criant plus fort et se partageant la besogne, hommes d'un côté, femmes de l'autre, devenaient plus persuasifs : ils annonçaient la venue d'un évêque bulgare, l'appui donné par tous les Chrétiens d'Europe au Bulgare contre le Grec, les bérats, le dégrèvement d'impôts que le Sultan voulait accorder à toutes les communautés bulgares. Quelques Dichemites, habitués du bazar de Monastir, prenaient déjà le parti des popes. La famille du mort cependant ne voulait pas accepter leur ministère. Les couteaux allaient sortir des ceintures. Mais les popes, en apercevant notre gendarme, ont cru que nous venions au secours du prêtre. Ils ont ramassé la corde de leurs ânes et sont partis, en nous appelant *Juifs* et *Papistes*.

Les funérailles terminées, le prêtre nous a encore retenus quelques heures. Nous arriverons sans peine à Kastoria pour l'étape du soir. Et lui, il a tant de choses à nous dire! Il veut que tout le monde en France sache combien l'Hellène est ici malheureux : si les Français connaissaient l'atroce misère de leurs amis, ils interviendraient bien sûrement... Les rôdeurs albanais labourent ce district avec leur sabre. Une bande, l'hiver dernier, a surpris le village et emmené dans la montagne les notables, le curé, le maître d'école : ils ont exigé une rançon de 200 livres (4600 francs). Le préfet de Kastoria accourut au printemps suivant pour rétablir la paix, fouilla les maisons et enleva toutes les armes. Le village est donc à la merci du premier Klephte qui voudra le prendre. Mais le gibier ne vaut plus la poudre : les deux cents livres, données aux Albanais, représentaient le capital de toute une génération; il ne reste dans les huttes que les murs et le sol... Et puis, les Bulgares... De Salonique, on envoie dans tout le pays grec des caravanes comme celle que nous venons de voir. Deux par deux, ces émissaires de l'Exarque vaguent à l'aventure, entrent dans les maisons, distribuent des feuilles imprimées; ils prêchent en slave et ils prétendent aussi connaître les maladies; ils soignent les gens et les bêtes. Ils visitent surtout les villages comme Dichem où les femmes et les vieillards parlent encore slave et ne sont pas éclairés, — hellenisés, veut dire le prêtre. Leurs promesses et leurs menaces leur amènent quelques partisans. Prévenus du jour où l'on doit enterrer, baptiser ou marier dans un village, ces *cornus* viennent faire du scandale, comme aujourd'hui. A Dichem, une minorité turbulente, vendue aux idées nouvelles, avait même tenté par la force de mettre un élève de l'Exarque en possession de l'école. La lutte a duré plusieurs mois et les Bulgarisants sont allés fonder plus haut dans la montagne un hameau, Selo (*le vil-*

lage en slave), qui sert aujourd'hui de quartier général aux popes errants.

Sans impatience nous avons écouté, deux heures d'horloge, toutes les histoires du prêtre : le vol de son âne et de ses chèvres par les cornus; l'enlèvement et la fustigation de sa femme; le mauvais œil lancé sur tous ses fils et son pèlerinage à la Sainte Montagne, durant lequel il faillit être tondu par des ciseaux bulgares. Nous avons compati à tous ses malheurs. Nous l'avons plaint surtout de vivre parmi les barbares : les autres épreuves étaient passagères, mais celle-ci durerait longtemps ; car malgré les efforts du prêtre et du magister, ces gens d'ici ne veulent point être éclairés; avec les étrangers, ils essaient de parler grec, mais entre eux ils n'emploient que le slave. La conversation tourna, comme toujours, sur les bienfaits de la civilisation, la Tour Eiffel et les chemins de fer.

Il était étrange, ce long récit, et émouvant. Ce vieillard, slave de race et presque de langue, ce n'était pas l'intérêt à coup sûr qui le faisait rester dans sa maison pillée, dans ce village trop misérable pour payer les dîmes et droits ecclésiastiques, chez les Barbares. Nous n'avions pas encore vu pareil exemple de cette force mystérieuse, qui, s'emparant des hommes, les fait servir au triomphe de l'Idée, en dépit de toutes les théories de race et de descendance, malgré la langue, les préjugés et les sentiments hérités des aïeux.

Mais quand le maître d'école a voulu étaler son éloquence, exposer les droits helléniques sur la Macédoine,... Aristote,... Philippe,... nous nous sommes enfuis avant l'expédition d'Alexandre.

*
* *

La descente jusqu'à Kastoria n'est qu'une longue glissade dans les pierres clivées et les marnes. Ni forêts, ni fourrés, ni même arbres isolés : ce pays mérite d'être grec ; physiquement, il l'est déjà ; la Morée elle-même n'est pas plus dénudée. Sur le flanc des monts, s'étagent des champs en terrasse. Partout où la pente n'est pas à pic, des murs retiennent à grand'peine les terres coulantes ; pour conserver une bande d'un mètre, on a parfois empilé deux mètres de pierres sèches.

Dans le lit d'un torrent à sec, l'ombre de quelques chênes verts couvre le village de Bachkouri. Les chevaux et les ânes foulent le blé sur les aires en plein vent. Les paysans accourent pour nous voir et nous interroger. Ils ne comprennent que vaguement le grec et parlent slave ; mais ils se disent Hellènes et s'excusent de n'être pas plus *éclairés*. Ils appellent les enfants qui sortent de l'école pour leur servir d'interprètes. Surviennent le pope et le magister, et les plaintes sont les mêmes qu'à Dichem : l'insécurité de la montagne,... les rôdeurs albanais,... les prêtres de l'Exarque.

La plaine de Kastoria que nous dominons apparaît déserte et inculte jusqu'aux verdures qui bordent le lac : quelques champs moissonnés se perdent dans les taillis de chardons. Pourquoi les Bachkouriotes ne descendent-ils pas de leur montagne et ne s'en vont-ils pas cultiver ces champs abandonnés? Près de la ville, ils seraient à l'abri des Albanais, et l'évêque de Kastoria les sauverait du Bulgare. « Vous êtes bien Européens, vous autres », répond le maître d'école. Dans la plaine, tous les champs appartiennent aux beys et tous les villages sont des tchifliks, des fermes. La montagne est libre : Dichem, Bachkouri, Olitra, tous les hameaux qui font à la plaine morte une ceinture de vie, sont demeurés villages libres, *élefthero-choria*, villages têtes, *Kephalochoria*. Après la conquête, le vainqueur s'empara des terres cultivées. La montagne était alors couverte de forêts, possédée en grande partie, comme aujourd'hui encore, par les églises ou les monastères, et le Musulman respecta presque toujours les propriétés religieuses. Les Chrétiens ont défriché les monts, créé, à grand renfort de murs, quelques champs cultivables. « Quand l'hellénisme reviendra ici, nous descendrons. »

*
* *

La plaine de Kastoria exhale la même tristesse que la vallée d'Elbassan; la piste est étroite dans le fourré de chardons, qui s'élancent vigoureux jusqu'au ras de l'étrier; les cultures ne commencent que dans les faubourgs de la ville, avec les jardins, les olivettes et les vignes des Chrétiens. La ville, elle-même, est bâtie en plein lac sur un haut promontoire rocheux.

Des bandes endimanchées sortent pour la promenade du soir. Parmi les Albanais en fustanelles et les Grecs en « complets » européens, beaucoup de Juifs au type accentué, nez crochu, mèches en tirebouchon le long des oreilles, ont conservé l'ancien costume de leur race, la longue robe syrienne et la large ceinture aux couleurs mélangées. Les femmes et les filles ont la démarche molle sous leurs cafetans de fourrures; leurs pieds sont nus dans les babouches écarlates, leurs yeux peints, leur sourire allongé par le fard et leurs seins à peine voilés par la chemisette de soie. Elles semblent, ainsi parées, s'offrir à l'étranger dans leur premier sourire : la juiverie de Kastoria peuplait autrefois les harems de l'Albanie.

En approchant de la ville, les jardins se multiplient. C'est demain jour de sabbat. A l'ombre des oliviers, les Juifs chantent en grec ; les Juives, à l'écart, dansent ou fument le narghilé. Toute cette gaîté est assourdie, défiante, et se tait à la vue du gendarme.

Kastoria n'est point une grande ville. Son importance commerciale, qui autrefois attira de Salonique les ancêtres de ces Juifs, a disparu ; les paysans d'alentour ne s'approvisionnent plus ici : le voyage jusqu'à Salonique est devenu facile et la contrebande à travers la frontière grecque très active. L'aristocratie musulmane, beys et pachas, ruinée par les incursions des Albanais et le dépeuplement de la plaine, végète tristement dans ses konaks délabrés. Le bazar est sans vie : les poissons du lac, des capes en feutre, quelques tapis grossiers représentent tous les produits locaux.

Le quartier musulman compte à peine deux cents maisons; les Juifs, plus nombreux, ont 250 à 300 familles; mais par le nombre, ce sont les Grecs qui l'emportent : 1000 à 1200 maisons. En réalité les Juifs dominent ici. L'Hellénisme est affaibli par les dissensions valaques. Le valaque est compris ou parlé dans presque toutes les maisons chrétiennes. Le parti valaque n'a converti que deux ou trois cents fidèles; les gens riches, par conviction et par mode, sont toujours hellènes; les écoles sont restées grecques, malgré des luttes violentes. Mais les Valaques prennent leur revanche en coups de main sur les récoltes et les troupeaux, en razzias d'olivettes, en enlèvements de jeunes filles riches qu'ils épousent avec ou sans prêtre et dont ils réclament ensuite la dot. Tous les enfants terribles, vilains garçons et joyeux camarades de la communauté chrétienne se disent Valaques : c'est un titre que le préfet turc respecte et qui assure à l'occasion une impunité presque complète.

Les Juifs au contraire, fraternellement unis, ont travaillé sans relâche à l'exploitation du Musulman. Leurs pères ou leurs grands-pères étaient venus de Salonique au début du siècle; ils étaient de race espagnole; l'espagnol est encore, dans les vieilles familles et pour les vieilles gens, la langue maternelle. En un demi-siècle, ils ont d'abord accaparé toute la fortune de Kastoria, par les moyens ordinaires : prêts d'argent, avances de marchandises ou de semailles, hypothèques. Mais après cette première génération, une autre est venue qui semble vouloir se fixer au sol, établir sa richesse en biens fonciers, en vignes, en jardins, en olivettes.

Aussi longtemps en effet que l'aristocratie musulmane conserva sa richesse, tout le pays laboura pour le Juif. Dans cette population agricole, l'imprévoyance des beys donnait beau jeu aux manieurs d'argent. Tous les revenus rentraient en nature. A la récolte, les beys, ayant mis à part leurs provisions annuelles, se défaisaient de tout le reste à la première offre sonnante. Quelques jours suffisaient à gaspiller cet argent en merceries, bibelots, selles brodées, armes ciselées, chevaux et tapis : le Juif rentrait dans ses capitaux. Venaient le ramazan du printemps, les nuits où le bazar, après le sommeil de la journée, s'ouvre tout brillant de lanternes, resplendissant de camelote européenne, étalant ses étoffes voyantes, tentant la coquetterie des femmes et la gourmandise des enfants, — le bon Turc ne refuse rien à ses femmes ni à ses fils quand approche la fête du Baïram. Un emprunt chez le Juif fournissait à tous les caprices; mais une part de la récolte suivante était engagée, mangée d'avance. Laissez le temps faire son œuvre, les récoltes se succéder plus ou moins bonnes, une année de disette ou une incursion d'Albanais survenir : le Musulman s'endette, hypothèque sa terre, s'enfonce de jour en jour sous des emprunts nouveaux; le champ tombe aux mains du Juif, et les belles maisons de la ville, sur la face méridionale du rocher, à l'abri des vents du Nord.

Mais le Musulman ruiné quitte le pays. Ses tenanciers, que souvent il retenait de force avec l'appui du gouvernement, se dispersent dans les villages libres. Les revenus du Juif tombent à néant. Il faut aviser. Les uns retournent à Salonique. D'autres, au contraire, se pliant à des nécessités nouvelles, travaillent eux-mêmes leurs champs.

Kastoria présente ainsi le très rare phénomène d'une communauté juive agricole. A la vérité, le nombre de ces agriculteurs n'est pas encore très grand, et ils se sont adonnés à une culture voisine de l'industrie. Ils n'ont pas encore mis la main à la charrue; ils ne se livrent qu'à la culture maraîchère ou aux soins minutieux qu'exigent la vigne et l'olivier : c'est presque un travail d'artisan. Mais ce premier pas en dehors des occupations traditionnelles de leur race les conduira peut-être à d'autres changements.

Cette communauté juive est digne d'attention. En se fixant au sol, elle semble avoir acquis un rudiment de patriotisme, un patriotisme de race comme celui de toutes les communautés balkaniques. Quelques Juifs déjà rêvent et parlent d'un avenir national. Non que le joug du Turc leur pèse comme aux Chrétiens et qu'ils souhaitent la délivrance : ils ne se considèrent point comme des opprimés. Ce n'est pas non plus qu'ils redoutent la venue de l'hellénisme, et que l'annexion à la Grèce leur paraisse un malheur déplorable : ils parlent grec, fréquentent les écoles grecques et, riches eux-mêmes, sont de cœur avec les riches Hellènes contre les Valaques... Mais le hasard est grand, et les combinaisons de l'avenir mystérieuses. Qui peut dire si, le Turc s'en allant et les jalousies européennes ne laissant ni Grecs ni Slaves ni Autrichiens s'installer à Salonique, un État juif ne pourrait pas se former autour de cette capitale. Toutes les villes de la Macédoine méridionale ont une colonie juive : Salonique d'abord où par le nombre et la richesse ils sont les maîtres, avec 15 ou 20 000 maisons; puis Verria, Servia, Kastoria : ils débordent même en Epire vers Mezzovo et Jannina. Leur nombre total dépasse cent mille individus et ce nombre serait doublé si l'on voulait y joindre les Juifs convertis à l'Islam, les *Maminns*. Les Maminns ont jadis reconnu le prophète pour sauver leur argent. Musulmans, ils ont gardé les mœurs et l'esprit de leur race : grands manieurs d'argent, économes, avares même, ils sont devenus les plus riches des Macédoniens... Ces Juifs sont clients de la France. Ils envoient leurs fils dans nos lycées de Marseille ou de Paris. Ils comptent sur l'appui français. La Tour Eiffel et l'Exposition nous ont rendu le prestige d'autrefois... Salonique reverrait-elle un jour le temple de Salomon?

Nous avons peu vécu dans la communauté grecque de Kastoria. Nos passeports n'étaient pas en règle. A Monastir, l'intervention d'Apostolo Margariti avait tout arrangé. Ici, abandonnés à nous-mêmes, sans consul, nous pouvions tomber sous la main d'un préfet tatillon ou besogneux. Et la communauté grecque est surveillée d'un mauvais œil, depuis la fameuse conspiration. On connaît l'histoire : chez le consul grec, une caisse a été saisie contenant tout le plan d'une conspiration possible. Parmi les beys et les pachas ruinés du quartier musulman, le Grec espérait des complices : il avait calculé d'avance la somme nécessaire aux scrupules de chacun. Pour quoi faire ensuite?... C'est un besoin de la nature chez le Grec de vivre dans l'intrigue, réellement ou par la pensée.

Des prêtres et des muletiers grecs nous ont rendu visite sous prétexte de consultation médicale. Ils comptaient sur notre science pour guérir un pauvre cheval à qui les Valaques avaient jeté un sort et qui mourut, malgré nos soins, après une agonie lamentable. On le dessella pour la première fois depuis des semaines, des mois peut-être. On le traîna par la tête jusqu'au bord du lac. Un Albanais s'aperçut que les fers pouvaient encore servir et les arracha. Un Juif coupa la queue. Le reste fut abandonné aux chiens errants de la ville musulmane.

III

LE ROUMLOUK

Les Armatoles. — La paix musulmane. — Campagne grecque
Femmes, évêque et Albanais.

Au sud de Kastoria, commence le Roumlouk, le Pays « des Roumis », des Grecs. Ce nom turc désigne plus particulièrement les districts de Karaferia et de Servia, les pentes de l'Olympe. Mais les Musulmans de Kastoria l'appliquent aussi aux deux cantons qui nous séparent de la frontière thessalienne, Anaselitza et Grévéna.

De fait, ce pays est toujours resté grec. Un firman de Soliman le Magnifique avait reconnu à ces populations le droit de porter les armes, et pour défendre l'Empire contre les incursions albanaises, la Porte avait créé sous le nom d'Armatoles une sorte de milice locale. Exempts de toute autre charge que le service en temps de guerre et la police en temps de paix, les Armatoles obéissaient dans chaque canton à leur capitaine. Ce capitaine héréditaire ou élu était confirmé et rétribué par la Porte. Karaferia, Servia et Grévena étaient les trois capitaineries de la Macédoine. On en comptait onze autres dispersées en Thessalie et dans le Pinde.

Les Armatoles ne discernèrent jamais bien la paix de la guerre, ni la police des razzias. Leur indépendance allait jusqu'à la révolte et, dès le milieu du xviiie siècle, les capitaines refusant le service au dehors, guerroyant à l'intérieur, enlevaient d'une main équitable les bourses des chrétiens et les femmes des pachas. Les chansons populaires ont gardé le souvenir de ces vieux Palikares (1750-1760) :

> Syros de Servia, Nannos de Karaferia
> Ont leur Konak à Kanalia.
> Prêtre, amène ton pain. Prêtre, amène ton vin.
> Prêtre, amène ta fille.
> Amène aussi du foin pour nos chevaux.
> Je n'ai peur d'aucun pacha, je ne crains aucun vizir.
> Mon pacha! c'est mon fusil; mon vizir! c'est mon sabre.
> Trois jours et trois nuits, j'assiégeai Niausta.

Quand vint la révolution grecque, les Armatoles étaient tout préparés à la vie de *héros*. Les muletiers chantent encore les cinq Blachavas de Grévena, et Diamantis, et Boucovallas, et Tachos qui luttèrent de 1817 à 1822.

La révolte du Roumlouk fut sauvagement réprimée par Mehemed Aboulouboud Pacha. La légende ne se souvient plus aujourd'hui que des grands coups de Boucovallas, Boucovallas qui prit Servia, Boucovallas qui prit Niausta, Boucovallas qui lutta contre 1500 Turcs, et quand le soir cinq cents eurent mordu la poussière, les Armatoles virent que trois Palikares manquaient à l'appel : l'un était allé aux provisions, un autre à la source, seul le troisième était mort. Le

Grec depuis trois siècles a tant souffert qu'il ne peut tenir le compte exact de tous ses malheurs.

En juin 1822, après le passage de Mehemed Pacha, hommes mutilés et pendus, femmes jetées à la mer, garçons emmenés et circoncis, filles vendues, enfants rôtis à la broche, — le Roumlouk était presque désert. C'est de là que date l'invasion albanaise. Ali de Tebelen, qui posséda ce pays, avait installé déjà des beys et des agas tosques dans les meilleurs tchiflicks (fermes); mais, tenus en respect par les Armatoles, les Albanais n'avaient pas franchi en masse la ligne du Pinde. En 1822, ils descendent de leurs monts et soumettent les villages libres. Tout leur appartient aujourd'hui.

***

Vue par le sud, Kastoria présente une remarquable analogie avec une autre ville macédonienne, Okhrida. Toutes deux, bâties au bord d'un lac sur une île de rochers, portent à leur sommet des ruines de défenses turques ou byzantines. Ici comme là-bas, les Chrétiens ont reconquis la ville elle-même et leurs maisons couvrent la pente méridionale. Les Musulmans, quittant leurs konaks et leurs mosquées de pierre, se sont retirés à l'écart dans les jardins du continent; ils semblent campés dans leurs bâtisses nouvelles autour de djamis (mosquées) construits à la hâte. Mais Okhrida était visiblement slave, et la nationalité hellène de Kastoria apparaît au premier regard. Maisons de pierre, corniches de pierre, grandes baies voûtées, façades étalées, rien ne manque de ce qui fait pour un Grec la beauté d'un « catastima » (établissement). Le Grec s'établit pour l'éternité. La terre et le bois suffisent au Turc ou au Slave qui se contentent éternellement de choses provisoires. Le Grec n'emploie que la pierre.

L'hellénisation de Kastoria s'est faite dans le cours de ce siècle. Au temps de Pouqueville, c'était une ville musulmane et slave : « il me fallut recourir à quelques mots d'esclavon que j'avais appris à Raguse pour adresser quelques questions [1] ». Les Slaves ont été conquis à l'Idée. Les Turcs sont partis : ils ont abandonné au giaour la douce Kesrié. Les beys musulmans, qui restent encore, Albanais et Slaves, sont tout prêts à l'exil.

Sur le bord du lac, dont nous faisons presque le tour, la chaussée turque s'engage entre les joncs de la rive et les vignes en escaliers. Un coteau circulaire enferme vers le sud le bassin de Kastoria et le sépare de la vallée voisine de la Vistritza. Un étroit déversoir mène au fleuve les eaux du lac par un défilé que nous suivons.

Kastoria, dans son cadre de ciel et d'eau bleus, disparaît derrière les roseaux. La rivière sort du lac sans un murmure et coule lentement dans son lit trop large sous les pierres et les mousses. Les platanes, les noyers et les châtaigniers mêlent leurs larges feuilles. De beaux hérons blancs se promènent parmi les nénuphars, dans l'ombre tachée de lumière.

---

1. Pouqueville, *Voyage de la Grèce*, II, p. 517.

Nous nous sommes arrêtés, saisis par le charme un peu triste de ce paysage : nous sommes les derniers peut-être à le contempler. Demain, dans ces lieux charmants, le Grec apparaîtra, traînant derrière lui le tumulte et l'agitation de notre vie moderne. Ces beaux hérons qui si longtemps possédèrent les eaux du lac, ces beaux arbres qui si longtemps prêtèrent leur ombre au sommeil du Turc, feront place aux vignes, aux cultures, aux moulins, aux établissements bruyants du Grec industrieux...

***

Dans la vallée de la Vistritza, les premiers pas nous mettent en plein Roumlouk. Le Grec est bien le maître ici. Forêts rasées, collines tondues, vieux arbres à demi flambés, lointains horizons sans autre ligne d'ombre que parfois autour d'une chapelle un bouquet de chênes verts, — le Grec a fait de ce pays un coin d'hellénisme.

Comme aspect au premier regard et comme disposition générale, le bassin de la Vistritza rappelle les plaines de Resen et de Monastir. Entre des collines et des monts à longues pentes, c'est le même plan nu et tout uni : il semble que, d'un galop continu, on puisse atteindre en quelques heures les montagnes de Thessalie qui ferment l'horizon méridional. Mais, à peine lancés, les chevaux s'arrêtent sur le bord d'un large fossé : il faut descendre, par un lacet d'argiles croulantes, une pente presque à pic, traverser les saules d'une maigre rivière ou d'un torrent desséché, et remonter une autre pente toute semblable et de pareille hauteur. Puis un nouveau ruban de route amène au bord d'un nouveau fossé.

Les rivières qui tombent des monts de l'ouest se sont, dans l'ancienne plaine lacustre, taillé des lits profonds, parallèles entre eux de l'ouest vers l'orient et perpendiculaires au fleuve principal qui coule du nord au sud le long des coteaux de l'est. Ces fossés varient de largeur suivant la force des courants qui les creusèrent : un pont de quelques arches couvrirait les plus étroits ; les plus larges ne dépassent pas un kilomètre ; mais tous de la même profondeur, ils se sont enfoncés dans l'alluvion friable jusqu'à la roche plus solide, entre deux berges à pic de trente ou quarante mètres.

Quelques meuniers sont établis sur le bord des rivières. Les villages sont restés sur la hauteur, pour voir de loin les bandes qui se précipitent du Pinde et se garer des surprises. Ce pays est presque désert. Il est vrai que nous n'avons pas suivi la grand'route ni visité les centres de population, Lapchista (ou Anaselitza) et Chatista. Ces deux bourgs, complètement hellénisés et depuis fort longtemps, ne possédant plus que quelques agas turcs, étaient sans grand intérêt pour nous. D'ailleurs nous évitions les moudirs, caïmacans et autres fonctionnaires de Sa Hautesse : nos passeports, bien que visés et à peu près en règle, pouvaient prêter à discussion. De hameaux en hameaux nous allions un peu à l'aventure, contournant de loin Lapchista perchée au flanc d'une colline. Dans les chaumes moissonnés, la chaleur et la réverbération étaient étouffantes. Bien avant le milieu du jour, nous avons dû faire halte au village de Khotouri.

Khotouri est habité par cinquante ou soixante familles, toutes chrétiennes, et toutes hellénisées : le grec est compris de tous, mais l'albanais est la langue usuelle. La vermine nous chassa bientôt des maisons. Nous nous sommes installés sous l'ombre d'un chêne vert, l'arbre unique, le dernier arbre, que les feux des bergers ont entamé déjà. Tout le village nous rejoint et nous ramène les ennemis que nous fuyions. Et la conversation de ces Albanais ne compense guère les inconvénients de leur voisinage! Toujours les plaintes contre le Turc, les plaintes habituelles du raïa contre le Musulman, du paysan contre l'aga ou le bey propriétaires. Le pays appartient en entier aux Musulmans de Lapchista : ces cornus lèvent la dîme... Il n'est pas question de Bulgares. Ceux qui ont entendu parler des bérats croient que les bérats auraient pour effet juridique d'annexer la Macédoine à la Bulgarie; ils ne peuvent donc admettre que le Sultan signe jamais de pareils papiers. Nous les avons laissés dans cette foi.

*
* *

De Khotouri à Tchourchli quatre heures de plaine, de descentes dans les fleuves et de montées sur les pentes ardues. Les rivières sont plus larges et plus abondantes. La Pramoritza est un petit fleuve constant. De hauts peupliers dessinent son cours à travers les luisantes verdures du maïs. Puis la Vokorina que bordent aussi quelques champs de coton. Sur les plateaux, les sillons moissonnés s'allongent à perte de vue. Des maisons de pierres sèches sont groupées autour d'une source ou près d'une chapelle qu'ombragent des chênes verts. Quelques rares minarets apparaissent dans l'est lointain. A notre droite, les forêts du Pinde commencent à dessiner une haute barrière.

Tchourchli, situé comme Lapchista sur une butte, domine la vallée. Le village est abandonné : toutes portes ouvertes, il reste à la garde des petits enfants et des chiens féroces. Nous avons pris possession du Khani désert. Mais à mesure que le soleil descend, on voit par tous les sentiers revenir des bandes en longues files. Les femmes, ployées sous les gerbes, poussent de petits ânes dont la tête et la queue frétillante émergent seules d'un buisson d'épis. Les hommes marchent derrière, noblement ; le fusil dans le dos, ils fument et encouragent de la voix leurs femmes et leurs bêtes. Cette procession défile devant nous. Les chants et les conversations se taisent à la vue de notre gendarme : on nous prend pour des inspecteurs de la dîme.

Le soir est venu. Les cigales, qui tout le jour ont fait rage, s'endorment avec le soleil. Un grand silence tombe sur la plaine où le vent froid du crépuscule fait passer comme un frisson de fièvre.

A l'intérieur du Khani, que la vermine rend intenable à nos peaux européennes, une grande dispute autour d'une lanterne agite nos gens et le Khandji. Celui-ci veut expulser nos bêtes, nos bagages et nos

Noblesses et réserver son écurie et son plancher aux femmes d'un bey et à l'escorte qui doit les amener ce soir. Notre fidèle Kostas épuise en vain son éloquence grecque. Pour rétablir la concorde, il a fallu la cravache d'Abeddin. Le Khandji nous proposait un autre logement plus propre, une écurie plus grande. Il est sorti pour venir sous l'arbre où nous avons installé nos Noblesses, et faire appel à notre noble équité... Mais vouloir raisonner Abeddin ! Il paraît qu'une Noblesse ne peut jamais céder ce qu'une fois elle a pris : Abeddin quitterait plutôt notre service...

Arrivent les femmes du bey, deux paquets de voiles blancs, à cheval sur de hautes selles, les pieds dans de minuscules babouches, les culottes rouges remontées jusqu'aux genoux par le frottement de la selle. Le regard inattendu de deux giaours les fait crier de honte. Elles sautent, s'engouffrent dans la chambre qu'elles ont retenue et que nos bagages occupent. Elles ressortent avec des piaillements de colère, et sur chaque joue, le Khandji reçoit de beaux soufflets.

Les mains, teintes au henné, étaient petites, les chevilles et les pieds très fins, les voix toutes jeunes. Ce fut une pluie d'insultes difficiles à transcrire : « Chien, cornu, tête d'âne, gueule de mule, que le diable prenne ta mère ! » Les Albanais de l'escorte, conduisant leurs chevaux, avaient aussi trouvé l'écurie pleine. Ils revenaient la cravache haute. Abeddin en belle humeur jouissait de son œuvre. Sa joie fut complète en reconnaissant de vieux amis, Selim, Veli, Mehemet et Pacho, tous quatre zaptiehs du vilayet de Jannina.

Entre amis, les affaires s'arrangent : le Khandji va conduire les femmes dans la maison qu'il nous offrait.

— Mais, dit le Khandji, c'est la maison du pappas, et le pappas attend cette nuit l'évêque de Grévena : il n'a qu'une chambre dont il nous aurait donné la moitié, à nous, l'autre moitié à l'évêque, tandis que les femmes vont tout prendre, et l'évêque...

— Oh ! l'évêque, pour une fois qu'il ne sera pas à son aise ! dis-lui, s'il vient, qu'il apporte du raki, et Pacho lui chantera la messe.

Tout l'auditoire, Chrétiens et Musulmans, approuve : ce cornu d'évêque qui vient pour les dîmes !...

Autour du feu, où Kostas cuisine un plat très compliqué de beurre, de lait, de fromage et d'œufs frits, les zaptiehs nous content les dernières nouvelles de Jannina. Depuis notre passage, il y a cinq semaines bientôt, que de changements ! Pronio, le brigand de Paramythia, arrêté ! le consul italien revenu ! notre ami Janni enlevé par une bande sur la route de Préveza ! Et Salonique brûlée, toute la ville engloutie ! Et Stambouloff ué, c'est sûr, mort, le cornu ! Au bout d'une heure, Abeddin demande ce que deviennent ses frères, sa femme, ses enfants. Depuis notre départ, il n'a rien su d'eux, mais il ne les a pas oubliés : il étale une pièce de cotonnade achetée pour eux à Monastir. A son tour maintenant de conter : nous avons fait un voyage ! des montagnes ! des plaines ! des fleuves ! des lacs ! des mers ! nous avons vu deux loups et tué dix brigands ! à Monastir, toute la garnison nous escortait dans les rues ! Et maintenant nous allons jusqu'à Tricala !...

Les autres, escortant les femmes, s'en vont à Sarygöl : ce sont les femmes d'un bey de Konitza ; elles sont venues d'abord à Jannina, au tombeau d'Ali de Tebelen, demander la guérison de leur vieux mari ; ensuite, elles ont eu l'envie de consulter la sorcière de Sarygöl.

*
* *

La lune était levée et les cigarettes éteintes, et la conversation somnolait depuis longtemps quand tout ce monde s'est enfin résigné à dormir. Les portes ont été barricadées, les fusils chargés, les revolvers placés à portée de la main : tout est prêt pour quelque événement nocturne.

Un galop de chevaux, des coups de crosse sur les volets de bois, des voix sonnant claires dans la nuit, et les jurons et les « cornus ! » ordinaires mettent bientôt nos gens sur pied. Dans la plaine éblouissante de lune, cinq ou six cavaliers entourent un vieux pappas : « Ouvrez, c'est l'évêque ! » On a longtemps discuté. L'évêque et ses gendarmes ont menacé, puis négocié. On a fini par ouvrir. L'évêque est venu partager notre natte et nous apporter de nouvelle vermine. Au dehors le feu s'est rallumé. Les arrivants, bien fournis de tabac et de raki, ont lié connaissance avec notre garnison, et sous la lune les histoires ont repris de plus belle, puis les chansons.

Quand l'aube parut, une intimité attendrie unissait les buveurs. Gendarmes de l'évêque et gendarmes des pèlerines, tous ces bons ivrognes se prirent soudain d'affection pour nos Noblesses. Ayant sellé leurs chevaux, la fantaisie leur vint de nous accompagner à Grévena. On devine la colère raisonneuse de l'évêque et les piaillements rageurs des dames turques. Rien n'y fit : ils voulaient nous indiquer la route. Et deux heures, ils nous escortèrent au galop de leurs petits chevaux, à travers les chaumes de la plaine, jusqu'au bord de la pente qui brusquement tombe sur Grévena.

Le fleuve de Grévena est la plus grosse des rivières qui descendent à la Vistritza. Sa profonde vallée taillée à pic comme les précédentes dans la plaine ancienne, est plus large que toutes les autres. Entre les deux talus crénelés de villages aux noms significatifs : Lefkotchifliki (La Ferme Blanche), Asprochori (Le Village blanc), — c'est une petite plaine de verdure, où le fleuve enroule ses méandres autour des îles de peupliers, s'épand et s'endort en flaques vertes, inonde les cotons, les maïs et quelques pans de riz. Grévena, cachée dans les arbres, ne montre au loin que la pointe d'un minaret et, sur une île rocheuse, la longue façade d'une caserne.

A l'entrée de la ville, les sentinelles nous arrêtent et nous prennent nos passeports. Les rues et les terrains vagues sont couverts de tentes, de campements, de feux, d'effets militaires séchant au soleil. La ville mal bâtie se compose d'une rue de maisons de bois, et de quelques konaks isolés, tous en ruines. Des cafés en plein vent, des boutiques. Grévena n'est plus qu'une caserne avec le cortège habituel de cantiniers, cabaretiers et revendeurs.

IV

LA FRONTIÈRE

L'influence valaque. — Soldats turcs et soldats grecs. — Prenons Constantinople. — La Force et l'Idée.

Bénissons les Valaques et le père Faveyrial! Sans eux, nous serions encore prisonniers à Grévena ou nous traînerions nos chevaux épuisés sur la route de Salonique.

Nos passeports, examinés par la police, avaient produit un effet déplorable. Il faut bien confesser qu'ils n'étaient point en règle. Mais ce détail n'avait pas scandalisé le sous-préfet. Il avait les yeux sur le titre d'archéologues, que les chancelleries complimenteuses nous attribuaient : ce titre lui donnait de nos personnes une estime et une défiance également fâcheuses. Il avait été préfet de Manissa, en Asie Mineure, quand les Allemands fouillaient Pergame. Il savait, par cette expérience, que les archéologues ont besoin parfois de la complicité des préfets, puisque la Porte défend le commerce des antiquités. Il savait aussi, par la même expérience, que les archéologues bavards et vantards nuisent souvent à leurs bienfaiteurs : il avait perdu sa préfecture et, s'il n'eût été fils d'un vieux préfet de Macédoine, sa carrière eût été pour jamais compromise...

Outre ces réflexions égoïstes, le sous-préfet tenait compte de nos véritables intérêts. La frontière thessalienne est un mauvais lieu justement célèbre même en Turquie par ses brigands. Des bandes s'organisent dans les villages turcs pour travailler en pays hellénique. Dans les villages grecs, il reste encore beaucoup de braves, dont le patriotisme et la convoitise sont excités par le souvenir des aïeux. Des Albanais équitables, campés dans les bois, descendent indifféremment vers Grévena après la récolte, vers Larissa après la vendange.

M. le sous-préfet nous refuse donc le passage. Il prétend nous renvoyer sous bonne escorte à Monastir ou à Salonique... Nous lui rappelons en vain qu'il s'est attiré déjà une méchante affaire avec le consul français de Jannina : les menaces sont inutiles... L'argent..., le sous-préfet vient de vendre les dîmes et de finir un gros procès intenté aux agas du pays par l'administration des *vacoufs*... Nous avons la dernière ressource d'un départ nocturne : la frontière grecque n'est qu'à six heures de Grévena. Mais le pays est couvert de bois et la route à peine tracée... Apostolo nous a donné une lettre ouverte pour les Valaques du chemin : il nous recommande à ses frères, il garantit notre intelligence, notre honnêteté et nos bonnes intentions. Mais la colonie valaque de Grévena est aux trois quarts hellénisée et parmi les scribes de la sous-préfecture, qui tous parlent grec, comment reconnaître les vrais Valaques?... Abeddin, appelé devant le sous-préfet, a tracé les grandes lignes de notre voyage et raconté nos aventures chez les Albanais, chez les Bulgares, à Monastir. Il a dit les fleuves traversés, les lacs, les montagnes, les brigands, sa bravoure et les terreurs de Kostas. Le nom du père Faveyrial, qui l'a bien traité, est venu en son lieu.

Quand nous rentrons à l'auberge, mécontents et songeurs, un secrétaire du sous-préfet nous attend, et sans d'abord se compromettre amène peu à peu la conversation sur Apostolo et le père Faveyrial : nous lui montrons la lettre...

Une heure après, nos passeports nous étaient rendus. Le sous-préfet s'excusait de ne pas nous recevoir. Il nous envoyait le conseil de partir aussitôt, avant que notre présence fût connue dans la montagne. Un tchaouch et douze cavaliers accompagnaient cet avis.

*
* *

Abeddin nous quitte. Il dit que la Thessalie n'est plus dans son vilayet. Il voudrait nous mener encore jusqu'à la frontière; mais nous avons une grosse escorte et son cheval est blessé; lui-même, en route avec nous depuis quatre semaines, il commence à être rassasié de gloire et de fatigues; ici, il est tout près de Jannina, de sa maison, de sa femme que les zaptiehs de Tchourchli lui ont remise en mémoire. Il est fort ému en embrassant Kostas, en pressant nos deux mains sur son cœur. Il a fendu la doublure de son dolman pour cacher nos cartes de visite. Sa voix s'étrangle un peu, quand nous lui donnons quatre ou cinq livres turques en souvenir de ses bons services. Mais une fois en selle, sous le clair soleil du matin, il a bientôt repris sa chanson. Il s'éloigne le long des saules qui bordent le Grévenetiko :

Trois corbeaux, trois corbeaux sont posés sur les monts de Souli...

Il retourne à son Albanie; dans quelques jours il montera la garde au tombeau d'Ali de Tebelen; demain, nous prendrons le train de neuf heures trente à Kalambaka.

* * *

Les monts Voluca et Chassia qui nous séparent de la Thessalie ne forment point vers la Macédoine un rempart escarpé. Ils s'élèvent lentement, en un long glacis couvert de forêts, jusqu'à la crête d'où l'on domine les vallées thessaliennes.

La route de Grévena à Kalambaka était jadis très fréquentée, non par le commerce, mais par les troupes sans cesse déplacées, toujours en marche entre la Macédoine et la Thessalie pour la levée des impôts ou la répression du brigandage. Les sentiers aujourd'hui sont à peine tracés. Il ne passe plus ici que les dix cavaliers qui chaque mois vont relever le poste de Velemisti. Dans les fourrés de chênes bas et de coudriers, le tchaouch mène grand train notre troupe, sans un chant, sans un mot, sans un arrêt. Nos douze cavaliers sont des Osmanlis anatoliotes, qui vont droit devant eux sans boire à toutes les sources, sans crier et chanter à toutes les rencontres, comme ce joyeux garçon d'Abeddin, — de vrais soldats en piteux uniforme, mais de fière allure, bien montés et bien armés.

Le soir, nous arrivons au petit hameau de Manis qui avoisine le poste de Velemisti. Des Albanais sont venus, la nuit précédente, enlever l'un des propriétaires à la barbe même de l'officier turc. Ils ont écrit ce matin un bout de lettre pour désigner un arbre dans le bois, où les parents devront déposer cent livres de rançon. Le tchaouch organise un campement militaire, place les sentinelles et fait garder les chevaux. Les hommes obéissent sans discussion.

Quels admirables soldats l'on peut faire de ces Osmanlis! La discipline leur est innée. Leur soumission est bestiale. Autour du feu où l'on prépare le café du soir, les langues se sont déliées. Le tchaouch sait un peu de grec, étant depuis quinze ans dans l'armée d'Épire. Les autres ne parlent que turc. Ils sont tous de la province de Smyrne, du vilayet d'Aïdin, comme ils disent : l'un a servi quatre années déjà, un autre huit; la plupart ne se souviennent plus exactement s'ils avaient deux ans ou trois ans de service au moment de la guerre, — l'affaire de Koutra en 1885; ils resteront tant que le *mouchir* (maréchal) voudra. Et pourtant, quel pays que ce Grévena! L'été on y crève de fièvre et de dysenterie; chaque jour, on porte au champ des morts un camarade tué par les Albanais ou pourri de ce mal d'Europe qu'un détachement a rapporté de Jannina. L'hiver ramène les neiges et les loups : il faut battre les bois et défendre les villages, ou faire le service de courriers entre l'Epire et Salonique ; et ce ne sont pas les vieux uniformes en lambeaux ni les bottes crevées qui protègent du froid... Et là-bas, au bord des golfes d'Asie, Boudroun s'endort sous le soleil dans les palmiers et les lauriers-roses ! Le grand Méandre baigne de ses eaux tièdes la plaine abritée des vents, couverte de figuiers et de pavots en fleurs.., Ils songent aux forêts du Latmos, aux sources dans les pins, aux champs de melons et de pastèques, aux siestes du Ramazan. Ils parlent de la famille délaissée et dont ils ne savent plus rien depuis le départ. Nous, qui avons été dans leur pays, ne pourrions-nous pas leur dire si Achmet-Aga d'Iasin est encore vivant, et Ali Tartaroglou, et Ouzoun Hassan ? Il n'est point question des femmes, entre Turcs.

Quelques-uns sont mariés pourtant. Quand ils rentreront après huit ans d'absence, plus d'un retrouvera son harem dépeuplé ou ses enfants trop nombreux. Ses champs abandonnés auront été pris par le fisc, suivant la loi qui adjuge à l'État toute terre restée trois années sans labour. La famille endettée aura peu à peu engagé tous ses biens au bacal ou au marchand de grains. Elle sera partie vers les terres vierges encore de giaour et, remontant le Méandre, aura cherché des champs en friche dans les plaines de Koniah. L'homme en rentrant ne trouvera même plus trace de sa maison de bois... *Etsi ine o vios*, dit le tchaouch devenu philosophe au contact des Grecs : « Telle est la vie » ; à quoi bon se plaindre ? le gouvernement donne du pain, et du bon pain, presque tous les jours ; le tabac et le café ne coûtent pas trop cher, grâce à la contrebande ; l'eau-de-vie est pour rien,... et puis on verra... *bacaloum*, premier et dernier mot de la sagesse turque : *iavas, iavas*, patience, patience.

***

Près du poteau frontière, planté par le Congrès de Berlin, un poste grec surveille un poste turc et court aux armes dès qu'un cornu envahit l'Hellade sans le drapeau blanc des parlementaires. Loin du poteau, les Turcs fument et dorment, laissant envahir leur poste même par ces joyeux Grecs, dont le babillage et les chansons égaient leurs étés, et qu'ils nourrissent l'hiver quand l'intendant de Kalambaka oublie de ravitailler sa troupe.

L'officier turc sait trois mots de français, *femme* et *tour Eiffel*. Il nous remet cérémonieusement entre les mains de l'officier grec et demande un reçu : en cas d'accident, le sous-préfet de Grévena veut avoir ses papiers en règle.

L'officier grec est tout disposé à signer ce papier. Mais le sergent et le caporal sont d'avis contraire : « Vieux frère, tu fais une sottise, en donnant une lettre à ce cornu ». Les soldats ont aussi leur opinion qu'ils expriment : tous sont frères de ce côté de la frontière, et égaux; parce que le lieutenant a un plus bel uniforme, ce n'est pas une raison pour qu'il prenne à lui seul une résolution aussi grave : « Frère, je ne signerais pas. »

Parlant grec, nous avons eu le droit de donner aussi notre avis; et nous pensons que deux mots en grec sur une feuille sans en-tête, sur un chiffon non officiel, n'engagent ni la dignité du royaume ni l'avenir de l'hellénisme. L'officier turc obtient son reçu.

Mais la discussion dure longtemps encore devant le poste grec. Ce sont des *efzônes* qui gardent cette frontière, des soldats d'élite, de jolis fantassins en courtes fustanelles, en vestes soutachées, le fez au long gland bleu sur l'oreille et des houpettes à la pointe de leurs babouches, — des enfants de vingt ans, agiles, bavards, effrontés et rieurs, une troupe de moineaux toujours piaillante. Ils se disputent maintenant pour nous accompagner à Kalambaka : c'est aujourd'hui dimanche, et la panégyric de l'un des monastères; les élections approchent; il y aura sans doute une réunion publique; il ne faut pas que le lieutenant fasse des passe-droits. Chacun expose depuis combien de jours il n'est pas descendu.

Ceux que désigne enfin la voix du peuple, Spiros et Ianni, sont bientôt prêts : ils ont mis leur fustanelle propre, bien empesée et bien plissée, qui se tient raide, presque hérissée autour de leur ceinture, et couvre à peine leurs caleçons rouges et le haut de leurs cnémides brodées. En avant, les enfants !

Nous jetons un dernier regard sur la Macédoine. De

grands bois uniformes descendent au loin vers la Vistritza : jusqu'aux prairies inondées et aux marais qui bordent la rivière, aucun village ne paraît, aucune fumée ne monte, aucun bruit. Ce silence et cette solitude sont inquiétants; on soupçonne quelque ennemi caché dans cette paix mystérieuse.

Le lieutenant grec, pris de tristesse, nous raconte ses malheurs : l'échauffourée de Larissa au printemps dernier; la protestation de l'armée de Thessalie et les instances auprès du roi pour renverser ce cornu de Tricoupis; Tricoupis l'a emporté; notre homme a été envoyé dans ce poste perdu, au milieu de barbares qui ne savent même pas discuter une heure sur la politique et l'Idée; il faut patienter jusqu'aux élections d'octobre; Delyannis aura la majorité et donnera des compensations à ses amis; le lieutenant recevra une mission de deux ans à l'étranger; il ira dans un régiment français, à Marseille ou à Paris — les deux capitales françaises pour un Grec.

*
* *

Les monts tombent brusquement du côté de la Grèce, ravinés et déboisés, — une pente de cent mètres que nos deux efzônes dégringolent en courant; et d'en bas, ils nous regardent traîner péniblement nos chevaux dans les lacets du sentier. Ils se sont assis pour discuter ; les noms de Delyannis et de Tricoupis reviennent sans cesse : ils parlent politique.

Le vallon où nous sommes descendus est planté de

grands arbres, de beaux chênes très hauts aux formes tourmentées, de gros platanes, de hêtres et de marronniers. Ce n'est point une forêt sauvage. Les clairières ensoleillées alternent avec les massifs ombreux. Les tourterelles roucoulent dans les branches. Les merles et les geais s'envolent des buissons. Une flûte au loin se mêle à des voix d'enfants. C'est un de ces paysages que rêvent les peintres de l'École, un de ces bois divins où Nymphes et Dryades viennent danser la nuit, où Pan lascif entraîne Sélénè... Spiros nous demande si nous sommes très riches et ce que nous vendons, si la vie coûte plus cher à Paris qu'en Grèce, si avec cinquante francs par mois on peut en France tenir un certain rang, cinquante francs en or, bien entendu, car cinquante drachmes en papier, avec le change actuel, ne pourraient pas donner grand'chose... Il est Moraïte, et Ianni est Moraïte aussi, mais Moraïte de la vraie Morée, pas d'Argos ni de Patras, de Dimitzana.

Il faut voir avec quel orgueil un Grec du Péloponnèse dit : Je suis Moraïte ! Tous les Grecs du continent et des îles, les Épirotes et les Insulaires, ne valent pas un chien de la Morée. Et quand on est de Dimitzana ! du pays de Kolocotronis et de Delyannis !... Ils vont trottant tous deux à la tête de nos chevaux et toujours causant politique. L'affaire est pour eux d'importance. Si ce cornu de Tricoupis reste au pouvoir, ils ont encore un an de service, étant tombés au sort l'année dernière. Si Delyannis l'emporte, comme ils sont l'un *Koubaros* (compère) du démarque de Dimitzana, l'autre neveu d'un filleul de Manetas (l'ancien ministre tricoupiste, candidat delyanniste aujourd'hui), ils obtiendront aussitôt leur congé; tout au moins, ils échangeront leur perchoir de Velemisti contre une bonne garnison, une ville où tout le monde parle et sache parler, Athènes où l'on parade sous les fenêtres du roi, Nauplie, Patras, d'où l'on remonte facilement en Arcadie.

Nous atteignons le Pénée, un grand fleuve de pierres roulées, sans une goutte d'eau, où des platanes et des lauriers-roses font des îles de verdure. Entre deux rives de forêts et de vignes, cette coulée de pierres descend vers le sud-est, répandant quelquefois sur plus d'un kilomètre ses roches amoncelées, ses arbres entraînés, ses barrages de sable et de buissons. Brusquement, dans les arbres de la rive gauche, surgissent de grands rochers noirs, des aiguilles de cent mètres, des colonnes de basalte, une forêt géante d'arbres pétrifiés, les doigts du Diable, que couronnent, perdus dans l'azur, les couvents des Météores. Blottie à leurs pieds dans les vignes et les olivettes, Kalambaka domine la grande plaine thessalienne.

.

Kalambaka est pavoisée de drapeaux, toute bruissante de flûtes et de grosses caisses, de *doumbas* et de *daoulais*, tapissée d'affiches, encombrée de fustanelles et de petits ânes. Nous fendons à grand'peine le rassemblement de l'agora.

Du haut d'un balcon, le candidat de l'opposition harangue la foule : « Frères, vous connaissez tous ce cornu de Tricoupis! Vous savez assez comment ce *mascaras* a trahi l'Hellade, la Race et l'Idée. Il a volé l'argent du peuple, il a triplé les douanes, il a chargé le peuple d'impôts comme on charge un âne aux vendanges, il a créé le monopole du tabac pour donner de l'argent aux Européens... Ce n'est pas un Hellène : c'est un Anglais. Il a vendu Chypre aux Anglais, il abandonne la Crète aux Turcs et la Macédoine aux Bulgares... Levez-vous, frères, et chassez ce voleur! Montrez que vous êtes les fils de Thémistocle et de Kolocotronis, qu'entre le Turc et vous il ne peut y avoir de paix jusqu'au jour où nous aurons repris la Ville! Nous avons notre armée, nous avons nos fusils, nous avons notre flotte; en avant, les enfants! et prenons Constantinople! » Un orchestre enragé entonne la *Marche des Klephtes.*

Je regardais nos deux efzônes applaudir, et je pensais aux soldats turcs qui nous ont accompagnés hier de Grévena à Velemisti. Trois mille de ces cavaliers sont en garnison à Grévena, près de six mille à Jannina, autant à Monastir. Quand l'Empereur allemand vint leur rendre visite, les Grecs réunirent toutes leurs troupes pour border les rues de leur capitale. En avant les enfants, prenez Constantinople!

L'opposition l'emporte : son café est plein. Dans le café tricoupiste, presque désert, un employé du gouvernement raisonne un fustanellard : « Je te dis, frère, que c'est comme cela. Il ne faut pas croire que l'Europe nous laisserait faire. Si notre flotte allait prendre la Ville, nous aurions encore un blocus. Et puis, tu le sais, nous ne sommes pas, nous, un peuple fanatique comme les Turcs, un peuple de bêtes et de bœufs : nous ne pouvons pas obéir sans savoir les choses; et c'est pour cela que nous n'avons pas comme les Turcs une armée qui marche sans discuter... Nous, nous sommes un peuple intelligent, et c'est l'intelligence qui distingue l'homme des bêtes, et c'est par l'intelligence que les peuples triompheront. Nous devons nous éclairer, nous devons commencer par devenir tout à fait Européens; puis nous éclairerons nos frères du dehors. C'est pourquoi il nous faut des routes, des ports, des vapeurs et des chemins de fer. Les Anglais ont Chypre, les Turcs gardent la Crète et les Bulgares menacent la Macédoine! Laisse-les venir : *nous en avons bien mangé d'autres,* καὶ ἄλλους μεῖς ἐφάγαμε. Les Turcs ont eu l'Acropole et nos pères les ont mangés. Les Turcs étaient encore ici il y a dix ans et nous les avons mangés. Les Anglais étaient à Corfou et nous les avons mangés. Si tu vas à Smyrne, tu verras comment nous mangeons là-bas. Mais il ne faut pas faire la guerre, nous ne sommes pas les plus forts. »

Deux courants se partagent l'hellénisme. Les Moraïtes et en général tous les Grecs de l'ancien royaume, ceux qui fièrement se donnent le nom d'*Autochtones*, les Hellènes du dedans, se croient encore aux jours de Canaris et de Kolocotronis. Ils rêvent encore de brûlots, de Klephtes et de Pallikares. Ils méprisent le Turc, autant pour le moins que leurs aïeux méprisaient le

Perse. Ils dédaignent l'Europe ou ne la tiennent, quand elle les aide, que pour un débiteur acquittant sa dette, — quand elle les entrave, pour une abominable ingrate, un *satrape* capricieux. Ils vivent, dans la pauvreté et la politique, de leurs olives, de leurs vignes et de leur gloire, se disputant les places et les fonctions, criant à l'injustice quand un neveu de Canaris n'est point amiral de la flotte ou quand le médecin du roi n'est point choisi parmi les fils des héros. Chaque matin, ils prennent en paroles Salonique, Candie ou Constantinople...

A Odessa, Smyrne, Beyrouth, Alexandrie et Marseille, dans tout le monde méditerranéen, à Saint-Pétersbourg, à Vienne, à Paris, à Londres, dans l'Inde et jusqu'à La Plata, des Hellènes répandus amassent lentement de colossales fortunes. Partis de Chio ou de Métélin, un jour que la mer était belle et qu'un bateau chargé de figues mettait à la voile vers l'Occident, sachant à peine écrire, mais actifs, mobiles, souples, intelligents et sobres, ces fils d'Ulysse sont devenus les maîtres de la Banque et de la Bourse. Ils détiennent le commerce du blé. Ils sont rois de l'opium et du raisin sec. Ils mènent le Comptoir d'Escompte. Ils mènent la Deutsche Bank. Ils menaient la maison Baring. Tel ministre français a jadis, petit employé, grossoyé sur leurs registres.

Mais, barons à Vienne, pachas en Égypte ou princes à Livourne, leurs rêves les ramènent toujours vers le pays où sonne la langue des aïeux. — O reine, tu possèdes de vastes plaines où croissent en abondance le lotos, l'asphodèle et le froment. Dans Ithaque, il n'y a ni prairies ni routes pour les chars. Aucune de nos îles qui pendent sur la mer n'est grande ni fertile. Ithaque est la plus pauvre. Elle n'a point de chevaux et ne peut nourrir que des chèvres. Je crois aussi, ô déesse, que la sage Pénélope est inférieure à toi en sagesse et en beauté. Elle est mortelle et tu ne connaîtras jamais la vieillesse. Et pourtant, que les Dieux m'accablent encore de maux sur la sombre mer! mais puissé-je revoir la demeure de Laerte! — Ils veulent terminer leurs jours et jouir de leur richesse dans la Grèce libre. Ils viennent se fixer à Athènes, où l'Autochtone accueille de son dédain ces Chiotes, ces *Homogènes*, comme il les appelle, parce qu'étant de la même race que lui ils ne sont point de la même patrie.

L'Homogène connaît l'Europe. Il voit quelle distance sépare encore son peuple des peuples occidentaux, et tous ses efforts vont à combler cet abîme. Il donne sa fortune à l'État, la disperse aux quatre coins du royaume en édifices, en fondations, en fouilles et en musées. Il irrigue la Thessalie. Il perce l'Isthme. Il dessèche Stymphale et Phénée. Il construit une École militaire. Il construit une École navale. Il amène des torpilleurs et des cuirassés. Il donne des villas au roi, des palais aux statues d'Olympie et des hospices à la nation. Il entretient les écoles d'Épire. Il fonde les écoles de Macédoine. Il relève Salonique de ses ruines. Il bâtit un gymnase à Monastir et une métropole à Jannina. Il est le serviteur de l'Idée et le bienfaiteur de la Race.

Et rien ne peut détruire sa foi! Par delà les misères et les revers du siècle, il voit monter auréolée de gloire l'Hellade promise aux descendants. Il sait que cette Hellade est impérissable parce qu'elle est l'Idée et que l'Idée est immortelle et que la Force n'a jamais prévalu. Le sol..., les Perses l'ont envahi, les Romains l'ont possédé, les Barbares l'ont ravagé, les Latins l'ont conquis. Soudards normands et janissaires turcs, pirates arabes et condottieri vénitiens, tous les maîtres se sont succédé, disparaissant après un règne éphémère, et l'Idée renaissait plus forte et la Race subsistait toujours et chaque siècle, de Thémistocle à Canaris, suscitait un nouveau héros. Quand les Turcs dureraient des siècles encore, quand les Bulgares viendraient après eux, quand le Russe à son tour lâcherait sur tout le Levant ses bandes de Cosaques, et quand l'Autriche sculpterait aux portes de Salonique ses aigles triomphantes, la lutte de l'Idée contre la Force est éternelle et l'Idée prenant sans cesse de nouveaux peuples pour les transformer en Hellènes, la Race ne saurait périr. La Force peut avoir ses jours de triomphe : Xerxès campa sur l'Acropole. Mais ces jours sont comptés par l'éternelle justice, et qu'importent quelques jours de misères quand on a devant soi l'éternité : « Nous en avons bien mangé d'autres, καὶ ἄλλους μεῖς ἐφάγαμε. »

TABLE DES MATIÈRES

Préface de la deuxième édition.................... I
Préface de la première édition.................... V
Carte.. X

PREMIÈRE PARTIE

VERS LA MACÉDOINE.

I. — L'Adriatique. — Durazzo. Kawaja.

Une ville italienne. — Intrigues italiennes. — Une ville musulmane. — La foire aux tombeaux. — Justice turque. — Un explorateur............ 1

II. — Pekini. — Un fief albanais.

L'Albanie déserte. — Une résidence de grand seigneur. — Fresques albanaises. — De la sécurité des routes dans l'Empire ottoman................ 23

III. — Elbassan.

Une triple ville : Hellènes, Musulmans et Valaques. — Le castro, le bazar et les konaks. — Un préfet turc : « Ne musèle pas le bœuf quand il foule le grain ».......... 41

IV. — Les Défilés. — Dchoura. Briniaitz.

Routes et ponts turcs. — Choses valaques. — Un peuple nouveau. — Hellènes et Albanais. — Le rêve d'un meunier..... 68

DEUXIÈME PARTIE

LA MACÉDOINE SLAVE.

I. — En Macédoine. — Strouga.

Les Slaves. — Une ville bulgare. Le patriotisme bulgare. — L'attente d'un archevêque... 93

II. — Okhrida.

Corvée albanaise. — Une métropole bulgare. — Décadence de l'Hellénisme................ 105

III. — Resen. — Koshani.

La Macédoine serbe : ce cornu d'Archevêque! — La Macédoine valaque : ces voleurs de Grecs!................. 118

IV. — Monastir.

La capitale de la Macédoine. — Turcs, Bulgares, Serbes, Grecs, Albanais et Valaques........ 130

TROISIÈME PARTIE

LE COMBAT MACÉDONIEN.

I. — Les Turcs.

Les Turcs en Macédoine : soldats et laboureurs. — Causes de la survivance des Turcs. — Turcs et Musulmans : Albanais ; Macédoniens........ 148

II. — Les Bulgares.

Le patriotisme chrétien. — La propagande bulgare. — Exarque et Patriarche. — Les écoles et les bérats............ 173

III. — Les Serbes.

Une grande théorie. — Histoire serbe de la Macédoine. — Inertie des Serbes. — La proie pour l'ombre................ 201

IV. — Les Hellènes.

Aristote. — Les écoles grecques. — Evêques et consuls. — Les bienfaiteurs. — L'Hellène et l'Idée.................... 223

V. — Les Valaques.

La Grande Valachie. — Apostolo Margariti. — Valaques et Albanais. — Les Lazaristes. — Valaques et Catholiques.. 241

VI. — La Victoire.

L'Union Balkanique. — Le droit et la justice. — L'Autriche. — Les Albanais............ 285

QUATRIÈME PARTIE

LA MACÉDOINE HELLÈNE.

I. — Les Bérats.

Les Bérats bulgares. — Une ville prise. — Le patriotisme hellénique................ 295

II. — Florina. — Kastoria.

Images grecques et atrocités bulgares. — Une frontière. — Prédicateurs bulgares. — Une ville juive. — Juifs cultivateurs...................... 305

III. — Le Roumlouk.

Les Armatoles. — La paix musulmane. — Campagne grecque. — Femmes, évêque et Albanais.................... 323

IV. — La Frontière.

L'influence valaque. — Soldats turcs et soldats grecs. — Prenons Constantinople. — La Force et l'Idée............ 335

www.ingramcontent.com/pod-product-compliance
Lightning Source LLC
Chambersburg PA
CBHW070843170426
43202CB00012B/1922